ジャックと豆の木

創刊について

映画は今、何処へどのように向かおうとしているのだろうか？

リールの音、チカチカと点滅する光と影。映画愛に満ちあふれた人たちの「暗闇の学校」は、多くの知識とかけがえのない楽しさを、人生と計りあえるほどに存分に味あわせてくれた。映画は暗闇の大きなスクリーンに映しだされて成り立つものであることを人々は知っている。

映画の変革があった時代は「映画とはなにか？」と、純粋に作品の創造に向かっていた。それから40数年経て、いま「映画とは一体どういうものなのだろう」という、作品の密度と存在の有り様を考えるところに変貌しているのではないか。映画をつくる方法も、映画を観る方法も、映画を取り巻く環境は大きく変貌している。

正しいか間違っているかよりも、何がどう変わったのか？ 何は変わらないか？ 変えた方がよいものもあれば、変えてはならないものもある。〈変わる〉ことを、一人ひとり、一つひとつ捉えていかなければ、ものごとの本質は永遠に見えてこないだろう。

寺山修司は「情報には、特に個性とか独自性なんて必要ない訳で、しかも90％の〈表現〉は情報の中継しかしていないという不幸な時代に僕たちは生まれてしまった」と言っている。この冊子もその90％から抜け出るものではないだろうが、何かしら動いてみる、何かしら問うてみることで、見えるものがあるのではないかと思う。映画への「点滅する光は消えず」という言葉は、先人たちの強い想いが込められている。その言葉をこころの底に携えながら、多くの人たちの力でこの冊子は誕生した。

＊

一粒の豆は巨大な木となって天空にのび、はるか彼方の地上を見下ろしている。
〜地上には何があるのだろう！そこはどうなっているのだろう！〜
ジャックと出会ったイザベル姫は「私は何かを求めている」と言った。
ジャックは〈冒険〉の旅に出ることにした。

小笠原正勝

このセリフを言える幸せを
何度かみしめたことか・・・。
——常盤貴子
●本紙34頁座談会より

私にとって映画館は、
詩を書く場所なんです！——
一青窈
●本紙46頁インタビューより

ジャックと豆の木【創刊号】

表紙絵＝はらだたけひで

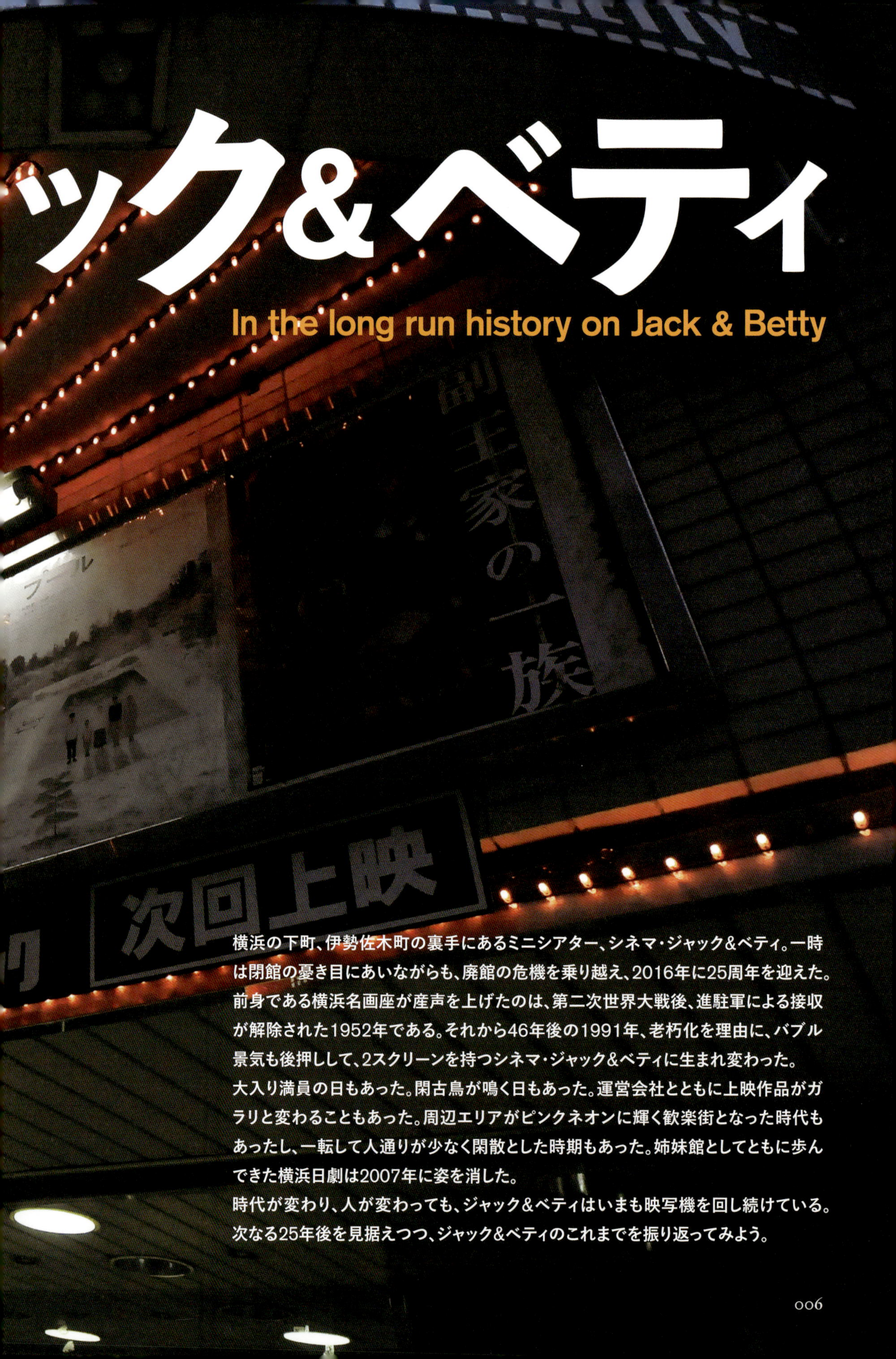

ック&ベティ

In the long run history on Jack & Betty

横浜の下町、伊勢佐木町の裏手にあるミニシアター、シネマ・ジャック&ベティ。一時は閉館の憂き目にあいながらも、廃館の危機を乗り越え、2016年に25周年を迎えた。前身である横浜名画座が産声を上げたのは、第二次世界大戦後、進駐軍による接収が解除された1952年である。それから46年後の1991年、老朽化を理由に、バブル景気も後押しして、2スクリーンを持つシネマ・ジャック&ベティに生まれ変わった。

大入り満員の日もあった。閑古鳥が鳴く日もあった。運営会社とともに上映作品がガラリと変わることもあった。周辺エリアがピンクネオンに輝く歓楽街となった時代もあったし、一転して人通りが少なく閑散とした時期もあった。姉妹館としてともに歩んできた横浜日劇は2007年に姿を消した。

時代が変わり、人が変わっても、ジャック&ベティはいまも映写機を回し続けている。次なる25年後を見据えつつ、ジャック&ベティのこれまでを振り返ってみよう。

【特集1】

シネマ・ジャックの25年

取材・文=小林幸江　撮影=阿部太一、山岸丈二（対談）、加藤元樹

若葉町中央興業チェーン
千代田劇場
東映名画座
日劇
LONGEST
トラック野郎
CINEMA SCOPE
NICHIGEKI
荒野の七人
ドラゴン
ゴジラ
開けてお取り下さい
カメヤのパン
JACK&BETTY
JACK&BETTY
次回上映
上映中
上映中
次回上映
TICKET
チケット売り場
レディースデー

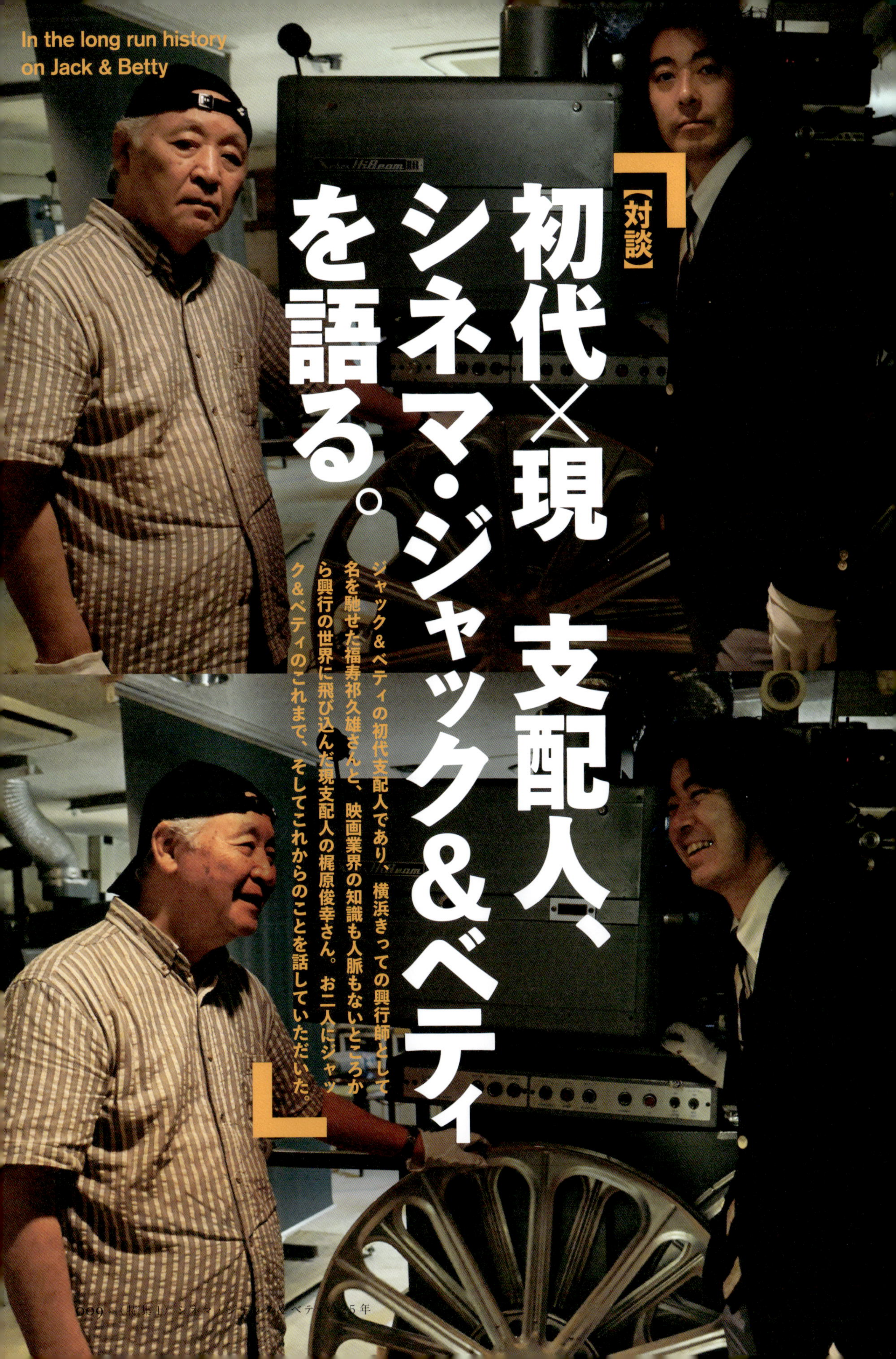

In the long run history
on Jack & Betty

【対談】初代×現 支配人、シネマ・ジャック＆ベティを語る。

ジャック＆ベティの初代支配人であり、横浜きっての興行師として名を馳せた福寿祁久雄さんと、映画業界の知識も人脈もないところから興行の世界に飛び込んだ現支配人の梶原俊幸さん。お二人にジャック＆ベティのこれまで、そしてこれからのことを話していただいた。

映画興行にかかわるきっかけ

梶原 福寿さんが映画興行にかかわったのはどういうきっかけで?
福寿 叔父が経営していた藤棚中央劇場で、映画の看板を描いたのが最初です。まだ16歳くらいの頃、高校生でした。
梶原 看板描きから興行のほうへシフトしたのはどうしてですか?
福寿 会社(中央興業)が劇場を増やしたからです。看板は外注して、私は興行の仕事をするようになりました。支配人になったのは25歳くらいです。現場の仕事が大好きなので支配人という管理職にはなりたくなかったけれど、まあしょうがないよね。ところで梶原さんがジャック&ベティをやると言った時、周囲の反応はどうだったの?
梶原 反対されました。特に父親は大反対でした。ちょうど私に一人目の子供が生まれるタイミングだったこともありまして……。
福寿 (笑)。失礼。
梶原 なので母が、大学時代にお世話になった先生に私を説得してもらおうと連絡して、先生と私で話したんです。でも先生は「止めてもムダでしょ?」と。
福寿 奥さんは何と言っていたの。
梶原 やっぱり「止めてもムダでしょ」という感じでした。私は大学時代にライブハウスに勤めていまして、人が集まって何かが生まれていく、そういう空間を作ることに興味がありました。映画館もその点は同じですよね。福寿さんのご両親はどのような反応でした?
福寿 父親は、私が自宅で映画看板を描いているのを見て「何をやっている」と聞いてきました。父は役者をやっていた時期があったから、私が何をしているか一目でわかるはずなのに、あえてそう聞いてきたんです。「映画館の仕事をやっている」と答えると、次は「何のためにやっているんだ」と。「食うためだ」と言うと「そんなの(食うために働く)は誰だってできる、お前は何のために映画をやるんだ」とビシッと言われました。まあ、私はもう一回「食うためだ」と答えましたけれど。

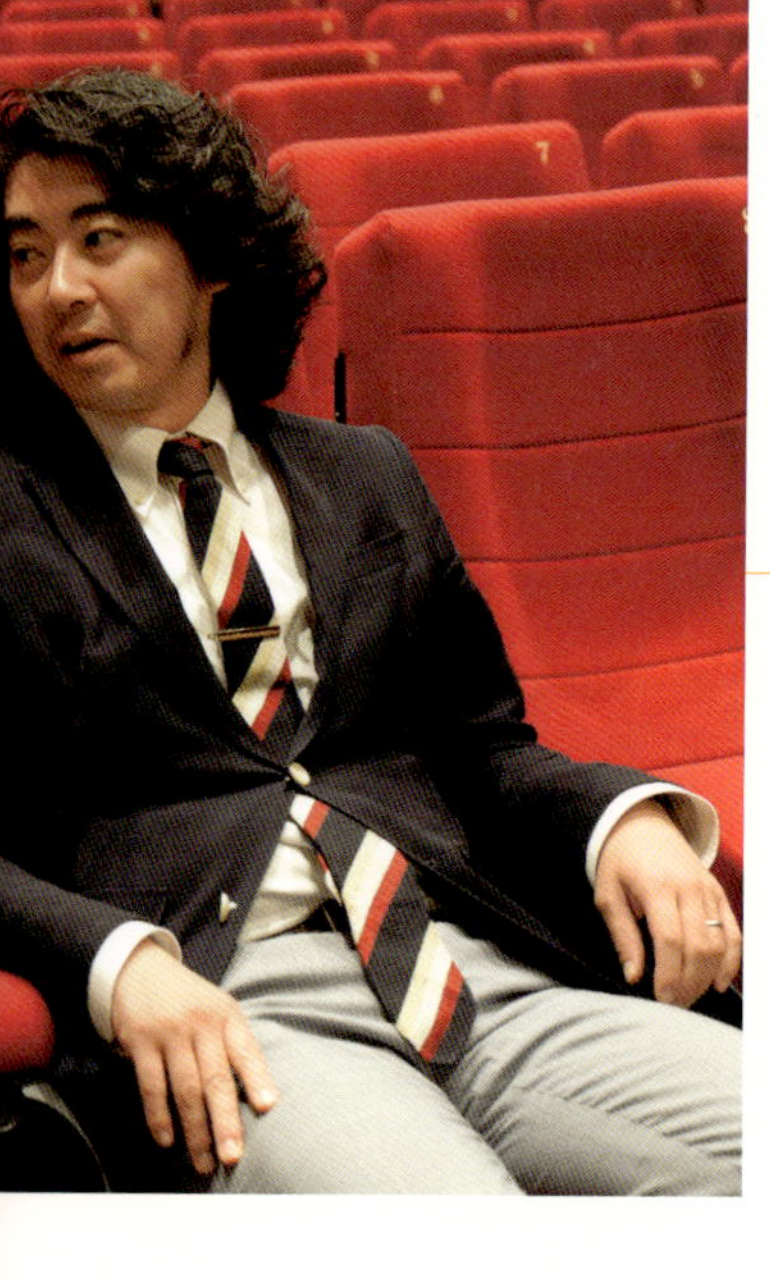

梶原 福寿さんが勤めていた中央興業は、ジャック&ベティ(当初は横浜名画座)以外にも映画館をたくさん経営していましたよね。最初に支配人になったのはどちらの劇場ですか?
福寿 千代田劇場だったかな。だんだん劇場が増えてきたので、全ての劇場の企画をまとめて行う企画宣伝室というのを私が作ったんです。
梶原 私たちがジャック&ベティを引き継いだころ、事務所の階に企画宣伝室というプレートがかかった部屋がありました。
福寿 ジャック&ベティの前は千代田劇場に併設した喫茶店を企画宣伝室にしていました。表から喫茶店に入って、裏に抜けると車が置いてあり、看板やポスターを積んであちこちの劇場に持っていく。機能的に作ったんです。当時は街じゅうにポスターを貼るのも重要な仕事のひとつでした。現在のようにお客さんがインターネットを見て来るのではなく、街角で映画のポスターを目にすることで「このあたりに映画館があるんだ」と認識して映画を観に来る時代でした。
梶原 今は映画ポスターを街角に貼るということがあまりなくなりました。
福寿 すっかりなくなりましたね。昔、映画館は街と一体でした。私は、隣人が来たくなるような劇場でなければ、遠くからも人は来ないと考えていたので、上映作品は地元の人がどんな映画を観たいかを基準に選びました。自分が上映したい作品があっても、街の人が観たいと思っていなければかけませんでした。

横浜での映画興行 東京との違い

福寿　横浜は、東京の隣という特異な都市。その特異さをプラスに変えていかないとしんどさだけが残るよね。私は二番館に徹していました。東京のような先発公開の良さとは違う、横浜らしさをどう出すかにこだわっていたんです。今も映画は東京先行（公開）が多いですよね。

梶原　そうですね、昔と比べると東京と横浜で同時公開も増えたと思いますが、今でも配給会社から公開や告知の縛りをかけられることはあります。そういう意味では東京の映画館とは違った難しさがあります。現在、ジャック＆ベティは名画座（二番館）としての興行は少なく、ロードショー上映がほとんどです。映画の公開本数が多く次から次へと宣伝が始まっていくので、できるだけ（東京での公開から）遅れないで公開するのが望ましい。

福寿　二番館、いわゆる名画座はどんどん姿を消していますね。二番館とロードショー館では興行の形が全く違う。私は最後の最後まで二番館にこだわりました。自分の決めた映画を自分のペースで上映するんだ、というね。ジャック＆ベティの姉妹館である横浜日劇は、閉館するまでの50年間、アクション洋画2本立て、または3本立てという番組編成を変えませんでした。

梶原　「洋画は日劇、邦画は名画座」（横浜名画座はジャック＆ベティの前身）というキャッチフレーズで。

福寿　そうそう。横浜名画座と横浜日劇はほぼ同じくらいの時期にオープンしました。名画座のほうが1年ほど早いかな。その時に、伊勢佐木町通り（イセザキモール）から見えるようにアーチも作って。

横浜名画座からジャック＆ベティへ

梶原　名画座がジャック＆ベティにリニューアルされた経緯は？

福寿　最も大きな理由は老朽化。それから千代田劇場の閉館も理由の一つでした。千代田劇場で上映していた日活ロマンポルノが終了し、千代田劇場を売ることになったんです。ラッキーなことに当時はバブル景気。土地に高値が付いたので、そのお金でジャック＆ベティが建ちました。タイミングを逃したら建っていなかったかもしれません。そしてすぐ横浜日劇の再開発に取り掛かろうとしたのですが、バブルがはじけてしまった。しかし、そのことが『私立探偵 濱マイク』シリーズの誕生につながったのですが。

梶原　ジャック＆ベティのように、マンションの中に作られた映画館というのは珍しいですよね。

福寿　珍しいです。現在では法規的にできないのではないでしょうか。ジャック＆ベティの建物は、1階が店舗で2・3階が興行場、4階以上が居住スペースという特殊な建物です。いま、ジャック＆ベティの会議室で話していますが、この部屋の天井を開けるとビックリすると思いますよ。住宅のインフラが詰まっているんです。

梶原　建設当時は、かなりご苦労されたと。

福寿　映画館というのは場内に柱を作れません。その上に9階まで住宅が入った建物が建つのか？　みんなが「無理だ」と言うので、じゃあやってみよう、ということで作ったんです。ありとあらゆる知恵を使いました。しかし、私としてはジャック&ベティの設計は気に入っていないんです。

梶原　気に入っていない（笑）！

福寿　というのも、法規に合わせるために、いくつか妥協せざるを得なかったので。さらに当時のオーナーが「エスカレーターを入れよう」と言うものだから、もっと大変になっちゃった。

梶原　エスカレーターは福寿さんの発案ではなかったのですね。

福寿　私は設置したくなかった。エスカレーターは非常階段の扱いにならないので、そのぶん階段のスペースを広くとらなきゃいけない。法規では最悪の状況を想定しますから、ジャック館とベティ館合わせて約２６０席が満員、場内は真っ暗な状況下で、非常時に上階の住人達も含めて全員が避難可能か。そういう設計にする必要があった。今なら建てられないでしょうね。

梶原　奇跡の映画館ですね。

福寿　奇跡だと思います。だから完成後は映画関係者が全国から視察に来ました。狭い業界だし、全国的に映画館がどんどん閉まっていく時代に新しい映画館を作るんだから、ニュースになるよね。役所に行っても、映画館を新設する許可を下した経験のある人がいなくてずいぶん時間がかかりました。「本当はいかがわしいお店を出すんじゃないの？」と、信じてもらえなかったんだから（笑）。それほど映画館を新設すること自体が珍しかったんです。

梶原　完成まではどのくらいの期間が？

福寿　2年かな。設計に1年、建築工事に1年。ジャック&ベティには、

見た目だけではわからない相当な工夫を施してあります。エレベーターも2階（劇場階）に停まらないようにしてあるし。

梶原　劇場の階に停まると、上階の住人が間違えて劇場に入ってしまうからですね。以前、映画館のバリアフリー化のために、エレベーターを2階にも停められるようにしようと計画したことがあります。鍵がないと2階には停まらない仕組みにすればいいと思って。ところが工事に一週間ほどかかるそうで、その間、上階の住人はエレベーターが使えなくなってしまう。9階までありますから、それはちょっとできないなぁと断念しました。

福寿　後から使っている梶原さんにとっては「なぜこんなつくりになっているんだろう」と不思議に思うかもしれないけど、そういうところがこの映画館の設計のキモなんです。

こだわりを詰めこんだ映写室

梶原　他の劇場の方がジャック&ベティの映写室を見学すると、「すごくいい映写室だ」と言われます。広いですし、2つのスクリーンに映写しやすいつくりになっていると。

福寿　ジャック&ベティの映写室は日本一だと思っています。というのも、それまで映写室で苦労してきたので、苦労したところを逆転して、絶対にいい映写室を作ろうと思ったんです。フィルムが傷まないように外の空気を入り込みづらくして湿度管理もしやすくしました。ただ一つ、失敗したのは映写窓ガラスを斜めにしなかったこと。

梶原　ああ。

福寿　映写機からスクリーンに映写する時、映写光が映写室の窓ガラスを通ります。このガラスは、本当なら斜めにしないといけないのです。垂直だ

と反射した光が映写機のレンズに入ってしまう。しかも大きい窓にしてしまったのでね。通常の映写室では、映写光が通る穴と、映写技師がのぞく穴の、2つの小さな穴を設けます。でもジャック＆ベティでは1つの映写室から2つのスクリーンに映写するので、映写技師がいちいち穴をのぞかなくてもいいように、映写光の穴と映写技師ののぞき穴を兼ねた大きな窓ガラスを取り付けたんです。この窓ガラスも消防にクレームをつけられました。

梶原　どのようなクレームですか？

福寿　例えば、災害時に窓ガラスが割れて映写室の機材が客席に落ちるとかね。だからダンパーを入れて、非常時には窓のところに鉄板が降りてくる仕組みになっています。まあ、そういうことは想定内でしたが、映写室のガラスだけは斜めにしておけばよかったなあと、今でもね……。

梶原　前身の横浜名画座は1スクリーンでしたよね。ジャック＆ベティを2スクリーンにしようと思ったのはなぜですか？

福寿　ここの敷地は横に細長いでしょう。だから建て直す時には左右2つに割って2スクリーンにしよう、という構想が最初からありました。私はなにしろ劇場を増やしたくてしょうがなかったんです。だって、どんどん映画館がなくなっていくんだもの。映画館がなくなると、そのぶん別の映画館にお客さんが増えると思いますか？　増えないんです。映画館が閉まったら、その映画館に通っていた人は映画を観なくなるだけ。ライバル館が減ってお客さんが増えるなら、今頃ジャック＆ベティはいつも超満員です。かつては伊勢佐木町界隈に映画館が40館あったのだから。

ジャック＆ベティというネーミング

梶原　「ジャック＆ベティ」という名は当時の社長が名付けたんですよね？

福寿　だと思います。名付け親が誰なのか、私は知りません。たくさんの映画館を運営してきましたが、映画館に名前を付けたことは一度もない。名前なんかどうでもいいと思っているんです。

梶原　（笑）。

福寿　でも、そういう名前がついているものだから、設計士には「はっきりと場内の色を変えてくれ」と伝えました。ジャックは男性的に青で、直線的なデザイン。ベティは女性的に赤で、曲線的。設定としてはベティが姉でジャックが弟です。

梶原　姉弟なんですか。

福寿　そういうタイトルの英語の教科書があったんですよ。ところが、マスコミが「男性専用の映画館と女性専用の映画館が誕生」という間違った情報を流してしまいましてね。そのニュースを聞いて、九州からわざわざ劇場を見に来た人がいたのには驚きました。

梶原　すごいですね（笑）。福寿さんが支配人をされていた頃は、ジャック館では男性的な映画、つまりチャンバラ映画などを、ベティ館では恋愛映画を上映していたと聞きました。それは、ジャック＆ベティという名前に合わせてそのような方向性になったのでしょうか。

福寿　いえ、名前が決まる前から。2館のうち1館は前身の名画座スタイル（日本映画の特集上映）を引き継ぐと決めていて、もう1館はどうしようかと。このエリアは、焼鳥屋やラーメン屋はいっぱいあるけど洒落たレストランなんてない。ロマンス映画を上映して観に来る人がいるのかと悩みましたが、他に上映するものがないのだからしょうがない。客入りが悪いなんて言っていられませんから工夫しました。今は女性が映画をよく観ていますけれど、以前は、特にこの界隈では、女性向け番組を上映しても苦労するということは、最初からわかっていたわけで。

オープン当時のベティ館のプログラム

梶原　ベティ館の展望が開けたのはいつ頃？

福寿　いや、最後まで（笑）。今年でジャック＆ベティ25周年ですが、そのうち私が運営していた10数年間、ベティで「入ったな」ということは一度もないです。まあ、そういう番組編成の悩みは、梶原さんも一緒でしょう？

梶原　そうですね。私たちがジャック＆ベティを引き継いだ2007年から3年間ほどは、やはり女性のお客さんはかなり少なかったです。電話で「女性1人で行っても大丈夫ですか」という問い合わせもよくありました。ただ、その頃にはこの周辺の治安も比較的よくなっていて。

福寿　そうですよね。

梶原　なので、一度来てもらえれば、女性一人でも問題ないとわかってもらえるはずだと考えて、（女性客が多い）岩波ホールやBunkamuraル・シネマで上映した作品をうちでもかけさせてもらうようにしました。

時代とともに変わりゆく番組編成

梶原　引き継ぎ当時、前任の運営会社から、私が紹介してもらった配給会社は3社だけだったんです。配給会社って50社くらいあるんですけど（笑）。あとは電話で挨拶したりして。そんな状況ですから、配給会社の人たちは我々が知識のない素人だということを分かっているわけです。だから映画上

映の料金や条件の面で厳しいことを平気で言ってくるんです。

福寿　そうだろうね。

梶原　配給会社から提示された条件が普通なのか厳しいものなのか、という判断が当時の私たちにはできず、言われるままに受けるしかありませんでした。はじめはそういう苦労がありましたね。ジャック＆ベティは昔からありますが、私たちの会社は設立したばかりだったので、前金払いも多く、当時はフィルム上映でしたから、タイミングよく狙っている作品を組むこと自体が難しかったです。旧作はまだしも、新作は困難でした。

福寿　梶原さんがやり始めた頃は、ジャック館は2本立てで、ベティ館もロードショーではなかったよね。

梶原　新作を上映する場合も東京から1〜2ヶ月遅れでした。ジャック館は当初、旧作2本立ての名画座スタイルでしたが、現在は2本立てをやっていません。それは、2本立てだから観に来るという客層ではなくなったので。

福寿　そうそう。そういうところは時代が変わってきている。

梶原　映画館で1日、時間を潰すというようなお客さんは少なくなりました。なので、2本立てよりも新作を何本か入れていったほうがいいなと。

福寿　私の頃は、ジャック館は日本映画の特集上映、ベティ館は男女カップルが観たくなるような2本立てというテーマで作品を決めていました。2本立ては3本立てより難しいんです。3本立ての場合、全部観る人は少なくて、観ているうちに1本でも面白い作品に当たればお客さんは満足できる。でも2本立てはイメージが大事なんだよね。

梶原　組み合わせがとても重要です。

福寿　では、梶原さんは試行錯誤のうえで、今のスタイルになったんですね。

梶原　そうです。

福寿　梶原さんのやり方はシネコンの影響があると思う。シネコン形式をな

んとか単館でやろうとすると、梶原さんスタイルになる。時代の流れに合わせてそうなっているんですね。ただ、次の時代がどうなるか。デジタル化が進めば、やっぱりシネコンが強いでしょう。でもさらに時代が進んだ時にどこが強いか、それはまだ分かりません。

印象に残る映画、ヒットした映画

梶原　私たちが運営をスタートした当初、しばらくはお客さんが全く入らない状態でしたので、リサ・モリモト監督『TOKKO―特攻―』と石井裕也監督『ガールスパークス』（ともに07年）で満席になったのは印象が強いです。『TOKKO―特攻―』は（戦争映画に興味が持たれやすい）夏に上映できたというのもヒットの一因でした。戦争映画と言えば若松孝二監督『キャタピラー』（10年）も超満員で、劇場の周りを入場待ちのお客さんがぐるっと囲みました。この時の入場人数を超える作品は、今でも出てきていません。

福寿　私の中で〝予想外〟にヒットしたのは、横浜日劇の話になってしまうんだけど、ナチの戦犯が絞首刑にされる『ニュールンベルグの戦犯　13階段への道』（58年）という記録映画。昔に作られた映画が数年経ってから公開されたんです。東京は丸の内でだけ公開するけど他では上映しないと言うので「やろう！」と。フィルム・ノワールの『墓にツバをかけろ』（59年）というかっこいいタイトルがあったので2本立てにしたんです。要するにキワモノみたいな部類ですし、そんなに入らないだろうと思っていたんですが、朝、劇場の前にブワーッと人が並んで、前の道路を埋め尽くしていた。

梶原　すごいですね。

福寿　後でわかったのだけど、週刊誌が各社『13階段への道』を取り上げたんですね。2本立てにせず『13階段への道』だけ回せばよかったなあと思いましたよ（笑）。

『南京1937』のスクリーン切り裂き事件

梶原　福寿さんが支配人をやっていらした98年、『南京1937』の上映時にスクリーンが切り裂かれるという事件があったんですよね。

福寿　うん、右翼団体が来てね。檄文を読み上げて置いていったんだけど、その檄文は今でも家のどこかにあります。

梶原　当時の映写室ノートに、スクリーンを切られたまま上映を続けたという記載が残っています。

福寿　そうするように私が指示を出しておいたんです。スクリーンの裏からガムテープで留めて上映を続けました。昔のガムテープは弱くて、冷暖房ですぐ剝がれちゃうものだから、毎晩貼り直しましたよ。日に日に街宣車が増えていって。

梶原　その状態で上映できたんですか？　場内に騒音などの影響はなかったのですか。

福寿　場内でも騒いでいましたよ。でもお客さんもその状況を理解して観に来ているんです。

梶原　予定通りの最終日まで上映したのですか？

福寿　いえ、あと数日を残して上映はやめました。というのも『南京1937』に、女性が小さな赤ん坊を抱いているシーンがありましてね。ガムテープが緩んできたら、スクリーンの切れ目がちょうど赤ん坊の顔のところに来てしまった。「これはまずい」と思いました。映像表現として、私がいい加減なことをやっていることになってしまう。だから2週間の予定を11日間でやめたんです。でも『南京1937』はいい映画でした。

映画館運営のおもしろさ

梶原　はじめの頃は配給会社から安定して作品を借りられるようにするだけでも手いっぱいでした。いま(運営を始めてから)10年目になって思うのは、時代の波に合わせるのがとても重要で、それに対してお客さんにお金を払って来てもらえるという状況を作っていくということが大きな醍醐味だと。ミニシアターは、文化的な場所という見方をされがちですが、お客さんがお金を落としてくれないと成り立たない。地方のミニシアターの中には公共機関が運営しているところもありますが、うちの劇場はそうではなく成り立っている。なので、そこを追求していきたいです。引継ぎ当初と比べると、ありがたいことに少しずつお客さんが増えてきています。劇場のシート入れ替え費は、またこれから25年かけてローンを返していくのですが……(笑)。

福寿　お客さんが増えているというのは、梶原さんのやっていることと時代の波が合っているということ。情報をただ流すだけではなく、人の目に留めるということができているんですね。かつ、横浜型のスタイルで。例えば東京の映画館の場合は配給会社の宣伝と絡めることができるけど、(公開スタートが遅れる)横浜だとそうはいかない。

ジャック&ベティのこれから

梶原　今は幅広いお客さんが来てくださっていますから、何年経っても今と変わらず、いろいろな方に観に来ていただきたいです。でも、それって実は危ういですよね。メジャーとインディーズの二極化も言われていますし。ジャック&ベティは地方の劇場ではありますが、映画界に貢献しつつ多様な映画を楽しめる環境を残したいと思います。

In the long run history on Jack & Betty

福寿　あのね、これはやっておいたほうがいいという案がある。今は誰が映画を撮っているのか把握できないでしょう? フィルムで撮っていた時代は映画を撮る人は必ずフィルムを買いに行ったから把握できたのですが。「わからないものをそのままにしてはいけない」というのが私の持論です。だからジャック&ベティで……あ、これを記事にすると企画を盗まれちゃうから、もうスタートしていると書いてほしいんだけど……(新事業の話)。

梶原　そ、そうですね。そういうこともやっていきたいと……はい。

福寿　それから、梶原さんも「映画を作る」ということは考えていたほうがいい。映画を作って、配給して、興行もする!

梶原　福寿さんは映画の製作にも関わっていらっしゃいますね。それに若い映画人の発掘にも力を入れていらっしゃる。私も若い能力の発掘や、ベテランの方々と若い人たちを結びつけるようなことをやっていきたいんです。

福寿　あともう一つ、面白い企画があるんだ。新旧の支配人が会って、将来の話にならなかったらつまらないものね。

(2016年9月18日 シネマ・ジャック&ベティにて)

福寿祁久雄 (ふくじゅ・きくお)

映画興行師

1935年、神奈川県横浜市生まれ。幻野映画プロジェクト代表。10代から叔父が経営する映画館で看板描きをする。やがて映画興行に関わるようになり、ジャック & ベティのほか、横浜日劇、関内アカデミーなど、複数の映画館で45年間支配人を務め、横浜の映画興行師としてカリスマ的な存在となる。映画版『私立探偵 濱マイク』シリーズ(林海象監督)では企画を担当、また、映画版・テレビ版ともに出演している。1995年横浜文化賞受賞。支配人引退後の現在も、映画文化を広める活動を積極的に行う。

梶原俊幸 (かじわら・としゆき)

シネマ・ジャック&ベティ支配人

1977年、神奈川県横浜市生まれ、東京都吉祥寺育ち。慶応義塾大学卒業後、4年ほどライブハウスに勤務。その後、学習塾やIT企業に勤務するかたわら、大学の夜間部に通い数学を学ぶ。同時に、学びを共有することを目的としたwebサイト「エデュイット」を開設(現在は休止中)。2006年、エデュイットを一緒に運営していた友人らとともに横浜市黄金町エリアの町おこし活動「黄金町プロジェクト」をスタート。その活動がきっかけで、ジャック & ベティを前任の運営会社から引き継ぐこととなり、2007年3月株式会社エデュイットジャパンを設立、同館の支配人となる。3児の父。

2009→2015
ジャック＆ベティ入場者数ベスト3

ここ7年間の、ジャック＆ベティでの入場者数上位の作品をランキング形式でご紹介します。

あなたが観た作品は入っていますか？

2009

1位 『扉をたたく人』
2位 『小三治』
3位 『昭和八十四年 〜1億3千万分の1の覚え書き』

2010

1位 『キャタピラー』
2位 『樺太1945年夏 氷雪の門』
3位 『カティンの森』

2011

1位 『海洋天堂』
2位 『一枚のハガキ』
3位 『マーラー 君に捧げるアダージョ』

2012

1位 『ル・アーヴルの靴みがき』
2位 『少年と自転車』
3位 『11.25自決の日 三島由紀夫と若者たち』

2013

1位 『クロワッサンで朝食を』
2位 『きっと、うまくいく』
3位 『ベニシアさんの四季の庭』

2014

1位 『チョコレートドーナツ』
2位 『ハンナ・アーレント』
3位 『世界の果ての通学路』

2015

1位 『おみおくりの作法』
2位 『野火』
3位 『パリよ、永遠に』

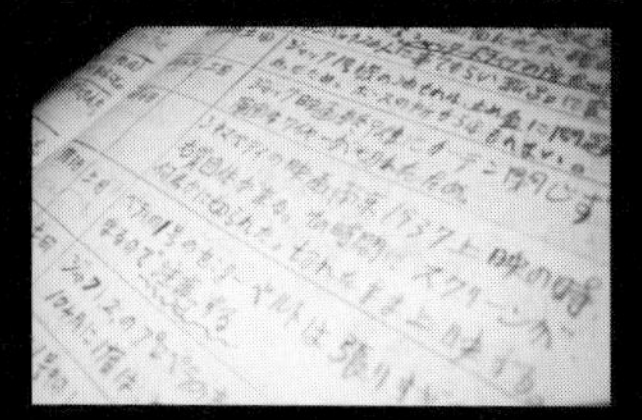

[写真3] 事件当日の映写室ノート（映写スタッフが日々記録しているもの）には、「シネマベティの映画南京1937上映の時、右翼団体が来る。その時間にスクリーンが何者かに切られた。切れたまま上映する」との記載が

[写真1] 名画座時代の写真。右手奥に「名画座」の文字が見える。左手（名画座の向かい）には姉妹館ともいえる横浜日劇が。「洋画は日劇、邦画は名画座」のフレーズで地元民に愛されていた

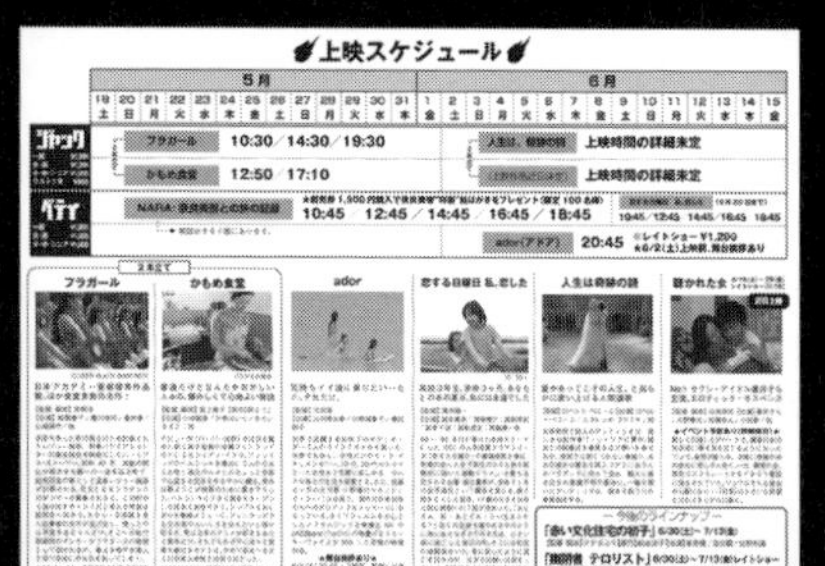

[写真4] 2007年当時の上映スケジュール。2週間後の作品や上映時間が未定のことも多々あった。一度閉館したため、道に迷ったお客さんが近隣で道を尋ねると「つぶれたよ」という答えが返ってくることもしばしば

In the long run history on Jack & Betty

年表で見るジャック＆ベティ

ジャック&ベティの歴史を、年表にして振り返ってみましょう。
前身である「横浜名画座」が開館したのは第二次世界大戦の終戦から7年後。
進駐軍の接収が解除されたばかりの地に産声をあげた映画館は
1991年にジャック&ベティという名でリニューアルオープンしました。

[写真2] オープン時のジャック館のチラシ

1945

1945年 第二次世界大戦、終戦。横浜は広範囲にわたって進駐軍に接収された。ジャック＆ベティが建つ場所（横浜市中区若葉町）も接収され、一部は飛行場となる

1952年 若葉町の接収が解除される

1952年 12月25日 ジャック＆ベティの前身である「横浜名画座」が開館【写真1】

1991年12月21日 「シネマ・ジャック＆ベティ」としてリニューアルオープン。上階に集合住宅を持つ、2スクリーンの映画館に【写真2】

1998年6月6日 ベティ館で『南京1937』上映中、スクリーンが切り裂かれる【写真3】

2005年2月末 経営会社である中央興業の廃業によりジャック＆ベティ閉館。隣接する同系列の「横浜日劇」も同時に閉館した

2005年8月6日 運営会社が変わり、ジャック&ベティが再オープン。ジャック館は500円でネットシネマが鑑賞できるファイブコインズ・シネマに、ベティ館は林海象監督『探偵事務所5』の常設館となる

2006年10月 上映体制が変わる。ジャック館はムーブオーバー作品の2本立て上映、ベティ館はロードショー上映に

2007年3月 運営会社が変わり、現在の株式会社エデュイットジャパンになる【写真4】

2008年6月 隣の空き店舗を借り「J&Bカフェ」をオープン。カフェシアターとして上映・イベントも行う（2009年閉店）

2008年7月 「第1回横浜黄金町映画祭」開催。のちの「横浜みなと映画祭」に繋がっていく

2009年3月 沢田研二特集上映「ジュリー!!」を開催し大盛況

2009年7月 梶原支配人と観客の交流会「ジャック&ベティ

［写真8］客入りに悩んでいた時期に大入りとなった『キャタピラー』。劇場前に行列ができた

［写真5］毎月1日に行われるジャック＆ベティサロンの様子

［写真6］ジャック館のスピーカーを入れ替えている様子

［写真9］吉田しんこによるジャック＆ベティのキャラクターイラスト

［写真10］外看板は、60周年祝賀パーティでお披露目された。初めての点灯時にクラッカーで祝うお客さんも

［写真7］夜桜上映会の様子。プロジェクターを使って、大岡川をはさんだ対岸に映像を映す。スクリーンの前を観覧船が横切ることも

［写真12］新しくなったシート。ドリンクホルダーと傘立てが付き、各座席に番号が振られている（現在のところ指定席制ではない）

［写真11］林海象監督の映画『私立探偵　濱マイク』シリーズは横浜日劇を舞台に撮影され、のちにテレビドラマも製作された。いまもなお、横浜で深く愛される作品

サロン」スタート［写真5］

2009年7月　「北朝鮮映画週間」を開催し、『ある女学生の日記』など日本初公開

2009年8月　「飛翔20年　美空ひばりシネマ・ベスト」開催。翌月より「ひばりチャンネル」として美空ひばり作品を毎月上映

2009年　集客につなげようと「開運！なんでも鑑定団」に応募するも落選。2年後、番組側より逆オファーをもらうも実現ならず

2010年　この頃からジャック館での2本立て興行が減少し、ロードショー上映が増える

2010年3月　ベティ館にデジタルシネマプロジェクター導入。音響設備とスクリーンも刷新。2013年にはジャック館も［写真6］

2010年3月　大岡川桜まつりにて、夜桜上映会（無料の野外上映会）を開催。毎年の恒例に［写真7］

2010年8月　若松孝二監督『キャタピラー』が大ヒット［写真8］

2010年12月　「手話弁士付き上映」開催。以降、年末の恒例イベントとして定着

2011年　一時期、事務所内の一室をイラストレーターの吉田しんこがアトリエとして使用［写真9］

2011年3月11日　東日本大震災が発生。ジャック館は『トイレット』、ベティは『モンガに散る』を上映中だった

2012年12月　前身の名画座から数えて60周年を迎える。記念に小笠原正勝デザインの外看板を新設［写真10］

2013年3月　「第2回　横浜みなと映画祭　濱マイク大回顧展」開催し大盛況［写真11］

2014年10月　券売機システムを導入

2016年5月　25年ぶりに映写機のオイルタンクチューブ交換

2016年9月　全座席をフランス・キネット社製のシートに入れ替え［写真12］

2016年12月　開館25周年。『ジャックと豆の木』創刊

2016

大崎章［映画監督］× **足立紳**［映画監督、脚本家］

大崎「ジャック&ベティ25周年、おめでとうございます！」

足立「ジャック&ベティ25周年、おめでとうございます！」

大崎「最近、J&Bに呼んでもらう事が多いよね。」

足立「大変光栄です。口下手な二人が、下手くそな漫才の様に喋っています。」

大崎「実はここ２回程『俺たちに語らせろ○○』みたいな形で、洋画について喋らせてもらっているんです。 我々が二人でやった『お盆の弟』を上映していただいたりもしましたが、映画だけでなく、我々の喋りも、育てていただいています。」

足立「大崎さんと僕を呼んでくれる劇場はＪ＆Ｂさんくらいなので、何とかご期待に添えるように育っていきたいですよね。」

大崎「喋りが育つかどうかはかなり厳しいと思いますが、何とか映画は作っていきたいよね。」

足立「そうですね。またＪ＆Ｂでかけていただけるように。」

大崎「俺は近所なんで、映画かけて貰えなくても、観に来るけどね。足立の映画を老後の楽しみにするけど（笑）。」

足立「そんな事言わずに、死ぬまでにあと一本か二本は作りましょう。」

大崎「なんだよ。これ『お盆の弟』の落ちじゃねえかよ！ って事はＪ＆Ｂのおかげで、少しは漫才上手くなってんじゃねえか！」

大崎・足立「これからも、50年100年とずっとずっとＪ＆Ｂで映画が観られますように!!」

塚本晋也［映画監督、俳優］

シネマ・ジャック&ベティ
25周年おめでとうございます！
これからも末永くおつきあいくださいませ！

25周年に寄せて

シネマ・ジャック＆ベティにゆかりのある方々から、メッセージが届きました。

北見秋満［ヨコハマ映画祭実行委員長］

25周年、おめでとうございます。

うん、でも、今の形ができて何年ですか。わずか10年足らずでしょ。それが東京・神奈川、首都圏から大勢のお客様を集める日本一の映画館になっていることに驚かされます。

いつ行ってみても劇場がお祭り状態ですものね。本当にすごい！これは異常かもしれません。

梶原、小林、澤。この三本柱に大澤、永島の素敵なスタッフ、学生を含めたアルバイトさん。

みんなが先人に対するリスペクトをもって映画愛を継続していることに敬服します。

でももういいんです。福寿祁久雄さんやヨコハマ映画祭に対する遠慮は。もうやめてください。

若い君たちの勝ちです。君たちが切り拓き、築きあげてきた横浜シネマ・ジャック＆ベティです。

若いチームのちからで突き進んでいってください。

とは言いつつ、時々ボクの企画（「私が助監督だったころ」シリーズ）なども取り上げてくださいね（笑）。

ボクが映画を見て楽しむ上でのスタンダードはジャック＆ベティ！

梶原俊幸さんの劇場運営の戦略性に左右されていることをここに正直申し上げます。

バンザイ！ ジャック＆ベティ

利重剛［映画監督、俳優］

25周年おめでとうございます！

昔も今も、映画館は、街の大切な場所です。

僕にとって、映画は聖書。映画館は教会です。

これからも、沢山の人々の心のために、頑張って下さい！

林海象［映画監督］

「シネマ・ジャック＆ベティ」25周年、
万歳！万歳！万歳！
四半世紀続いたということは、
あと四半世紀はやってもらいたい！
50年続けば、幻になった「横浜日劇」に
デカイ顔ができる。
そして「シネマ・ジャック＆ベティ」が
「横浜日劇」に替わって
横浜の真の伝説となるのだ!!
梶原さん、あんたは偉い!!!

服部宏［神奈川新聞文化部記者］

「25周年、思い出すのは…」

やっぱり、1998年6月の「南京1937」事件だ。
4、5台の街宣車が連日ジャック＆ベティ周辺に押しかけ、大音量のスピーカーで上映妨害行動を繰り広げた。上映初日、客席の男がカッターナイフでスクリーンを切り裂き、現行犯逮捕された。対応に苦慮したのは当時の中央興業専務・福寿祁久雄さん。押しかけた右翼は「福寿」と聞いて「おまえは、どこの国の人間だ」と怒鳴った。福寿さんは毅然と答えたものだ。「私はハマっ子だ！」
撮る自由、映す自由、見る自由。福寿さんは腰が据わっていた。

経営を引き継いだ梶原さん。館名を変える選択肢もあっただろう。そこに、何らかの「福寿的継承」の決意を感じる。梶原さんはハマっ子じゃないが、ハマっ子の精神を内に秘めていると見た。

In the long run history on Jack & Betty

中村高寛［映画監督］

「シネマ・ジャック＆ベティ」25周年おめでとうございます。この劇場は、私の映画人生から切り離すことはできない、大切な場所の一つです。

25年前、一観客では飽き足らず、「創作」欲がふつふつと湧き出ていた当時16歳の私……。ここでの数々の（映画）体験が、「作り手」への第一歩を後押ししてくれました。そして約10年前、存続が危ぶまれていた“大切な場所”は、梶原支配人、小林副支配人の尽力により、いまでは日本全国に、その名を轟かせるミニシアターになりました。「作り手」として、また横浜の一市民として喜ばしいことですが、同時に、ある不安を覚えてしまいます。ここは全国のミニシアターで、年間上映本数が一番多いといいます。裏を返せば、一作品あたりの上映回数が少ないということ。かつての映画興行は、最低2週間で、一日3、4回上映という暗黙のルールがありましたが、すでに崩壊しています。それどころか、すぐに作品は変わっていき、一日1回だけの上映も珍しくありません。これは私たち「作り手」にとっては、由々しき問題なのです。上映期間、回数が減るということは、「作り手」の収益が減るということです……。以前は東京での興収が50%だと、その他の地方（46道府県）で50%が目安と言われていましたが、ある配給会社の社長に聞いたところ、「今は東京が50だと、地方は20」とのことでした。つまり（横浜を含む）地方の収益が30%も減ってしまったのです。それは観客に飽きられないように、多種多様な映画を上映し、一回の上映あたりの集客を増やした結果であり、日本全国のミニシアターで、同じようなことが起こっています。そしてその先頭に立っているのが、シネマ・ジャック＆ベティなのです。私は劇場ロビーでの人だかりを目の当たりにすると、嬉しくもあり、複雑な心境に陥ります。その見返りとして、私たちのような小規模な映画の「作り手」が、逆に存続の危機に晒されてしまったからです。勿論、商業を第一とするシネコンでは仕方のないことですが、ミニシアターは、その町の文化を発信する役割も担ってきたはずです。ゆえに、シネマ・ジャック＆ベティには、これから次の四半世紀で、目先のことだけでない「作り手」と「映画館」が共存できる道を模索してもらいたいと願ってやみません。

特集2

何が変わって何は変わらないか……
映画上映の光と影

【座談会】
田井肇［司会＝大分シネマ5支配人］×北條誠人［渋谷ユーロスペース支配人］×山上徹二郎［シグロ代表］×
村田敦子［ミモザフィルムズ代表］×梶原俊幸［横浜シネマ・ジャック&ベティ支配人］×小笠原正勝［本誌］

この座談会は本誌の核ともなるべきもの。映画と映画館を取り巻く環境と、変貌の様相をさまざまな課題のなかから見据え、考えていくことがテーマです。映画館の支配人、企画・製作プロデューサー、あるいは配給プロデューサーのみなさんに、それぞれのキャリアから思惑と闘いの道のりを、対話にぶつけてもらいました。極めて映画的（?）な座談会になるのではないでしょうか。

取材＝岸本麻衣　撮影＝助川祐樹

観客との距離感

田井　まずジャック&ベティの梶原さんから伺います。梶原さんはいつごろから映画館をやられているんですか?

梶原　2007年から始めて、いま、10年目を迎えています。私は77年生まれなので、映画を観るという意味で映画に関わり始めたのは90年代ですが、特別、映画にのめり込んだということはありませんでした。大学卒業後はライブハウスや学習塾で働いていたのですが、06年頃からジャック&ベティのあるエリアで文化的な街づくりをしようという流れがあり、ボランティアで参加するようになりました。ちょうど、ジャック&ベティや横浜日劇などが一度閉館して、次の引き継ぎ手を探している状況で、声をかけて頂いたので、映画館を残していけないかということで会社を立てて引き継いだんです。

田井　ジャック&ベティは年間、何本くらい上映しているのですか?

梶原　2館で300本台前半ですね。

田井　それを全部観るお客さんはいるのですか?

梶原　全部観るお客さんはさすがにいないと思いますが、200本近く観ているお客さんはいます。

田井　われわれはすぐに「お客さん」と一言で言ってしまうけれど、多種多様ですよね。実際に言葉を交わすわけではないけれども、番組を作る上で「お客さん」と無言の対話をするわけです。その時に想定するお客さんというのは、どのあたりの人ですか?　つまり、ものすごく観る人なのか、それとも月2回くらい観る人なのか。

梶原　週1回とか観に来てくださっているお客さんをイメージする感じです。週に1回来てもらえば、かなりの常連さん。1本観に来たところをもう1本観ていってもらえないか、と。上映している作品数が多く、ひとつの作品は一日1~2回上映になるので、それをうまく組み立てて続けて観てもらえるように。

田井　自分が想定したお客さんからの反応や手応えは感じますか?　私は、最近は反応を感じることが少なくなった気がしています。お客さんとの間の距離が変わってきたというか。何かよく分からなくなってしまったな、と。梶原さんはどうですか。

梶原　よく分かりたいと思ってはいますが、正直、分かっているという認識はないですね。組み合わせが良くてうまくいったなと感じることや、お客さんから実際にそう言われたりすることはありますが。本当に手探りの状態なので、このやり方で良かったから次もこうしていこう、という方程式が明確に見えてきているわけではないです。

田井　ところで村田さんは配給をやっていて、外国映画を配給しようという時に、思い浮かべるお客さんや想定するニーズに変化はありますか?

村田　買い付ける時の判断基準の基本は、まず絶対に、自分が好きであるということ。ただ、変化という意味では、分かりやすい映画じゃないと受け入れられなくなったような印象はあります。80年代の単館系アート映画がワッと出てきた頃は、なんだか分からない映画に若い人たちが背伸びして飛び付いていた感じ。今、そういう人たちは減っています。観念的な映画や、好きな人が限られそうな作品は、自分が好きでも買わないということが最近増えてきている気がします。やっぱり商売ですから。

田井　00年代、ことさら「分かりやすさ」が求められる方向へ傾斜していきましたね。かつてはアンドレイ・タルコフスキー監督の『サクリファイス』(86年公開)を、スバル座1館で4万人近くが観ていた。おそらく3万人は寝ていたと思いますけど(笑)、それでもみんな観に行くという時代があった。それがだんだんそうではなくなってきた。最大の要因はシネコンの登場だと思いますが、アート系映画からお客さんが離れていく状態になってきた。この時、客離れしつつあった全国のミニシアターを（経営的に）救ってくれたのが韓国映画だったんですね。村田さんがおっしゃった「若い人が背伸び」することがなくなってきたのは、お客さんが能動的なのか受け身なのかという差だと思います。お客さんがかなり受け身になってきたんですね。自分から食い付いていかなくなってきたのじゃないかなと思うんですよ。

映画を使ったお祭り

田井　さて、山上さんが手がけてこられた映画は、一般の映画館に流通する映画ではないですよね。作ってから上映までがひとつの運動としてあって、映画が存在していた。それが80年代に変化してきた。日本で一番古いとされている湯布院映画祭は76年に始まっていますが、80年代に入ってあちこちの地方で映画祭が誕生しました。最盛期には全国で100を超える映画祭があった。同時に、自主上映というものがどんどん減っていきます。ある映画を観客が支えていかなきゃいけないという運動から、映画を使ってみんなでお祭りしようという方向に変わってきたと思うんです。

山上　映画の上映を地域で支えてくれる人たちのグループの中身が変わりましたよね。80年代くらいまでは、ドキュメンタリーか劇映画かに関係なく、地域で上映してくれるグループがあったんです。映画のテーマ性に関係なく、映画作品として上映し、支えてくれるような団体です。いつ頃からか、そういったものが解体して、テーマによって映画を上映するグループに再編されていったように思います。例えばドキュメンタリー映画でも、テーマがハンセン病なのか、水俣病なのかによって上映団体が変わるんです。ですから、映画が作品として流通していくというよりは、映画から情報を得るとか、上映をきっかけに活動に参加するとかいうことになり、映画作品自体が中心にあるわけではない。すると何が大変かというと、同じ連絡名簿が使えないんです。ある作品を全国で自主上映してくれた人たちの名簿に、違うテーマの映画を作ったという情報を流しても、ほとんど反応がない。テーマによって映画が観られている。映画を地方で支えてくれていた人たちが明らかに変わっていったのが90年代からです。自主映画の配給・上映はすごく難しくなりました。

映画ファンが映画館を持つ

田井　地方にミニシアターができ始めるのは、ほぼ90年くらいからです。僕がシネマ5を始めたのが89年。80年代後半〜90年代は、それまで自主上映をやっていたような人たちが、映画館を持ちたいという夢を実現し始めた時期です。映画を作りたいと思っている人たちが作り始め、映画を配給したいと思っている人たちが配給し始め、つまり、映画ファン出身の作り手と、映画ファン出身の配給会社の人と、映画ファン出身の映画館の人が三位一体となる。これは、以前には考えられないことでした。山上さんが言われた「自主上映の人たち」の中には、ただ消えていったのではなく、いわば卒業して、映画館をやるようになっていった人たちもいたんですね。

山上　そうですね、受け皿としてミニシアターができたということもあるかもしれない。もうひとつ、70年代の話をすると、映画を作って配給して見せていくということを、映画監督やプロデューサーが自分たちの手で一貫してやりたいと思った時代で、自前の映画館を持つプロダクションもけっこうありました。東プロ（東陽一監督や土本典昭監督が所属していたプロダクション）もそう。自分たちが作った映画をかける場所がないなら、自分たちで劇場も作っちゃえという。そういう動きが70年代にはありました。ミニシアターができてくる以前に、試みとしてそういう動きがあったけれど、上手くいかなくて、わりと短い期間でなくなっていったんです。

田井　さらにその前身として、ATG日劇文化があり、岩波ホールがあったわけですけども。村田さんは会社を始めたのが11年ですから、ミニシアターがあることが前提でのスタートなわけですが、北條さんはそれ以前の、まだ全国津々浦々にミニシアターがあったわけではない時代をご存知ですよね。ユーロスペースに入ったのはいつですか？

北條　85年の2月から働き始めました。その頃、いろいろな劇場の方と会って話すことと言えば、映画のことばかりでした。何が面白かった、何がつまらなかった、何が観たい、ひたすら映画の話。だけど、いま戦友とも言える彼らと会うと、話すのはひたすらぼやきですよ。その質の格差たるや。みんなで生産性のないことばかり言っている。・・・・・それはさておき、最初の頃、ユーロスペースの配給作品は、渋谷にユーロスペースという自分たちの劇場があるものの、地方で上映するのは名古屋シネマテークくらいじゃなかったかな。大阪は全大阪映画サークル協議会に配給作品の代理店をやってもらいました。自主上映というより、考え方やセンスがシネクラブに近い体質でしたね。ある時期までは、そういう人たちを通じて全国で上映してもらいました。

田井　「運動」という言葉にはいろいろな響きがあるけれど、メジャーではないオルタナティブなある種の映画を、外国のものであろうと日本のインディペンデントものであろうと、できる限り観られる環境を日本に作ろうと活動するという意味では、我々がやっていることも運動なんですよ。だけど、そういう高い意識を持っていたのはもう昔のことで、今は現状に対してあたふたしてしまっている。

いつも何かにチャレンジする

田井　梶原さんは、お客さんのリクエストや要望に耳を傾けることはありますか？

梶原　私は割と耳を傾けますね。上映作品のリクエストは、劇場にリスエストボードやメールで受け付けていますし、月に1回開催しているお客さんとの交流会でも、リクエストや劇場への要望をできるだけ吸い上げています。交流会はもう5、6年やっていまして、その日観た映画の感想を話す人もいれば、世間話をして帰る人もいます。映画を観終えた後、黙って帰るのではなく、話す場があったらいいなという人は増えてきているような気がします。

田井　私は、お客さんのニーズに合わせても、決していいことはないと思うんです。村田さんが先ほど、難解な映画はやりづらくなってきているという話をしていたけれど、『大いなる沈黙へ　グランド・シャルトルーズ修道院』（2014年公開）は、普通なら当たらないでしょ？

村田　あれはトロント映画祭で、トロントの市民と一緒に観たのですが、その時の空気がかなり凄かったんです。観客の、映画を観る姿勢が。トロントはクリスチャンの多い地域だと思いますが、日本人にも受け入れられるのではないかという妙な確信をもって日本に帰りました。でも、当時所属していたメディアスーツの社長と社員、全員に反対されたんです。それでもなぜか、当たるという確信はありましたね。いつかやりたいとずっと思っていたので、自分で会社をつくって晴れて買うことができました。

田井　ミニシアター系映画に限らないけれども、成功している映画は、後からみれば成功すべくして成功している。でも、事前にはそんなに成功するとは誰も思わないような映画が切り開いていっている。映画を、当たると確信して悠々とやるなんてことは絶対にない。私は、お客さんとの対話というのは、お客さんへの挑戦状と思っているんです。お客さんが喜ぶようなものをやってあげようなんて絶対にしないですね（笑）。

山上　話が違うかもしれないけれど、山下敦弘監督の『どんてん生活』（1999年公開）をユーロスペースの夜の回で観た時、8人くらいしか入ってなくてガラガラだった。でも、作品はもちろん面白かったけれど、作品じゃなくて、この監督がすごいと思ったんです。この監督は絶対に出て来る、と。それで劇場を出て、そのことを誰かに伝えたくなるわけですよ。10人以上に電話したと思う。東陽一監督にも観るべきだって電話したし、橋口（亮輔）さんにも電話をした。すごい監督が出てきたよって。

小笠原　作品のインパクトなんですね。作家性のある作品、あるいは潜在的に強い刺激性やメッセージを持っている映画の上映は、冒険かもしれないけど、こちらが思っていた以上に反響が起きる。

作品のターゲットと劇場のターゲット

田井　映画には常に興行の結果が付いて回る。だけど、その結果だけがすべてとは言えない。『どんてん生活』は興行的に失敗したけれど、コケたと言うだけでいいのか。『となりのトトロ』（1988年公開）は全国配収4億ですよ。ちっとも当たっていない。でも「当たらなかったアニメ」だけで終わらず、のちの宮崎駿を生んでいくための重要な作品になったわけです。ミニシアターをやっているとよくあることだけれども、例えば、クエンティン・タランティーノ監督の1、2本目の映画は僕の映画館で上映しました。3本目以降は大劇場での公開になった。そうなっていく監督がいっぱいいます。そういう監督を最初にやっているということが、自分の中で、誇りというか、自負はある。ところで、村田さんは映画を買う時点でこの作品はこの劇場でかけてもらいたい、というのは考えるでしょう？

村田　想定はします。作品のターゲットと、劇場のターゲットが合っているかは考えます。

北條　でも、劇場が持っているターゲットというものはないですよね。僕はないと思う。映画館の客層は上映作品によってどんどん変わるし、時代によっても変わってきていると感じます。ミニシアターなら、若い劇場と言われるか、シニア向けの劇場と言われるかの違いくらいしかないんじゃないかな。

村田　もっとも明確なのが岩波ホールという感じですか。

田井　劇場のイメージに合うような映画を持っていくから、その映画に合うような観客が来て、結果的に劇場にそういうイメージが付く。その繰り返しなのだと思う。ずっと続けていくと勤続疲労していくのではないでしょうか。

山上　僕は、完成した映画をどうするか考える時に、ドキュメンタリー映画の場合は人の顔を思い浮かべるんですよ。その中の一人は北條さんです。東京でのファーストランの場合、一つは地域。ざっくり言うと、地域は渋谷でいくか、新宿か、銀座か。そして決める時は劇場です。ユーロスペースか、イメージフォーラムか、ポレポレ東中野か、岩波ホールか、今はなくなったけどシネパトス。そういう劇場の支配人や、話をする人の顔が思い浮かぶんです。この人は受けてくれるかな、話が通じるかな、さてどこに話をしようかと考えます。劇映画は、製作委員会方式になる場合が多いので全く違うのですけれど。

「感動をありがとう！」という観客

小笠原　田井さんの言った「観客が受け身になっている」という現象は、とても気になっています。

田井　21世紀に入って以降の「感動大好き」という流れは、結局、観客が「感動は貰うもの」と考えているんですよね。オリンピックもそうでしょう。「感動をありがとう」と言う。お客さんの変化って、そこがいちばん大きいんじゃないですか。観客自らから近付くのではなく、映画の方から近付いてきてほしい、というような。

小笠原　映画の観客に限らないかもしれないけど、それはひとつの問題ですね。自分から遊びを作るとか、関心の対象を見つけ出すことをしないというのは。それは、送り手の側の問題でもあるのではないですか？

田井　今は、情報が欲しければ映画館に取りに来ればいい、とはなかなか言えませんね。昔は欲しければおいでよ、くらいの大胆さがありました。ユーロスペースもそうでしたよ、無愛想で態度のデカい映画館だったから。それが逆に人を惹きつけたわけじゃないですか。

村田　予告編を作る時にいつも感じるのは、感動を欲しがる人たちに対して、感動を保証します、という予告編にしなくちゃダメという空気があるんです。北條さんは別ですけど、単館の担当者からは、この映画を観れば間違いなく感動がもらえると分かるように作ってくれと言われます。いつも悩みの種なんです。予告編を観ただけですべて観たような感じになってしまう。

田井　映画を観る時、他人が何と言っているかを気にするようになった。やがて「星がいくつ」という星取り表になっていくのです。一人ひとりの自立した映画ファンに届けるものではなくなっていますよね。家にいて携帯でも席の予約できるとか、手軽に感動が手に入るかのように見せて、ま

映画状況の50年 変貌の風景

1960年代
映画産業の斜陽の始まり

日本ヌーベルバーグ、独立プロ、ドキュメンタリー、ATG、自主上映運動
撮影所時代の終焉、映画スタアとシリーズ映画の衰微、五社体制の崩壊

1970年代
混沌の時代、洋高邦低時代へ

日活ロマンポルノ、東映実録路線、角川映画
大森一樹、石井聰亙（現・石井岳龍）、森田芳光、8ミリから劇場へ、
岩波ホールの始まり、娯楽から文化へ

1980年代
ミニシアターの増加と世界の新しい作家の登場

アート系配給会社の躍進
自主上映の衰退と地方映画祭の興隆（運動からお祭りへ）
ビデオ時代の始まり
蓮實重彦の影響と映画批評の変質

1990年代
アート系映画がピークを通過

シネコン時代の幕開けとブロックブッキングの崩壊
スクリーン数の増加とブロックバスター映画
TV局映画の活況
アジア映画の勃興

2000年代
わかりやすさへの傾斜と作家主義の衰退

アート系映画・ミニシアターが受難の時代へ
インターネットの時代、批評のオタク化
韓国映画の隆盛
若者の映画館離れ、洋画の退潮

2010年代
上映のデジタル化、フィルムの終焉、既存館の消滅

映画のアトラクション化、ODSの登場、アニメの増加
一強（東宝）・多弱時代、映画の二極化
インディーズ映画の限りない増大
アート系映画の観客の高齢化
利便性と効率の追求、創作へのこだわりの退化
「映画＝映画館」時代の終焉

るで揉み手をして客を待っているような感じ。それが一層、受け身の観客を増やしている。

映画のクオリティと感動の関係

田井　ある種の政治的なテーマを持っている映画は、関連団体に自主上映してもらうパターンと、劇場にかけるパターンがありますね。山上さんは、どちらが優先ですか?

山上　劇場です。どんな社会的なテーマを扱ったものでも、映画作品として、劇場で観てほしい。だから劇場で観てもらうことが第一ですね。

田井　けれど、劇場で1週間やるより、自主上映で1回やった方が、より多く人が集まるということもありませんか。

山上　もちろんあります。だけど、映画である限りは劇場で、なるべくいい環境で作品として観てほしい。自主上映は、公民館や会議室を使って、ほとんどがDVD上映です。作り手から言うと、上映条件によって、映画から伝わることが10分の1くらいになってしまうんじゃないかと思います。環境が整った劇場で上映する時の音響や映像などのクオリティと比べると、自主上映は悲惨な状態が多いですからね。僕らの責任でもあるけれども、映画が映画としてちゃんとした環境で観られる状態じゃないということもあると思うんです。やっぱり映画館で観てほしいですね、映画として。

田井肇さん

村田敦子さん

山上徹二郎さん

田井　山上さんの話の中に、ものすごく大きなテーマが含まれています。映画って何?　ということですね。70年くらいまでは、映画は映画館で観るものだった。もちろんテレビでも観られたけど、同一視することはなかった。80年代はまだ、ビデオで観たものは「観た映画」に入れなかった。でも、映画館で観たか、DVDで観たかという差は、今はもう全くないですね。

山上　映画のクオリティって感動に直結していて、テーマがつまらなくても満足感が残る映画がある。それは劇場でしか感じないものですよね。最初からDVDで観るという今の環境に、僕らが甘んじているということです。それが映画を衰退させている原因の一つかもしれない。映画館で映画を観るということ自体が映画を支えてきたと、僕は思うんですね。

フィルムで観る時とデジタルで観る時の違いの分析

田井　デジタルは、常に利便性や効率性が求められている。こだわりということが、映画を作る側も宣伝する側も、つまり我々の中で衰えてきているのではないでしょうか。

山上　今のデジタル技術は進歩が速くて、僕自身は追いかけていないのだけれど、フィルム映画の場合、スクリーンに画が映っているのは半分の時間です。60分の映画を上映すると、フィルムだったら30分は暗闇で、観客は何も映っていないものと対峙している。残像現象で画をつなげて観ているだけ。その見ていない時間を、観客が脳内で補完しているかどうかの違いは大きいです。同じ作品でも、DVDやビデオで観れば、目から入る情報量は倍になるわけですから、人間の心理面から、果たして同じものを観ていると言えるのか。きちんと解明されてはいないけれども、半分は何もないスクリーンと向き合っていることのやさしさというか、人間の中に入ってくる情報の質が同じだとは思えないですよね。それに、ＤＶＤをモニターで再生する時は光線が直接目に入るのに対して、スクリーンに映写する時は反射光で観ているわけです。そういう科学的な分析を、映画業界の我々がやってきているかということです。きちんと研究分析して、積み重ねてきているだろうか。そういう怠慢はあると思うんですね。単純にフィルムとデジタルがどう違うかということに対してさえ、僕らは怠けていると思う。映画自体が１２０年くらいの歴史しかないものだから、ここで僕たちが喋っていることも10年後には通用しないと思うし、１００年後の映画なんて想像もつかない。だから、いまを語ることも大事だけど、もうちょっと目線を遠くに持つというか。１２０年しか歴史のないものについて語っていることを意識して、１００年後とは言わないけれど、先を見て考えていくことも大事だと思うので、僕はあまり映画が衰退しているという意識はないです。いま僕が考えているのは、もっと主観的に、自分がもう終わりだな、と。どうやって引退するかということです。ワクワクする映画を作っていく中心には自分はもういない。やがて作れなくなるだろうし、作らなくなるだろうし。僕よりも若い人たちがどんどん出てくる必要があるしね。

北條誠人さん

梶原俊幸さん

映画を共有する場所

村田　映画館が、特別な場所という感じはなくなりましたよね。

田井　以前は映画館に行っても、映画館の隅々までなんて知らなかったでしょう。全体的に暗くて、探検してみたくなるほど全貌が分からなかった。今のシネコンってコンビニに行っているような感じですよね。明るくて、陳列も正しくて。それと、僕が分からないのは、自由席と言うと、戸惑う人たちがいるということ。普通、自由っていいことでしょう？　指定席の方を好む人たちもいるんですね。本当に自分で決めるのが嫌、みたいな感じがあります。ジャック＆ベティも自由席でしょう？

梶原　自由席で整理番号制です。お客さんの要望があって劇場チケットの先売りはやっているのですが、舞台挨拶などがある時に、席がどのくらい残っているかが分からないとお客さんが来てくれないんです。明らかにチケットが取れることが分かっていれば来る。そういう感じになって来ている気はします。シネコンのチケットの買い方が主流になってきているからかもしれませんが、そうなるとそこに合わせていかなければいけないのか、ということにもなってくる。とても考えるところです。

田井　映画館で映画を観る敷居が低くなればなるほど、映画館でなくてもよくなり、映画館が非日常の空間ではなくなってしまう。

小笠原　昔からある議論だけれど、エジソンが一人で観る映画を発明し、リュミエールがみんなで観る映画を作ったという話ね。今はエジソンに戻ってきているのかも知れないという話が出てくる。スクリーンに、光と影で映しだされるのが映画だということが本来的にありますよね。けれど若い人たちはそんなこと言っても実感的に分からないのではないかと思う。映画とは何か、と考えたこともないかもしれない。そういう状況のところに、今僕たちがしているような話を持っていっても行き違ってしまうのではないかという危惧はいつもあります。

田井　映画を複数で観る行為はなくならないですね。お客さんというのは不思議なもので、「すごくいい映画だったけれど客が二人しかいなかった」という映画と、「全くつまらない映画だったけれど満席だった」という映画の二つを聞いた時、後者を観たくなるんです。つまり、大勢と共有したいんですよ。素晴らしい傑作だけど、世界中で観るのはあなたただ一人という映画は、本当に観たいものなのかということです。だから映画を共有するという感覚は残り続けると思う。ただ、同じ場所での共有ではないのかもしれないですね。みんなでスマホで観ようよ、世界中のあちこちで観ているよ、という共有かもしれない。映画館という同じ一つのハコの中で、同じ時間に投影された同じものを観るという共有体験かどうかは分かりません。

映画をジャンル分けする

山上　いまは公開本数が多すぎますね。洋画500本、邦画600本、年間1000本を超えている。1000本の映画を同じように一つの「映画」という枠では語れません。今まではドキュメンタリー、劇映画、アニメーションという分け方しかなかったけれど、映画の中身をもう少しジャンル分けして考える時代に来ているのだろうと思います。限られた数の劇場で、1000本の映画を公開するのは限界があるし、ミニシアターだって一人シネコンみたいになってしまう。1つの作品を長く上映しても人が入らないから、1スクリーンで一日4本くらいの映画を上映することになってしまうし、上映期間はどんどん短くなっていく。そうなると、映画をつくる現場から、配給から、宣伝までスピードが速くなっていく。

田井　近日公開というだけで1つの映画館に50種類くらいチラシが置いてあるわけでしょう。普通の人からしたら困るよね。この中からどれ観るのって。

山上　映画そのものについて考えないと、今のままではサイクルが短すぎて無理ですね。だから映画の中身や上映の仕方など、もう少しジャンルを分類してもいいかなという気がします。

小笠原　創作は自由だし誰も歯止めをかけることはできない。法制化することはもちろんできないけれど、公開の調節とか、年間何本まではいいとか、そういうものを見届ける機構や一定のルールがない限り、永遠に繰り返されて膨張するだけですね。いまや、誰でも映画が作れるわけだから。

田井　それができるのは劇場ですよ。はっきり言うと、東京の劇場です。東京の劇場がハネて「公開しない」と言えばいいんです。昔はシロウトが「映画作ってみたんですけど」と言ってきても、冗談じゃないってハネていました。今は公開されてしまう。東京で一度でも上映されると、一応日本では「公開された」と呼ぶのです。当然ながら、公開作品は地方のありとあらゆる劇場にサンプルが送られてきて、3週間後には電話がきます。そういう映画が年間400〜500本あるんです。困ったものですよ。全国のミニシアターが頭を抱えている。北條さんの段階でふるいにかけて外しておいてもらえると、非常に気が楽になるんですけど（笑）。それしかないですよね。

北條　ハネていますけどね（笑）。観る気が起きないくらいDVDが送られてくる。

田井　でも、北條さんはその中から『どんてん生活』は外してはだめなのですよ、客が入らなかったとしても（笑）。けれど、どんなに入ったとしても外した方がいい映画もあるんですよ。手塩に掛ける、という言い方ができるほどの作品は、製作・配給会社も劇場も、年間何本もできません。そういう感覚で育てていく必要があるということです。映画作ってみました、宣伝はSNSと舞台挨拶です、というのは、もう勘弁してくれと。配給会社には、SNSと舞台挨拶以外の宣伝を考えてほしいし、それは作品ごと一本一本違ったことを考えなきゃいけない。あれで巧くいったから、これも同じようにというわけにはいかない。そういうことを一つひとつやっていくことで、必然的に本数は減っていくはずです。

ひたすら怖いだけの時代

田井　梶原さんは、上映作品を選んだあと、強弱はどうやって決めるのですか？　つまり、これは1週間で1日1回上映とか。

梶原　東京と同発で上映できる作品は1日3回上映。だいたいは2週目は2回、3週目に1回になり、4週目で終わり。でも、それはタイミングがよかったり、試写で観てうちだったらいけるだろうと思ったりした時で、あとはほとんど1日1回上映です。2館で1日10本くらいやっているので、夕方くらいまでに上映しなければいけないような作品は5〜6本で受けるのをやめて、夕方以降でも行けそうな映画で数本組むようにしています。それを日々、連続的にやっている。だから、この作品には力を入れてとかは、難しいと言えば難しい。

田井　分かります。僕らが映画館でやっていることはいまやそんなレベルなのですよ。このパズルをどうしようか、という。２０１６年現在の状況は肌寒いものですね。

山上　完全にピラミッドが逆になっています。かつては一番底辺に劇場があり、一番上に製作がありました。今は逆転して、製作がものすごく膨らんでいて、スクリーン数が実はものすごく限られている状況です。その多すぎる製作本数を、今の映画館の数で全部抱えることは無理だし、先ほど梶原さんが言ったブッキングでは、製作側から言わせてもらうと回収できないということになってしまう。要するに上映できないわけです、回収できないわけだから宣伝費もかけられない。ますます行き詰まってしまうんです。

北條　以前は6ヶ月先のプログラムを決めておけばいいという意識があったんだけれど、今のミニシアターはすさまじいスピードでブッキングが進んでいきますよね。1年先でも平気で予定を聞かれます。

田井　すごいね。うちなんか、それまで劇場があるかどうか分かりませんって答えますよ（笑）。

北條　怖くて仕方がないですね。まずスケジュールを立てたら、売り上げを立てて、借金返して、人件費払って、劇場としての個性を出すことを考えなきゃならない。そういう基本的な考え方が壊されてきていて、馬にへばりついて乗っかっていないと振り落とされるのではないかという思いが増えてきました。ひたすら怖いだけの時代になってしまった。作品数が増えているので、配給会社や宣伝会社の人たちとの人間関係も希薄になってきています。希薄になるから、向こうからは劇場が何を考えているのは分からないし、こちらも配給会社が何を考えているのか全く分からないです。

山上　映画の興行収入の75%をメジャー映画が占めていて、それはメジャー4社です。スクリーン数のほとんどはシネコンが占めているので、メジャー4社が公開している年間本数は実はそんなに変わっていないんですよ。そこが売り上げの75%を持っていっている。メジャー映画は１００本もないと思うんですよね。

田井　ペイできている映画って年間50本あるかないかでしょう？　シネコンがカバーしているのは、せいぜい年間２５０〜３００本ですよ。

山上　だから年間１０００本くらいの作品をシネコン以外の限られたミニシアターが引き受けている。単純に数字だけみてもやっていけるはずがない。

仕組みを変えていく力

北條　劇場側の意見としては、頼むから1日4回4週間もつ映画を持ってきてくれ！　と思う時はあります。どうしてこんなに小さい映画を持ってくるのだという思いは、むくむくと起きます。そういう映画だから配給能力は低く、そうなると宣伝能力も低いです。ますます興行収入も厳しいだろうと感じざるを得ないです。

田井　公開時期が遅れると興行的に厳しくなると話すと、「うちは遅れてもいいです」と言う。あなたはいいかもしれないけどうちは困る、100人も来ないと思うよと言っても、「うちは少なくてもやっていただきさえすれば」と言うんですね。そもそも回収ポイントが限りなく低い映画もあるのです。

北條　全国興収いくらだとはっきり言ってもらった方が楽ですよね。この映画は全国興収1億円目指しているんです、と。こっちも分かりましたそういう体制を組みますと言えるけど。それだけ価値のある映画だとこちらも思えたら、この時期に出してマジで上映する。そういう方が楽ですよね。

小笠原　これは映画作品として完成している、これは観るに堪える映画とは思えないと、どこかで判断する必要がある。どういう状態でも一様に映画だと言われたら困りますね。作っている人たちは映画という認識だろうけど。例えばテレビドラマ作品でも一本作って出せば映画として上映できてしまう。映画の概念というか、映画とは何んだという話になると思います。

山上　ドキュメンタリー映画に限定すれば、製作している側から言わせてもらうと、驕った言い方かもしれないけど、これはテレビでやった方がいいと思う作品がかなり多いです。映画館でやる必要はない。劇場で上映するなら、もう少しエンターテインメントにして作品性を上げていかないと。

田井　テレビでやった方がというのは、クオリティではそうかもしれないけど、テレビで流す方がハードルは高いのではないですか？

山上　テレビでさえやってもらえないからこそ、それだけのクオリティ作品を作らなきゃいけないという意味でもある。逆に優れたドキュメンタリー作品は、テレビから出てきているものがかなりあります。テレビのプロデューサーってすごく勉強していて、映画に対する憧れも強い。いつかは劇場で公開するものを作りたいと思いながらドラマやドキュメンタリー番組を作っている人が切磋琢磨して、テレビ局の中で勉強会をやったりしているんです。そこで育った人たちが、ドキュメンタリー映画や劇映画を作る時は本当にいいものを作っていいますよ。

小笠原　山上さんが言われることは、その通りですね。異なる土壌と環境のなかで、自分は何をすべきかしっかり認識しながら取り組んでいかなければ、映画は混乱していくだけです。

山上　究極は経済の問題なので、経済の問題を解決するためには仕組みを変えていくしかないと思うんです。その仕組みを変えていく力を持たないと、そういう話し合いの場を求めないとみんな死んじゃう。

田井　クオリティの問題をしっかりやっていく。少なくとも今回作るこの冊子に映画作品のことを書く場合は、決してＤＶＤで観て書いていけないということを大前提にするとか（笑）、そういうところから全部やらないといけませんね。

（２０１６年８月20日　渋谷ユーロスペースにて）

田井肇（たい・はじめ）
シネマ５支配人
1956年、岐阜県生まれ。1976年に、現存する映画祭の中では最古と言われる湯布院映画祭の立ち上げに実行委員として関わる。1989年、閉館が決まっていた大分市のシネマ５を引き継ぎ、当時は地方で上映されることが少なかったアート系映画の専門館として経営をスタート。ミニシアター文化を街に根付かせた第一人者である。2011年には、閉館した同市内のセントラル劇場のうち１館を引継ぎ、シネマ5bisと名付けてオープン。2006年より大分県興行組合理事長を務める。また、全国のミニシアターの結束を目的とした団体、コミュニティシネマセンター代表理事を2013年より務める。

梶原俊幸（かじわら・としゆき）
横浜シネマ・ジャック&ベティ支配人
プロフィールはp.016

左から山上徹二郎さん、村田敦子さん、北條誠人さん、田井肇さん、梶原俊幸さん、小笠原正勝

山上徹二郎（やまがみ・てつじろう）

株式会社シグロ代表取締役

1954年、熊本県生まれ。1986年に映画製作・配給会社であるシグロを設立し、代表取締役・プロデューサーを務める。『老人と海』『エドワード・サイード OUT OF PLACE』『沖縄 うりずんの雨』など60作品以上のドキュメンタリー映画と、『絵の中のぼくの村』『ぐるりのこと。』などの20作品以上の劇映画を製作し、日本のみならず世界中で数々の映画賞を受賞。また、NPOメディア・アクセス・サポートセンター（MASC）理事長として、視覚障害者、聴覚障害者を対象としたバリアフリー映画の制作・普及にも取り組んでいる。2016年9月に公開した東陽一監督『だれかの木琴』では企画・製作・プロデューサーを担当。

村田敦子（むらた・あつこ）

ミモザフィルムズ代表取締役

福岡県出身。東京で育つ。大学卒業後、コピーライターを目指し広告代理店に就職するも、1年で退職してロサンゼルスに遊学。遊学中の1年間に300本近い映画を観まくったことが映画配給ビジネスに興味を持つきっかけとなる。帰国後は、東北新社、ギャガ・コミュニケーションズ（現・ギャガ）、広告代理店ビッグショット（現・クオラス）で映画出資・宣伝を担当し、メディアスーツ（2007年に日活と合併）取締役などを経て、2009年にフリーランスとして独立し、配給・宣伝を手がける。2011年に株式会社ミモザフィルムズ設立。

北條誠人（ほうじょう・まさと）

ユーロスペース支配人

1961年、静岡県生まれ。大学在学中から映画の自主上映に携わる。1985年、ミニシアターの草分け的存在であったユーロスペースで働き始め、1987年から支配人を務める。ミニシアターの草創期から現在までの約30年間をミニシアターとともに駆け抜けてきた。ユーロスペースは劇場として映画を上映するだけでなく、映画の製作や配給も手がけている。主な製作作品に松岡錠司監督『アカシアの道』など。主な配給作品にフランソワ・オゾン監督『まぼろし』、アッバス・キアロスタミ監督『ライク・サムワン・イン・ラブ』、アキ・カウリスマキ監督『ル・アーブルの靴みがき』など。

【座談会】

映画『だれかの木琴』から見えるもの

東陽一［映画監督］　常盤貴子［女優］

野島孝一［映画ジャーナリスト］　坂崎麻結［ライター］　小笠原正勝＝司会

映画を観ることは「映画と対話する」ことだとすれば『だれかの木琴』はまさにそれにふさわしい映画だといえます。東監督も観客ひとり一人の「解釈多様性」を尊重して作られたと言われています。さまざまな視点、角度から映画を読み解くことは、映画を観る楽しさ、面白さを倍増させてくれます。試写会でこの作品を見られた野島孝一さんと坂崎麻結さんに参加してもらい、東陽一監督、主演の常盤貴子さんとの『だれかの木琴』を巡る語らいです。そこから何が見えてくるでしょうか？

取材／撮影＝＝山岸丈二

私の大好きな日本映画はこういう映画だったんだ、と。

小笠原　常盤さんは、完成されたご自分の作品をご覧になって、外から観た『だれかの木琴』をどのように思われました？

常盤　わたしはすごく大好きな映画です。こういうタイプの日本映画にわたしが飢えているからだと思うんですけど、もともと私が好きな映画はこういうテイストの映画だったなということを再確認できる映画だったんですね。

東　普通、男優さんでもそうなんですけど、女優さんは特に、自分が出演した映画を客観的に見られない人が多いんです。結局、「わたし」がきれいに映ってるかどうかだけが問題だったりする。ところが、この人は違うんです。もちろんそれも気にしているでしょうけど、一方でもう一つの目を持っている。映画を映画として客観的に観てるところがある。ちょっとね、これはこわいんです。そういう人ですから、自分しか見てない人とは全然違います。

小笠原　そうですか。そういう視線というのは演技にも反映されるでしょうね。野島さんは、この作品の印象はどうでしたか？

野島　僕はちょっと不思議な感じの映画だなと思って観ていたんですよ。常盤さん演じる小夜子と、美容師がちょっとずつおかしくなっていくわけで、そこがもうちょっといくとホラー映画になっちゃうわけですね。ホラーの一歩手前でうまく留まってるなと思って。それで不安なところはすごく強烈に訴えてくるところがあって。それなのに、もう一歩行っちゃってドツボのホラーにはならずに、品があるといってはおかしいんでしょうが、常盤さんが品のある方だから、そういうところをうまくあまり表情にも出さないでガーッといかないところが、日本映画としても距離感があるというか。もうちょっと言わせてもらうと、この映画で大事なのは距離感の問題だと思うんですよ。常盤さんがやった小夜子という女性が感じている人と人との間、付き合い方、そういうものが割と近いんじゃないかと。自分が近寄っていって非常に近い距離にいるのに対して、普通の人の感じ方は「え？ こんなにどんどん入ってくるの？」って感じがすると思うんですね。その距離感の違いっていうのが、それぞれが感じているものが上手く出ているんじゃないかという気がしましたね。そういう意味でも、心理的なサスペンスタッチでそういう風になってくるんだけど、それでも上品で大人の映画だなって思って観ていたんですけどね。

常盤　なるほどなー。面白いですね。

坂崎　すごく日本映画らしい、日常と地続きの映画ですよね。観る時に自分の内面をものすごく引っ張ってこないといけない。小夜子さんのことを女性目線で見てしまうんですけど、半分夢の中にいるような、自分を閉じてるような感じ。外に出てないんですね。だから、表情もずっとはっきり分からない表情をしている。だからメールでやり取りするシーンがあるじゃないですか。それもちょっと面白いなと。バーチャルじゃないですか、メールを使うというのは。夫にも言葉で直接言うわけじゃない。ただ、中で起こってることをどうにか発信しようという行動は見えるなっていうので、女性だと分かってしまうというか。なんでこうなったのか分からないとは思わなかったです。どこかやっぱり理解できちゃう。

映画にとって音楽はひとつの生命線なんです。

野島　カメラマンの辻さんって方、すごくきれいな画を撮りますね。

東　僕の目では現在の日本最高のカメラマンですね。若松孝二監督の『実録・連合赤軍 あさま山荘への道程』（２００８）を観たときからそう思っていて、絶対に彼とやりたかったんです。

野島　とてもいいなと思った。あと、音楽の入れ方が監督はとても上手いですね。

東　上手いというか、映画にとって音楽はひとつの生命線なので、音楽がだめだったらその映画がだめなんです。僕は昔からそう考えてます。最近の日本映画の音楽って、はっきりいってひどいものが多い。優れているものもあって、世界レベルのものもありますけど、とにかく音楽が貧しいと僕は耳を塞ぎたくなるんです。映画の中の音楽はいろいろ複雑なことを語ってくれるので、単なる劇伴（伴奏音楽）と考えてもらっちゃ困る。そのシーンの感情をなぞって伴奏するんじゃなくて、逆に否定する音楽だったり、別の音楽が必要な場合もあります。なので、ぼくの場合は、すでにつくられた音楽、すでに自分が聴いて分かってないと使えないことがほとんどですね。作曲家にこれお願いしますってつくってもらったら、全然違うってこともあり得るわけです。それはこわいので、全部CDから使わせてもらった。普段だったら、プロデューサーの山上徹二郎さんも、こういうものもあるよって助けてくれるんですけど、今回はどういうわけか全然助けてくれないんで、全部一人で決めた。トップで使ってる音楽も、僕が渋谷のタワーレコードに行ってロックのフロアで1時間くらい頑張って見つけてきたんです。発売したばかりのCDで。

常盤　わたしは一人でワイン飲んでるシーンの…。

東　あれは古いフランスの恋歌なんです。その前に美容院のシーンがあって、次に彼女の後姿になって、長いカットですね。それを、「昼間からワインを楽しむマダム」とか言った人もいるらしいけど、べつにワインが問題なんじゃない。この小夜子さんは、家では主婦であり妻であり母であるわけでしょう。彼女はこのシーンでは、一人の「女」なんです。あの美容院のシーンのあとで、たった一人という時間の中にいるわけですね。一人になって自分の気持ちの中をたゆたっているわけです。その時間がどうしても必要なんです、小夜子には。あの歌は、フランスの古い恋歌を「TABLATURA」の、つのだたかしさんがアレンジして、波多野睦美さんが歌ってるんです。歌ってるのは女性だけど、あれは男からの恋歌で、恋人よ、今朝咲いたばかりの真っ赤なバラを見に行こう、僕と。そういう歌なんです。早く一緒に見に行こう、バラは夕方には萎んでしまう、あなたの美しさだって萎んでしまうよ、というような歌です。

常盤　フランスっぽい！

東　中世から近世でしょうかね。この時代の音楽は好きですね。恋の歌といっても、ただ愛は永遠だとか甘ったれて、好きだ、恋だって歌うだけじゃないですね。

常盤　その時代から変わらない男女の関係を表しているようで、しびれました。

東　歌詞を訳す必要はないと思ったんですね。お客さんが聴いて、何となくイメージしてくれればいい。

映画の流れがとてもいい！編集もいいですね。

小笠原　それに映画のリズム感がとてもよかった。小夜子という女性の内面の動きと同じように、映像が流れている。編集が巧いんだと思います。そういう流れというのは、撮影している間も意識の中にあるんですか？

東　いや、すこしだけ違うんです。撮影のときにもちろん編集のことは頭にあるけど、それは頭にあるというだけのことです。僕は今回シナリオを書いたでしょ。でも撮影では監督として現場にいるじゃないですか、その時はもうシナリオライターじゃないんです。だからときには、何だこのセリフは、と思ったりすることもある、現場で。自分で書いてるんだけれども、だれが書いたんだこんなセリフ、なんて腹が立つこともあるわけです（笑）。編集になるとまた違うんです。編集マンの目になる。だから演出のまずさが見えてきたりする。監督の立場と違って、監督への批判として、ばさばさ切っていくこともある。そうやって人格が変わらないと、客観的に見て面白い編集ができない。ここは苦労して一生懸命撮ったカットだから切れない、なんて言えないです。だめなものはだめだと。編集で見てだめだったらだめなんだ。

ロケ地の流山はとてもいいところだった。天ぷらが最高！

野島 ロケ地は流山が多かったそうですね。特に選ばれた理由は？

東 例えば、原作では海斗の家がメゾネット風のデザイナーズ、って書いてあったけどデザイナーズというと若い美容師の給料では住めないし、数も少なくて見つからないので、普通の「メゾネット風」ということになったわけです。ああいうところはいったん入ったらなかなか出ていかないらしいんですね。そしたら、製作部の人たちが流山にいろいろお世話になってることがあって、流山にはいろんな素材が揃っているし、またそこの人たちが映画やテレビでいっぱい経験も、積んでいるというので、いろいろ案内してもらって、まず家が見つかったんです。海斗のアパートと小夜子の家が見つかった。そうなると、そこだけは流山で撮って、あとは東京近郊でっていうのは、何か空気感や生活の匂いみたいなものが違ってくるんです。だからなんとかしてここでやりたいと。結果的にほとんどが流山になったということです。

野島 なぜか海の近くのような感じがしたんです。

東 海の近くじゃないんですね。夕景で遠くに川が流れているのがありますよね。あれも流山の風景で、流れてる川は江戸川です。あそこで夕景を撮ってたら偶然自転車のグループが走ってたんで、あの中に海斗がいてもおかしくないという感じもあった。そういうわけで、流山市には非常にお世話になりました。とてもいいところだった、お世辞じゃなくて。流山という土地はとても住みやすいところだと思いました。蕎麦屋さんのお嬢さんがとてもいい感じで、もう一回行きたいんですけどね（笑）。天ぷらそばが最高（笑）。

野島 現場は泊まられたんじゃなくて？

常盤 全然（日帰りで）行けるんですよ。

坂崎 都会でも田舎でもない、というのが映画の空気になっていたなって思います。そこで起こるドラマという感じがすごくしました。

東監督の映画的な遊びは、東作品を観る楽しみのひとつでもあるんです。

東 走行区間が6キロに満たない電車があるんですね、流鉄っていうんですけど。何回かロケハンで乗ってるとね、途中から人が乗ってきたりするでしょう。その人たちのたたずまいが、なんとなく東京の人たちとは違うんです。何かこうゆったりした感じで、あくせくしてないんです。映画で撮ってるのは東京の感じでつくったもので、みんなスマホを見てたりしますけど、あんな風景は、少なくとも僕は見てないですね。

小笠原　ところが、そういう遊びが東監督の作品には随所に見かけることがあります。それが楽しみで東監督の映画を観ていることもあるんです。映画全体の中にぽつんと入ってくる。それがときに痛烈な文明批評に思えることもある。

東　本当は一人で位牌を見ているところで、みんなスマホ見てるでしょ。それで一回小夜子の顔に切り替えて、もう一度戻ったらみんな位牌を見ている、みたいにしたかったけど（笑）、まあそれをやったら別の映画になっちゃうんでやめました。

小夜子も、海斗も、かなりクレバーな人だと思ってます。

野島　それから池松君の美容師ぶりがすごかった。

常盤　喋り方とかがすごくリアルでしたよね。

東　あれ、喋りながら仕事するのは、かなり難しいんだそうです。

常盤　実際に美容師さんでも難しいんですって、喋りながらやるのは。撮影が延びたんですよね、たまたま。本当は9月の予定だったのがいろいろ理由があって1月に延びて、池松君もせっかく美容師の練習したのに撮影が延びちゃったからみんな心配してたんですけど、それはそれで熟成期間があったみたいでむしろ馴染んで。

野島　女性と美容師って独特のコミュニケーションがある感じしますね。

常盤　実際、多いんですって。

東　それは僕も調査したから。実際には恋愛関係にまではいってないんだけども、そういうようなことを体験した美容師さんもいるし、よくあることらしいですよ。さっき野島さんがおっしゃったことで面白かったのは、品がいいということですね。別の言葉で言うと、日本のテレビでも映画でも、ドラマにするためにドロドロした不倫というような方向にもっていくことが多いでしょう。それはそれで一つの考え方ですけど、僕は生活者としての庶民は、みなとても頭のいい人間なんだと思うんです。学歴がどうのなんてことじゃない。この小夜子という人は、相当クレバーな人だと僕は思ってます。そのクレバーで品のいい女性が揺れちゃうわけです。自制ができてたら、海斗のアパートの呼び鈴を押しませんよね。だけど頭のいい女性がそこまでいっちゃうわけです。一番のピークはワンピースで、あそこがピークですけど、あれは法律的なことでいったら軽犯罪程度ですね。その程度です。だから悪いことは全然してないです。ギリギリ踏みとどまっている。それから海斗も、これもかなりクレバーですよね、あの若さで。僕はそういう人はいっぱいいると思ってるんです、ごくふつうの生活者の中に。ワーッと痴話喧嘩みたいになって隣近所に迷惑かけてって、そういう人もいるでしょう。そうなっても悪いとは思わないけど、でもそうじゃなくて普通の生活者のレベルで生きてて、ものすごく頭のいい人たちを見てますからね実際に。そんなに日本人を「激情的」な型にハメないで下さいと言いたい。こういう頭の良い人たちもいっぱいいるんだよということは描いておきたい。それについては常盤貴子、池松壮亮のお二人はぴったりの適役です。

野島　あと佐津川（愛美）さんがすごいですね。あれもああいう人っているだろうなと思って観てました。

東　いや、よくやってくれましたよ。怒鳴りこみに来るところなんかね、すごかったですね。

常盤　でもすごく安定感があって。佐津川さんやっぱり上手いから。ああいう怒鳴りこみのシーンとか一歩間違ったら「なんだこの違和感」ってなるんだけど、佐津川さんはバランス感覚が素晴らしい。

東　才能ですね。

坂崎　本当にいそうな、すごくリアルでしたね。

東　俗にいう「ロリータファッション」ですね。そこは原作者の設定が面白いんですね。そのまま頂いてます。

常盤　でもいまの日本ですよね、あれも。

会話って突然ポーンと飛んじゃったりする。だからわざと飛ばしているんです。

東　小夜子が娘と喧嘩みたいになるところがありますね。「わたしはあなたの母親ですけどね、母親だけで生きてるわけじゃないのよ」っていうセリフは怖すぎる、ショックを受けたという感想をもらったりしました。それはショックには違いないけど、でもそれを言われたことで、あの娘だって一段階、人生の階段を上がると思うんです。日本人であそこまで言う人はなかなかいないと思うんだけど、でも彼女だって追い詰められてるわけです。娘に責めつけられて。だからあそこの会話は論理構造を外してるんです。理屈に乗って会話を始めてかなきゃならないなんて、そんなことないです。会話って突然ポーンと飛んじゃったりする。だからわざと飛ばしてるんです。あそこでやっておかないと彼女が救われない、圧倒的に娘にやられっぱなしになる。

坂崎　娘には学校があって、夫には仕事があって、じゃあ小夜子には何があるんだっていう時にすごく、ぐつぐつしちゃってるというか。

東　そうなんです。だからあのセリフは女性たちには共感してもらえると思うんだけど。

坂崎　そう言いたくなる瞬間って絶対にあるよなって思います。今いるわたしがわたしじゃないんだよ、他のところがあるんだよって。

常盤　女性は絶対にそれはありますもんね。

東　それともうひとつ、野島さんなんかは理解してくれていると思うんですけど、難しい言葉、抽象的な言葉を使わないで日常的な言葉で日本人たちが会話をしているその内容は、実は普通思われているよりもっとその中身が厚いんだということですね。これだけ内容の濃いことを日本語の普通の言葉で表現できるんだよってことをやってきたかった。軽い言葉や怒号がポンポン飛び交うのが青春映画だと思われても困るわけで。難しい言葉ではないんだけれども、かなり深いところまで日本語は本当は行けるんだということをぜひやっておかないと、と思ったんです。だからセリフは結構悩んで書いた。

大好きなセリフいっぱいありました。このセリフを言える幸せを何度かみしめたことか。

小笠原　小夜子を見ていて思うんですが、小夜子という女性と常盤さんの間で何か揺れ動くというか、葛藤みたいなことを感じたことはありませんか？　意識したこととか、ストレスとか。演技しないで演技する、そういうお芝居をするということをおっしゃっていた。

常盤　どんな役をやる時も取材でよく聞かれることなんですけど、それは共感しなくてもやることなので、わたしとの差を埋めようとしたことは一度もないです。これは小夜子の人生であって、小夜子の人生を生きるだけなので、わたしたちの溝は何も関係がないというか。もともとが違う人なので。だから皆さんどうやっているのかなって聞きたいくらいなんですけど。そんなに自分に近づけて…だからそういう人たちが「わたしこのセリフ言えないわ」って言うんでしょうね。

東　そういう女優さんがどっかに居たって聞いたことありますよ。

常盤　監督はそう言われたことありますか？

東　あったような気がします（笑）。この人も池松君も、他の人たちもそうなんですけど、あたかも自分の言葉みたいになっちゃってますね。ものの見事に小夜子になっているし、ものの見事に海斗になっています。

野島　そうじゃないと見ていて違和感がありますよ。そんな風に言うかよって感じで。それがすっと言えるってことは自然に演じられているんだと思いますね。

東　俳優さんにとって楽なセリフじゃなかったと思います。日常の会話を使っていますけど、普通の会話であそこまで言うかなって言葉を使ってるところもある。日本語が人に与える「圧力」というものがありますから、それをちゃんとやっておきたかった。普通では言わないようなことまで言ってもらってますけど、ストンと全部はまっちゃってますね。

常盤　大好きなセリフいっぱいありました。このセリフを言える幸せを何度かみしめたことか。勝村さんと二人でベッドの中で言うセリフとかも大好きでした。

東　あそこは自分でも好きなシーンです。

野島　本当は夫のことが気になって仕方がないんでしょうね、あの人は。

常盤　上手くいってると思いますよ。だから有りがちな夫が相手してくれないからそっちに走るとかじゃないですよね。こうだからこう、みたいな、映画的な定型がないですよね、小夜子は。

坂崎　でもやっぱりどこか何かが埋まってない感じがありました。問題ないように見えるけど、どこかにぽっかり何かあって、それがどこかに行きたいってなってしまってるというか。

常盤　それもすごく、今の日本って感じですね。

僕らの日常では「ストーカー」はすべて悪者のイメージになってしまう。

小笠原　今の日本といえば、この映画には「ストーカー」という要素が出てきますね。「ストーカー」といえばタルコフスキーを連想しますが。

東　あれは意味が違いますね。あの『ストーカー』って題名の意味は「案内人」ですね。タルコフスキーの映画を観て面白いっていう客だったら、この映画を観てどこかおかしい、分からないなんて言うはずがないと思います。『ストーカー』ってすごい映画なんですよ。一回観ただけじゃちょっと分からないくらい。でも僕は大好きな映画で5回くらい観てますけど。本当に不思議な映画なんです。案内人が変な場所に行くとかもそうなんですけど、いろんな人を案内してくる案内者の話なんで。よく分からない廃墟みたいなところで、あるとき一瞬、そこに存在しない男の声がするんです。「とまれ」とか聞こえるんだけど、どこから聞こえてるのか分からない。そういう映画をちゃんと観てる人だったら、この映画なんて全部自分の解釈で分かっちゃうと思う。

小笠原　『ストーカー』という映画で、ずっと奥の方へ行くと幸せになれるというゾーンがあるんです。そこに誘導していくのが「ストーカー」なんですね。誰にも好きな人と結ばれたいという願望はあるわけだから、そういう意味の「ストーカー」だったら解るわけですよ。僕らの日常では「ストーカー」はすべて悪者のイメージになってます。

東　ラストシーンで、そのストーカーのお嬢さんがいて、テーブルのコップが勝手に動き出すんですね。なんですかって話です。映画だから、それが映画的な現実なんです。どんなことでも映画の中では現実をつくれる。

ラストのあのシーンが頭のなかにできたとき、これで映画が出来たと思った。

小笠原　この『だれかの木琴』のラストシーンで、ソファで横になっている小夜子に毛布がスルスルとかかっていくところは、コップが落ちるのとどこか似てませんか?

東　似てるかもしれませんね。あのシーンは最初に撮影現場に持っていったシナリオには書いてないんですよ。だけど、シナリオ通りには終われないなと思ってずっと悩んでたんです。あのシーンが頭の中にできた時、これでできたと思ったの。

小笠原　傑作だと思います、あそこは。映画につけた音楽じゃなくて、音色が聞こえたような感じがしました。ずーっと長回しで、音楽が聞こえたような雰囲気でしたね。

東　あれは逆回転なんですけど。だからCGなんかよりもはるかに良いわけです。最もシンプルなやり方にしてるわけですけど。あれは、ジャン・コクトーへのオマージュというつもりもあるんです、ジャン・コクトーの『オルフェ』（1950）と『オルフェの遺言』（1959）への。オルフェの遺言』では逆回転やってますね。崖を上から海を映してる。そうすると、波がぶぁーっと起きてきて、その中から男が一人飛び上がってくるわけです。たまげた、たまげた。とても大好きな映画です。コクトーは逆回転というのをおそらく初めてドラマティックに見せた人だし。『オルフェ』で鏡の中に入っていくのなんかたまらないですね、三日くらいうなされたという記憶がある。そういうこともいろいろあって、楽しみでこの映画を撮ってたわけです。

常盤　この間、林真理子さんとの対談で海斗に髪の毛を切ってもらうシーンで「あのシーンは海斗と会話してるけど、あなたどこも見てなかったわよね」って。「あなた自身も見てるけど、あなたをも見ていない」って。それを聞いたときに、なるほど、私はあのとき、鏡の中に入っていたんだって思ったから、だから今の言葉は面白かった。結局同じことされてますね、って。

野島　鏡の中に入っていっちゃうのも『オルフェ』ですか?

東　それは違う意味です。鏡の中に入るのまで真似したら終わりでしょ。

常盤　わたしの脳内が鏡の中に入っていっていたって話です。

東　それはそうかもしれないですね。あの人は作家だから。そういう風に自由に広げていってくれたら嬉しいですね。林さんには昔、プロデューサーを通してある小説の映画化をお願いして許可を得たんだけど、結局映画にできなかった。そのときに、こっち側の内部の問題で、ちゃんとお詫びをお伝えできなくて申し訳ないことをしました。ぼくの責任ですけど。

常盤　たぶんもう気にしてらっしゃらないと思います。あの映画をとても楽しんでらっしゃった。

監督がどういうふうに撮るのか全く分らないから毎回サスペンスみたいな感じ。

坂崎　最後の毛布のシーンについて池松さんにインタビューした時に、最後に一人一人の孤独を東さんが毛布で包んでくれたっていう言い方をしていたんです。ああ、そういう風に観るんだなって思って。彼の中に東さんはこう撮ってるんじゃないかって目線が見えてすごく面白かったです。

東　彼は完成した映画を観るまであのシーンのことを知らなかったんですね。台本に書いてないから、びっくりしたって言ってました。

常盤　すごく喜んだし興奮したって言ってましたよ。

東　経済的にはかなり厳しい仕事でしたけど、とっても楽しかったですよ。撮影中も。

常盤　映画がワクワクしてる感じがしたんです。スタッフもこういう映画に携わっていられたらやっぱり嬉しいじゃないですか。監督がどういう風にとるのかが全く分からないから毎回サスペンスみたいな感じで。それでこう撮るって聞いたときに「えー本当にー」と言いながらワクワクするような。

東　スタッフが世代変わりして若くなっちゃって、かなり歳食った僕の、娘や息子みたいな年齢の人とか、孫くらいの年齢の人までいるわけだから。だからこの爺さん何考えてんのかなって思いはあったかもしれない。労りもあったのかもしれないです（笑）。

常盤　ないですないです（笑）。みんな刺激を受けてました。

「人は年齢によって生きるんじゃない、その行為によって生きるのだ」

小笠原　とにかく東さんは若いということです。もちろん感性がですよ。なんでこんなに若いんだろうと。

東　自分では若いなんて思ってないですけどね。ただ、ある人が言ってますね、「人は年齢によって生きるんじゃない、その行為によって生きるのだ」って。僕もそう思いたいところがあります。新藤兼人さんがよく舞台挨拶なんかでも言っていたのは、なんで日本の年寄っていうのはゲートボールばっかりやるんだと。彼の意見では、やらされてるんです。僕は別にゲートボールが悪いわけじゃないと思うけど、つまり、日本の文化の中では、年寄りは年寄りらしくあれという圧力を受けてるということでしょうね。でもほんとは若い人と同じようにいたずらもしたいし、色んなことやりたいわけですよ。男だったら美しい女を見たら美しいと思うしね。でもそれは「はしたない」ことにされる。新藤兼人さんはあのカーンっていうゲートボールの音を聞くと本当にわびしくなるって言って、実際に映画で批判したりしてますね。ある舞台挨拶で「昔から撮ってきた映画だと若い人たちが中心で、年寄りは背景だった。だけど自分が年を取ってくると老人というのが生々しくなって前面に出てくる」と語っていた。彼は男性ですから女性を見る視線も、むしろ若いときより深くなってくる、と言うんですね。でも、おじいちゃんだから色気も何もあってはいけないとかいう「同調圧力」みたいなのがあるわけです日本には。だからみんな年寄りらしく振る舞ってるんでしょう。女性だって同じことだと思う。僕は馬鹿だから、年寄りの演技ができないだけです（笑）。もうひと付け加えておくと、鶴見俊輔さんは、「僕は自分の中の不良少年が枯れないように、いつも水をやることにしている」って言ってます。鶴見さんの知力に追いつけるわけはないけど、せめてこれくらいは真似したいものだと思うことがあります（笑）。

野島　ところで、池松君が自転車を自分の部屋から出して乗っていくじゃないですか。ああいうところの感じなんかは僕は風景にマッチしていていいなと思った。

東　そう言われると嬉しいですね。あれはやはり若々しくて、自分でも好きなシーンです。でも実はあのシーンつくるまでは、どうやってこの映画をスタートしていいか分からなかったんです。原作にもないシーンで。原作では海斗はいくらか脇役風に感じるんだけど、映画では二人が主役じゃないと成り立たないと思ってた。男の方も魅力的で、それがちゃんと描けないと、いい女が惹かれるわけもない。それでトップシーンを何から始めようかと考えて、あのシーンが決まった時に、これでシナリオが書けると思ったんです。だからとても大事なスタートシーンだったんです。

常盤　合鍵を返してもらって封筒をなでると形が浮かび上がってくるっていうのも、脚本では全然違うし本当に撮影ギリギリに監督がそうしようっておっしゃってあれになった。

東　本当なんです。シナリオがつまらなかったんです。恋人が合鍵を送り返してきてね、封筒引き裂いて捨てて鍵だけポケットに入れるなんて、誰が書いたんだこのシーンは！って思ったりした（笑）。撮影の直前に、いろいろ考えてこれでいけたと思ったんです。やっぱり衰えてますね、脳みそが。だから他人には言えない細かいミスがいろいろあるんです。そういうところは編集で切っちゃってますけどね。残ったところはだいたい誰に見せても恥ずかしくないはずだと思いますけど。そろそろあぶねえなって思います。新藤さんみたいな年までとてもできないです。

小笠原　新藤さんは年齢的なものの見方の撮り方もしてるけど、東監督の感性の視点で撮れるっていうのは全然違いますよ。

僕は早撮りで、テストもしないでワンテイクでオッケイなんです。

東　ここでひとつなぞなぞを出しておきますけど、この映画の中で、僕は常盤貴子の17歳の顔を見てるんです、あるシーンで。それから12歳の顔も見てるんです。それはどこでっていわれても答えませんけど（笑）。

常盤　さっきお伺いしてびっくりしちゃいました。

東　監督の特権みたいなもので、編集で何回も何回も見てますからね。どうもここで僕は魅せられて引っかかると。よく見ると、男の子を好きになった女子高校生の目をしてるんですこの方は。

常盤　でも、わずかなコマの話をしてるんですよ。すごいですよね、コマ⁉　ですよ！

東　彼女が外国行った時に、あなたの「表情」がおしゃべりだ、って言われたそうですけど、彼女の表情を見てると、5秒の間に微妙に変わってくるんです。普通のお客さんは気づかないと思うんですけど。一枚一枚のコマにして写真に焼いてみたりすると、全部違うはずなんです。非常に豊かな表情の、しかも意識だけでやってるわけじゃなくて無意識も参加してると感じる。彼女の中の感情の波が柔らかく瞬間ごとに変化しながら出てくるんだと思う。まれにしかそういう人はいないですけど。むろんお客さんがそれに気付く必要は全くないんです。ただ、その感情の重層性は確実に伝わる。天性の素質だと思いますよ、僕は。

常盤　これだけ抑えたお芝居の中で、それだけ見てくださるなんて奇跡的な喜びが。

東　お客さんは、具体的に感じるよりも、何かあのシーンが心に残って良かったと感じる、それを分析してみると実は表情が微妙に動いていた、ということです。

常盤　絵画を百メートルくらいに離れて見たときに感じたものが、っていう感覚に近いから嬉しいです。でもなんとなく印象が一緒っていう。

小笠原　抑えた芝居をしているというのを逆に見れば、それだけ細かく表情が出ていることなのかもしれない。

東　そうかもしれないですね。さっきの「小夜子」と常盤貴子の関連の問題にしてもそうで、彼女は彼女だからって非常にクールな答え方をしてたけどそうなんですよ。僕は早撮りでほとんどテストもしないでワンテイクでオッケーなんですけど、それはスケジュールがこうだからとかそういうことではないんです。テストテストテストって何回もやるでしょ。それから今のテイクはオッケーじゃないとかで何回もやるでしょ。そうすると分かるんですよ、役者の緊張感がだれてくるのが。役者さんもリズムがあるから、何回も何回もテストばっかりやられてると表現としては、テストでピークに来てしまう。それで次に本番となったら、なるほど芝居は出来上がってきれいな画が撮れますよ、でも、そんなのいいや、僕は、と思う。それよりも、テンションが上がりかけてる、それが上がりきる直前をつかまえたいんですね。

野島 一発ぶっつけ本番っていうのはどうですか?

東 クリント・イーストウッド監督はテストもしないって話ですね。そういうやり方は僕は有りうると思うんですよ。役者が役をまだちゃんとやり切れてないところがいいっていう。

常盤 相手がどう出るかも分からないし。

東 テスト一回もしないと相手の役者がどう出てくるのか読めないわけでしょ。ドキュメンタリーみたいなものになっちゃうわけです、その瞬間を捕まえる。クリント・イーストウッドのやり方は真似しようとは思わないけど、そういうやり方はあるなって思う。

野島 稽古をしてないわけでいきなりその反応を見るっていうやり方もありかなっていう感じですね。

東 イーストウッドは用意スタートって声かけたことないって聞いてます。集まってきて、いきますか? なんて言って、じゃあいきますからどうぞ、なんて。今までのハリウッドの監督の中にはいなかったタイプだと思いますよ。

映画ってやはり文化ですね。私は映画で学んでいる気がします。

小笠原 ところで、常盤さんは、仕事以外でもたくさん映画を観られていると思いますが、映画というのをどんなふうに考えられていますか?

常盤 なんでしょうね・・・・。

野島 例えばテレビなんかと違う気持ちがありますか?

常盤 違うと思いますね。やはり文化かな。すべてのことを私は映画で学んでいる気がするので。国のこともそうだし、それこそテーブルマナーとかも映画から学んでいるんですよね。例えばエッグスタンドにのった半熟卵の食べ方なんか知らないじゃないですか。外国の映画でどうやって食べるんだろうと思っていたら、ちょんちょんちょんちょんって叩いて、上を削って食べるって。こうやって食べるんだって思って次に行った時に真似してやってみる。そういうことの連続なので、映画は学校でもありますね。

坂崎 私は、自分を知る行為。何を考えていたのか、どう感じたのか、その時の自分によって映画って変わると思うんですよね。それがすごく面白いなと思うんですけど。その映画について自分がどういう事を考えて、どう感じたのか、どう自分の中で反応したのか。自分自身と対話する時間になっているかもしれないですね。

野島 僕は特に考えたことないです。何しろ映画は生まれた頃からあって、娯楽の殿堂ですから映画館は。タバコの煙だらけで、そういうところで空気吸ってきたから、自分の一部みたいなものですね。今は映画を観てものを書くという仕事をしていますから。女優さんと一緒です。そんなことないか(笑)。

映画が大衆的に大ヒットする方法はありますか?

小笠原 これは映画作家である監督には失礼だし、尋ねるべきことでないのは承知のうえですが、映画について想いのようなものをお聞きしたい。

東　僕は「あなたにとって映画とは何ですか」みたいな質問には答えられないけど、ただ、映画というものをどう考えてるかということは言える。例え話でいえばですね、まず文学がトップにあって、確かに文学は歴史も長いし奥行きも深いです。ものすごく怖いところまで突っ込んでますからね、文学は。それに比べたら映画はエンターテインメントであると。サブカルチャーであると。それで良いわけです。ただサブカルチャーの海の深さっていうのは、相当深いですよってことは言っておきたい。別の比喩でいうと、ここに厚さが分からないくらい分厚い本がある。それが映画って本なんです。その本を、最後のページまで開けた人はまだ誰もいない。世界中の映画の歴史の中で。最後のページまでまだ読まれていないんです。なぜかというと、いくら読んでいっても、どんどんページが増えてくる本なんです。だから最後のページまで誰も読んだことのない本だ、というのが僕の考えです。文学と比べて卑下する必要もないし、威張る必要もない。ただ、映画もまた、海にしたらものすごく深いですよ、文学の海とはまだ別の意味の深さを持っている。こんなすごいものはないと僕は思ってます。本にたとえれば、まだ誰も最後まで読んだ人のいない本です。

野島　それは表現という点についてですか？

東　表現されたものでも、見られたものでも、ということですね。これくらいのことは言えると思う、ということですね。

小笠原　この『だれかの木琴』が、映画の海に現れたっていうのは、すごい意義を生み出したと思っているわけです。常盤さんが「こういう日本映画に私も飢えていた」とも言っておられるし。

東　それは嬉しいけど、ヒットしないとね（笑）。大衆的に大ヒットする方法はありますか？

小笠原　大衆的大ヒットの方法などは分りません！　映画が、映画として絶対的に面白ければお客さんは必ず駆けつけますよ！・・・・せめてこの座談会でなんとか（笑）。

（２０１６年８月11日　お台場ヒルトン東京にて）

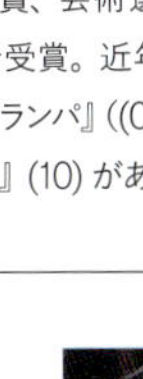

東陽一（ひがし・よういち）

映画監督

1934 年生まれ。早稲田大学卒業後、岩波映画で記録映画を製作。後に東プロダクションを設立。長編第1作は『沖縄列島』(69)。『やさしいニッポン人』(71) で日本映画監督教会新人賞、『サード』(78) で芸術選奨文部大臣新人賞キネマ旬報監督賞、ブルーリボン賞などを受賞し、不動の地位を確立する。その後、桃井かおり主演『もう頬づえはつかない』(79)、烏丸せつこ主演『四季・奈津子』(80)、黒木瞳主演『化身』(86) など女性映画を多く生み出す。92 年『橋のない川』は毎日映画コンクール監督賞、報知映画監督賞、を受賞。『絵の中のぼくの村』(96) ではベルリン国際映画祭銀熊賞、芸術選奨文部大臣賞ほか国内外を問わず数多くの賞を受賞。近年の作品には『ボクの、おじさん』(00)、『わたしのグランパ』((03)、『風音』(04)、『酔いがさめたら、うちに帰ろう。』(10) がある。

坂崎麻結

（さかざき・まゆ）

1988 年生まれ、鎌倉市出身。杉野服飾大学で服飾を学び、卒業制作で自作の雑誌を発表。卒業後、カエルム株式会社に入社し、NY で生まれたファッション・カルチャー誌『NYLON JAPAN』の編集部に所属。2013 年よりフリーランスの編集・ライターとして活動を始め、『THE DAY』、『anna magazine』、『PERK』、『ELLEgirl』、『STUDIO VOICE』、『Soup.』、『FIGARO』などの雑誌を中心に取材、執筆を行う。映画においては役者や監督へのインタビューのほか、「THE NEW DAY THEATER」、「きのうみた映画。」など誌面での連載コラムも執筆している。

野島孝一

（のじま・こういち）

映画ジャーナリスト

1941 年東京都出身。64 年上智大学文学部新聞科を卒業し、毎日新聞社に入社。岡山支局、京都支局、東京本社社会部を経て、学芸部映画担当編集委員となる。約 25 年にわたって映画記者を務め、2001 年に定年退職。現在はフリーランスの映画ジャーナリストとして活躍。日本映画ペンクラブ幹事、毎日映画コンクール選定委員、日本映画批評家大賞代表委員。著書に『映画の現場に逢いたくて』（現代書館）ほか。毎日新聞にてコラム「シニア映画歓」を、配給会社アニープラネットのフェイスブックページにてコラム「野島孝一の試写室ぶらぶら」を連載中。

常盤貴子

（ときわ・たかこ）

女優

1972 年生まれ。91 年に女優デビュー以降、テレビドラマ、映画と数多くの仕事で活躍する。映画作品では『赤い月』(03) で、第 28 回に本アカデミー賞最優秀主演女優賞を受賞。主な出演作品には『20 世紀少年 全 3 部作』、(08 ～ 09)、『アフタースクール』(07)、『引き出しの中のラブレター』(09)、『CUT』(11)、『野のなななのか』(14)、『向日葵の丘・1983 年夏』などがある。テレビドラマでは『愛していると言ってくれ』(95/TBS)、『Beautiful Life ～ふたりでいた日々～』(00/TBS)、大河ドラマ『天地人』(09/NHK)、連続テレビ小説『まれ』(15/NHK) などがある。16 年 10 月より NHK-E テレ『旅するユーロ』がスタート。舞台は 16 年 5 月～ 6 月に『8 月の家族たち August:Osage County』（ケラリーノ・サンドロヴィッチ演出）に出演。

自分が観たい映画を子供連れで観たい！

Interview

一青窈
Yo Hitoto

聞き手 小笠原正勝
取材＝塚田泉 撮影＝助川祐輔

一青窈さん（窈ちゃん）は、今もまったく変わらないが、デビュー前からライブハウスで歌っていてバツグンの歌唱力だった。「語り部」のように歌って聞かせるから、詞が情感として伝わってくる。窈ちゃんの本領はやはり〈ライブ〉で冴える。彼女は歌手である前に固有の表現者なのだ。詩、短歌、エッセイ、テレビ、CM、舞台、執筆、そして子育て…。そこに映画を加える。窈ちゃんにとっての〈総合芸術〉は映画を越えていくようだ。

ライブ感覚に近かった侯孝賢（ホウ・シャオシェン）の現場。

小笠原　今日は映画の話をしたいのです。窈ちゃんとは2001年だったと思うけど、ぼくの仕事場に、沖縄出身の小波津くんという大学の同級生と一緒に遊びにきていた。小波津くんは、ぼくのスタッフだった姜順花の友達でもあったんですね。

一青　はい。たぶんゴダールのポスターをやっているという紹介のされ方をしました。

小笠原　最初から窈ちゃんと呼んでいるから、なかなか一青さんて言えなくて・・・（笑）。

一青　いえいえいえ、けっこうです！（笑）

小笠原　窈ちゃんに映画ということで話を聞いていこうと思うんですが、まずは、やはり『珈琲時光』（03）ということになる。ちょっと時間の経った話で申し訳ないけど、侯孝賢のことから始めたい。侯孝賢に会ったときの印象というのはどんな感じだった？

一青　私、実は、侯孝賢のことを名前しか知らなかったんです。『悲情城市』（89）の監督だということくらいで。あのときは、監督は新しい映画を撮るために、日本人のキャストを捜しているっていうことだったんですが、たまたま私は日本と台湾のハーフということで、コーディネーターに言って会ったんですよね。で、新宿のものすごい古いビル、たぶん監督お気に入りの古いビルの一室で会ったんですが、そこで監督は夢物語みたいな話をしたんですよ。

小笠原　それは映画のことと関係のない話？

一青　ええ、関係のない。ある女の人がカゴ付きのママチャリに乗って、ぶらぶら散歩する夢を見た、と。で、その夢物語を蕩々と語るのをただ聞くっていう時間でした（笑）。それがたぶん、監督なりのインタビューで、それを聞いている表情やしぐさ、雰囲気とかを見ていたのかなと。で、私のマネージャーが隣に座っていて、クッキーか何かお茶菓子を先に食べたらどう？　と勧めたその感じが気に入ったらしく（笑）。

小笠原　監督は窈ちゃんを最初からイメージしていたんじゃないのかな？

一青　すでにもう何人か会ってたそうですけど、もうちょっと見てみようかっていうことだったんじゃないかな？　まあその真意はわからないですけど。

小笠原　それでは『悲情城市』とか『恋恋風塵』（87）とかは後から知ったわけね？

一青　初めて本当の台湾を描いたってこととかも。でも、それと侯孝賢が繋がってはいなくて。なので、ほとんど予備知識なくお会いしたって感じで、ああ笑顔が柴犬のようで可愛い方だなと（笑）。

小笠原　ぼくは彼の映画を5作品ほどポスター作っているんです。『恋恋風塵』『悲情城市』『冬冬の夏休み』（84）など。その間にもときどきお忍びで日本に来てましたね。シナリオライターと一緒に。帝国ホテルの部屋を訪ねて世間話をしたこともあったんです。だからたぶん窈ちゃんのことを知っていて、訪ねてきたんだろうなと思っていたんですよ。

一青　それはどうかわからないけれど、全体的に私にとっては、なんのことだかさっぱりわからない台風に巻き込まれたみたいな感じでしたね（笑）。侯孝賢のことを詳しく知らなかったし、この映画は小津安二郎監督のオマージュだと（小津生誕100年記念として製作）言われても、小津さんの映画もそんなには見ていなかったので。

小笠原　それまでずっと歌をやっていたところへ、突然、映画ということになったわけでしょ。初めて映画に関わることになったとき、どんなことを考えました？

一青　私は、最初が日本の映画監督でなくてよかったなと思ったんです。それは、まず、台本がないこと。まあ、大陸によくあることですが、台本があったら盗まれてしまうから、ってことですよね。ここ（頭）の中にはあるんだけど、基本的には絵コンテも描いたりすることもなく、こんなざっくりしたものを撮りたいんだ、と。で、〝きみの役はこういう性格の日本人のライターの女性だ〟ということだけを伝えられて、あとは、台詞はオール・アドリブだったんですよね。それが、私にとってはいつものライブの感覚に近かったんですよ。ミュージシャンがその場で出した音の中でどういうふうに歌っていくかということをやっている私の、いちばん得意とするものに。私、決められた通りに動くことができないから。

小笠原　なるほど。シナリオがあるとその通りに台詞を言って動くことになるからね。

一青　ええ、そうなると、予定調和にしかならないですもんね。雨が降ったら雨のシーンになるし、猫が歩いていてそれがとても素敵な画だったらそこにかけよっていくし。

小笠原　『珈琲時光』見ていてとても自然な感じなのは、そういうことなんだね。ある意味でドキュメンタリー的な感覚ですね。

一青　そうですね。

小笠原　あの映画はその新鮮さが斬新だった。侯孝賢の映画は総体的にそういう良さなんですね。『悲情城市』みたいにとても計算されているのもあるけれど。でももともと侯孝賢は自然にあるものの存在感を、さらに魅力的に描写する巧さがとび抜けている。

一青　そうですね。だから現場では、日本人のスタッフがすごく戸惑っていました。一見、行き当たりばったりのようにも見えるから。でも、監督の中では映し出したい空気というのものがきちんとあって、その空気感さえ、カメラにおさめていればそれでよしなんです。そういうつかむべきものが共有できていればいいんですけど、どうしても段取り通りに進めたい日本のスタッフからすると、何でさっきまでお茶の水駅で撮るって言ってたのに急に喫茶店になるんだ⁉みたいな（笑）。でも、監督はすごく画が見えていて、空を読むこともものすごく上手くて、あと何分後に雲が去って晴れるとか、天才的に光をつかむ方なんですよね。

小笠原　さっきライブ感って言ったでしょ。〈ライブ〉は、映画とともにもうひとつのテーマなんです。映画を撮る側、映画に映される側の間にあるものもライブなんじゃないかな。窈ちゃんが実際にステージのライブをやって、そしてカメラの前で演じる。びっくりするくらい自然に行われている。そういう状況がライブなんだね。それが侯孝賢の映画のリアリティーになっていると思う。

一青　そうですね。あと、侯孝賢の映画や私が好きな映画についてもそうですけど、何回見ても新しい発見がある。それは、わかりやすい起承転結ではなく、侯孝賢の映画はその画の中で生きてる人の心の動きを見つめることだから、それがこう、自分が年を取るにつれて見えるものが変わるのと同じように、何回観ても面白い。スルメ的なものですね。

「映画はスルメだ！」素晴らしい！これからスローガンにしよう。

小笠原　窈ちゃんは、その他に3作（『恋するイノセント』『愛と誠』『はなちゃんのみそ汁』）映画に出演してますね。それは『珈琲時光』と趣は違うが、台本もあったわけでしょ。

一青　きちっと台詞もあって。でも『はなちゃんのみそ汁』（15）はちょっと侯孝賢寄りというか、監督自身がわりと、こっちの画の方がよければこう変えようっていう方だったので。

小笠原　それから窈ちゃんは、映画の出演とは別に、主題歌やテーマソングをたくさん作って映画に参加している。それにはどういうふうに向かいあっているんですか？　台本読んだりプロデューサーと話合ったりしてイメージを作り上げる？

一青　たとえば、藤沢周平さんの3作品（『蝉しぐれ』『山桜』『花のあと』）は、もちろんホンも読むんですけど、必ず登場人物の誰かの気持ちにイタコ的に乗り移る。で、乗り移った状態で見える景色を書くっていう作業ですかね、作詞するときは。台本ももちろん読みますけど、そんなに読みなれてはいないので、あんまり…。

小笠原　イマジネーション！　想像力だね。

一青　そうですね。もし自分がその主人公だったら、何を誰にどう伝えたいか。だから、熱いラブレターみたいなものですよね。

小笠原　映画のポスターをデザインするときの思いに似ているような気もする。そこから映画のテイストを自分なりの方法で形にしていくみたいな。主題歌の中で自分で特に好きな詞ってある？

一青　「かざぐるま」かな。

小笠原　藤沢周平ですね。窈ちゃんの世界にあっているものかも知れない？　時代劇とかそういうことではなく。

一青　ええ、恋物語ですけどね。

小笠原　映画の主題歌、とにかくたくさんあるけれど、アルバムも含めて自分の歌と混乱することはない？

一青　そうですね、ま、自分が書いてるからでしょうね。誰かに書いてもらってたら、なかなか覚えきらないかも知れないですね。

小笠原　詞というのは、物語とかドラマに繋がるものがあるけれど、自分で映画のイメージを作っていくのも楽しいかもしれないね。吉増剛造という詩人がいますね。あの方はとても映像（映画）に関心が強く、自分で短い映像作品を作っていてすべて自分の詩と連動してるんですね。

一青　うーん、そういうことでいえば、侯孝賢の映画はすごく詩的だと思いました。ところどころに差し込まれる、もちろん台詞まわしもそうなんですけど、たまにポンと詩みたいなものも出てきたりするじゃないですか。あれはすごい、非常に、もちろんフランス人が好きなんだろうなとも思うし（笑）。だからこう、わかりやすく1から10までを説明するというよりは、やっぱりそのような気配というものを伝えることに映像があったり、歌や詩があったりするんだろうなと思います。

詩と言葉と映像と建築と・・・
絡んで行くところが面白い！

小笠原　映像に対する興味はあるんでしょう。プロモーションビデオを作ったりとか・・・。映画にも繋がる。

一青　トライしたことはあります。大学のときに映画をつくってみようとかいう授業もあったんですけど、やっぱり私が得意とするのは言葉という形態で、やはり映画のためのシナリオも書けないし。でも、詞という形ならば、という感じでしょうか。

小笠原　俵万智さんがインドのカルカッタを巡りながら短歌を作っていくドキュメンタリー映画があるんだけど『ガンガー　俵万智 in カルカッタ』

(94) ひとつの画面の情景に彼女の短歌が被さっていくんです。そのとき万智さんは言葉と映像の結びつきが面白いと話していた。

一青　私はどっちかというと、建築に近い気が。言葉を組み立てていって、場所に合った気配と温度と色をもう一度再現するっていう感覚なんですよね。

小笠原　ああなるほど、建築的というか空間的なんだ。

一青　そう空間的というか、だからあんまり映像で……。

小笠原　……はない。なるほど。それは窈ちゃんの言葉のなかに映像がたぶんに含まれているからかもしれない。

一青　ああ、そうですね。

小笠原　もちろん映像には「映像言語」という映像の言葉がある。だから詞と対峙してしまうので映像へのイメージがあまり起きないのかもしれないね。

一青　そうですね、言葉ひとつひとつに色があって。で、やっぱり文字がありすぎると、情報量が多すぎて私が混乱しちゃうから、詞ぐらいの隙間がある方がいいんですよね。だからどちらかというと、やっぱり、マーク・ロスコとかジャクソン・ポロックとか、ああいう抽象的で空間の多いものの方が絵画でも好きだし。

Design: M.OGASAWARA2001

小笠原　窈ちゃんが建築の人と対談していたのを何かの本で見たことがあった。

一青　そうですね。もともと早稲田の建築学科を受験して落ちて、慶應に行ったんです。あの、音楽療法ですよね。空間の中で音楽が持つちからで人を元気にするという。

小笠原　それと建築とどういう関係があるの?

一青　空間デザインですね。

小笠原　ああ。80年代に、空間デザインがすごく盛り上がっていた。粟津潔とかグラフィックデザインの人間も一緒になってスペースデザインにも取り組んでいた。

一青　で、たぶん、小笠原先生に出会った頃にお願いしていた、その粟津潔さん、田名網敬一さん、横尾さん的な感覚というのは、私のこのバックグランドにある中華のごちゃまぜ感というか屋台感みたいなものを、ひとつの音楽シーンに出ていく免罪符、あるいは自分の良さとして全面に押し出したくて、そうお願いしていたんですよ。

小笠原　なるほどね。今のビジュアル感覚は違ってきているけど、やはり根源的なものがあると思うんです。そのごちゃまぜ感には。

一青　好きなものはミニマルアートのものだけれども、自分の中身的にはすごくごちゃついたものが好きだから・・・今日の服もそうだけど(笑)。

小笠原　いろんな要素をミックスしているものに関心を持つことは大事なことですね。映画もそのひとつです。

一青　そうですね。映画はとにかく総合芸術だと思っていて。やっぱり自分の好きなものは、そんなに、いわゆるメインストリームじゃないんだな(笑)ってことは、見れば見るほど感じます。私、最近、詩集で集めてる方が、北園克衛さん。たぶん吉増さんよりもっと昔で。で、会員制にして、たとえば50部つくりますっていったら、50部つくって、じゃあ今回は２５０円ですとか、ま、その当時で何万円の値段だと思うんですけど、会員制で詩を発行するというおもしろい方で、すばらしいんですよ。で、文字の選び方も吉増さんに似ているというか。

次のシーンを想像できない映画が好き

小笠原　ところで、映画のジャンルなどを考えずに、映画全体を見渡して、今までどんな映画を見てきた？

一青　やっぱり、ツァイ・ミンリャンとか、あとはルネ・ラルー。『ファンタスティック・プラネット』(73)。なんかやっぱり、自分が次のシーンを想像できないものがすごく好きです。だからといって『ブルー』みたいな、ずーっと青い画面を眺め続けるとか、自分が大学生だったら耐えうるけど、今はちょっと寝ちゃいますね（笑）。でも、やっぱりアート寄りの方が好きです。大学時代がいちばん。いろいろ見てたけれども、もう一度観たい、あるいは手元にDVDでいつも持っていたいみたいなのって考えたとき、DVDってなかなかないですね。ビデオカセットの方が多いですね（笑）。侯孝賢の作品は、全部ちゃんと見たいなとは思いますよね。最近はボックスセットで出たりするからありがたい。そう、『鏡』ってタルコフスキーでしたっけ？。

小笠原　タルコフスキー、好きでしょう。

一青　はい。やっぱり美しい絵画を眺めているのと一緒ですよね。美術館でずっと眺めているような。あとは、『橋の上の娘』(99)とか『ガッジョ・ディーロ』(97)とか。ジプシーのお話です。

小笠原　寺山修司はどうですか？　でも、年代的に観てないかもしれないね。

一青　でも、映画では観ています。『田園に死す』(74)とか『草迷宮』(79)とか。好きです。ちょっと見世物小屋的感覚もありつつ、アナログな感じも好きですし。でもやっぱり寺山さんの詩がすごく。寺山修司記念館に行ったんですけど。八戸ですよね。もし生きてらしたらお会いしたかったですね。寺山さんもやっぱり、ライブ感に近いものがありますよね。観客と演じる側の垣根を取っ払って、ここ自体が人生でステージなんだっていうとらえ方ですね。

映画館で観る映画と、一回性のもの・・・ライブ

小笠原　最近、ライブ感に関係あるのかどうかわからないけど、若者のあいだに演劇がブームになってるという現象があるらしい。サッカーやラグビーや、オリンピックがあったり、結局ナマのものに触れる機会が多いから。それで映画館には人が入らなくなってきてる。お芝居の方に行くのはやっぱりライブ感みたいなものに憧れているのか、ライブ感がかきたてているのか。そういう現象なのかなと思ったりしている。

一青　言葉を読み解く力がトレーニングされる時間が少ないというか、SNSだとかで、スタンプで会話をする、あるいはテキストでも長文を書くことが少ないんでしょうね。たぶん小さい頃からトレーニングされていないと、文章も読解できないし、例えば見てるものを自分で一回消化して想像するとか受け止めるってことができないから、耐えられないんだと思います。映画館の中で2時間。何もテキストでも書いてないし、かといってやっぱりすごくおもしろい起承転結があればいいんだけども、アート的な、詩的なものを延々と流され続けても、退屈なんだと思います。で、それは、単純に、携帯ができる前は、電車の中で風景を見ることによって好きな人のことを思い出したり、今日あった出来事を反芻できていたんですよね。それが、いつもいつも携帯でおもしろいものを見る、人と直接会話をしないで、考えをいったん整理させるってことが日頃からできないと、無理だと思います。だからこそ、じゃあ映画がどうやってもっと若い人たちに見てもらえるかというと、やっぱり家の中の教育でしかないと思います。

小笠原　家の内外での教育こそ、これは一番のライブではないですか。

――青　ええ。で、私たちは全部を通ってきてるから、インターネット、あるいは携帯にここまでアディクトすると危ないっていうのはわかるけども、最初っからもうそこにいるから、まず、自分でものを考えるってことができないんだと思います。問題が起きたらインターネットで検索できるから。だから別に若い子たちが悪いわけじゃないんですよね。だから私も、書く詩に対してすごく、どうしたら10代、あるいはもっと下の子たちに届くんだろうというのは考えます。私たちがやっぱり短いテキストの中や、彼女たちが飽きない方法で、アートの世界や映画の世界ってもっと面白いんだよって引っ張ってこないと、乖離したままだと思うんです。

小笠原　そうだね。もちろん歌舞伎とか演劇は舞台で見たらナマもので立体的。映画というのは加工されていて単純に平面だからね。

――青　芝居はやっぱり、展開するから飽きないですよね。目の前で。

小笠原　芝居というのは一回性のものでしょ。同じものを2度見たら前とは微妙に違うわけだから。そこがライブなんであって、日常の生活の反映になっているのかなと。

――青　映画で言えば『鴛鴦歌合戦』(39)みたいな。あれとかは、若い子が見ても面白いと思ってくれそうな気がするんですけどね。

小笠原　ところがああいう作品は、今作られている映画の中には全然ないでしょ。テレビドラマふうのものばかりだから。

――青　それはやっぱり、若い子たちのリアルな生活だからだと思います。で、さっきも言った、想像力を持てないから、わけがわからないんだと思うんですよ。

小笠原　想像力が育っていかない！

――青　どうやって想像したらいいのか、ハウツーがわからない。で、その想像の仕方さえうまく導いてあげれば、ものすごく興味を持つと思います。で、そこのステップがたぶん、お父さんお母さん、学校の先生、あるいは友達でもいいんですけど、誰かがこれってこんなふうに面白いんだよと伝えさえすれば、ただ知らないだけだと思いますね。それは私たちの責任なのかな？

小笠原　そういうことに気づきだしたところもある。地方の団体なんかで子どもたちを集めて映画の上映会を開く、こどもたちの反応が大人よりも素早いというんだね。やっぱり子供の感覚を育てないと映画に繋がっていかないと思ってしまう。感性が育たないし、想像力も芽生えない。

――青　そう、私たちの世代がたくさん映画を観てればきっと子供も観ると思います。本もCDもね、書棚から消え、全部が携帯でパソコンで済むようになると、やっぱりリアルではなくなりますよね。

野外ライブの醍醐味と映画環境の可能性。

小笠原　窈ちゃんはいくつか野外でライブをやっている。たしか、最初のライブのときに行った覚えがある。かなり感激して家に帰っても臨場感が消えなかった記憶がある。それから、熊野大社や京都の八坂の歌舞練場でもやりましたね。

一青　え、いらっしゃったんですか？　最初のは池上本門寺だった。本門寺の中に寺のような世界を作ってました。これからもやりたいと思っています。

小笠原　迫力があってね、とにかく感激します。8月に、台湾にいったり上海に行ったりされたのもそういうライブだったの？

一青　台湾は歌いました。シンガポール、タイ、フィリピン、インドネシア、上海、北京、香港とかそういう東南アジアでライブをやりたいなと思っているんです、私は。今後も、もちろん日本もやるんですけど、せっかくハーフなんで、中国語で歌って、もうちょっとインターナショナルに活動したいなって。生きてる人々が元気というか上がり調子というか、中国って映画って元気ですよね。韓国も元気ですよね。

2016年5月～7月「一青窈 TOUR2016 人と歌～折々」

小笠原　韓国より中国の方が。でもどちらも映画館に観にいっていますよね、

一青　たぶん日本はすごく成熟したんじゃないですかね、いろんなエンタテイメントが。選択肢がものすごく多くなって、映画が死んだわけではなく。

映画はいま「地上に落ちた星」ではないかと思っている。

小笠原　映画そのものは死なないと思うけど。見せ方や周辺の映画環境がどんなふうになっているかというと、やっぱり迷走している。映画が年間1000本あるんですよ。

一青　いまだに。それはすごいですね。

小笠原　公開されるのがそのうちの600本ほどで、誰がどれだけ見てると思います？　作品のクオリティの問題も問われている。いまぼくは映画を「地上に落ちた星」ではないかと思っている。エンタテイメントだけど輝いてない。だからそういう意味ではライブをやっている人の見方というのがすごく気になっていた。

一青　うーん、なるほど。

小笠原　ライブは皮膚感覚であるとか、外の空気を持っている。そういうことをいろいろ知りたかったんですね。音楽をやっている人の映画の劇場はどんなものかとても興味があった。

一青　私にとって映画館は、詩を書く場所なんですね。見ながら。暗い中、ずっと見ながら書いています。それは歌舞伎を見てもそうですし。

小笠原　本当なの？　歌舞伎はある程度明かりがあるけど、映画館は真っ暗でしょう。

一青　暗くても書けます。ようになりました。だから私にとってはインスピレーションをもらえる場所であって・・・常に。

小笠原　何も浮かばない映画があったりはしない？

一青　どんなにひどい何かでも、必ず何かがある。それは反面教師的に、こういう表現の仕方をしたらまずいからこっち側だなとか、この言葉だったらこう書こうかなとか。よっぽど、なんでしょう、ハリウッド映画とかだったらそんなことやらないでただ観てますけど。やっぱり、芸術鑑賞で

すよね。

小笠原　ああ、それはインスピレーションとかイメージね、こうしてしゃべっているときでもひとつのイメージが浮かんだり。デザインしているときに映画を観てると別の映画のデザインのことを思いついたりすることがある。それはイメージの連鎖なんだと思うんだけどね。

一青　だから、あまりYouTubeとかで、おもしろ動画を見たりとかっていうときには、そういうのはあまり出てこないですね。暇つぶしでしかないというか。

小笠原　窈ちゃんの映画館は学校でもあるね。ところで、動画というのも以前の動画とはかなり変わってきている。ただ猫が飛び上がったとか、面白犬の話とか、動いているから動画だと。本来的に映画から繋がっていたけれどもう脈絡がなにもない。アニメーションもそうです。久里洋二とか柳原良平とか創造性のある良質な「アニメーション」の作品があったけれど、現在はは少女のふりふりが踊ってる「アニメ」というものになってます。因みにデザインの世界では「イラストレーション」と「イラスト」とは全然ちがうものに捉えられている。

一青　やっぱり、携帯やパソコンが人間の日常を奪ったから、日常を見せてくれるものがなくなっちゃったから、猫の動画を見るし、まあ補ってるだけだと思うんですよね。で、たぶんもうちょっと生活というものが、もうちょっと前のアナログに戻ったら、映画に戻ってくると思いますけどね。でもこれ（携帯）が消えることはないので。

小笠原　だからオールデジタル世界の中でアナログの感覚をどういうふうに活かしていくかということに尽きる。それはさっき言ったように子供のときからが大事になる。時間のかかる問題だけど。

一青　小学生か中学生の頃に学校で見せられたのが『スパルタカス』（60）と『黒い雨』（89）。大学のときに課外授業で見たのは、森達也監督の『A』（98）。福田和也先生の研究会にちょっといたからなんですけど。『ソドムの市』（75）とか、そういう感じで。

小笠原　それぞれすごい組み合わせだね（笑）。

一青　やっぱり、強制的に見させられる場所があると、力がついてきますよね。だから何がなんでも『悲情城市』はいい映画なんだと、すごく映画ファンの先生が子供たちに総合の授業で見せるとか（笑）。

小笠原　押しつけるのではなくて、どういうふうに伝えていくか、方法をある程度システムとして作っていかないとダメだね、自由で好きなように選択していいけれど、主体性の持たせ方を考えていかないと。

一青　うーん。たぶん私が今、中華圏に興味があるっていうのは、まだライブが残っているからだと思うんです。体験がまだ残ってて、パソコンと携帯で成熟しきった社会に対して、まだまだ人間らしい部分がたくさんあって、そこでたぶん歌ったときに返ってくる跳ね返りの部分もたぶん違うんだろうし。

小笠原　ああ、それは確かに言える。ヨーロッパはどうだろうね。

一青　ヨーロッパもやっぱり、いいんじゃないですかね。町の感じとかを見てても、全員が下を向いてるって感じよりは、自転車に乗ってるイメージもあるし（笑）。あの、カフェ文化がすごくあるから、人々はなんとなく空を眺めるし会話をするし、日本のマックとかで見るような、デートしてるのに2人とも携帯見ているみたいなのは、あんまり見ないですよね。

小笠原　そうだね、アジアもそれは少ないね。

一青　基本、食べてるか喋ってるか（笑）。

本当のリアルな人間がまだまだ路上にいるアジアへの関心

一青　上海に行ったときに、道を歩いていて、歩きタバコもあるしポイ捨てもできるし、あとはなんだったらシートベルトもつけないしっていう、ちょっと前の日本でもあったような、まあいいじゃんいいじゃん、みたいな、いちばん面白い本当のリアルな人間がどんどんカットされて、なんだか模範生みたいな人たちが、なんとなくつくられたみたいな状況は、やっぱりつまらないですよね。で、それが、たぶん、中華圏にはまだ歩いててもあるし、映像の中でも許されてるし。それは日本のテレビにもいえることだと思うんですよね。〝これは演出のための映像です〟とか。それがなくてもいい、もちろんそんなことをやってはいけないことはわかっている。けれども、実はみんなやってるみたいな。

小笠原 そう、現実に世の中は何でも綺麗に綺麗に、つるんつるんになってきてる。目に見えてそういうのが顕著じゃない? そんな中で子供が育っている。物事の自由さなどは、観念にあってもどんどん抑え込んじゃっていて、それで自由にと言う。そういう不健康さに立ち向かうとすると、それがまた全部引っかかって。

一青 そうですよね。だから、日本のロケよりも海外のロケの方が面白いのは、リアルだからですよね。そこにいる人々もすごくエナジェティックというか。だから、私が旅が好きな理由はそういうところにもあります。

小笠原 窈ちゃんの世代もそういうふうに思っているんだ。僕などそれよりさらに何十年も前からいる人間だから、そういう思いも何倍にもなってますけど。

一青 そうですよね、私ですら〝今の若い子は〟って(笑)。何十年か前までは今の若い子だったのに。

小笠原 娘たち、風紀委員のようだけど、ポイ捨て考えられない。息苦しい。もうちょっと大雑把だった時代の話をすると、うらやましいと言う。ライブの話に通じるけれど、むしろ若い子たちは求めているんじゃないかなという気もする。「本当」の自由を。

一青 うん。求めてる、と思います。

小さな闘いを乗り越えて、面白いものを作っていくしかない。

小笠原 舞台に若い子が行くとかもそういうことかと思うし、『シン・ゴジラ』も観客が騒げる回を設けたりとか、若い人たちはよりライブ的なものを求めているんじゃないかと感じなくもない。ネット社会になったからこそ、その反動もあるのではと。

一青 でも、東南アジアの映画館とか、行くと、みんな文句言ったり喋ったりしてますからね。あの感じが、日本でもオッケーになったら、きっともっとみんな子供に戻れるというか、一緒に歌うとか、家の中でちゃぶ台囲んで、ドラマ見てツッコミあっていたみたいな感覚で映画を見れたら、もっと楽しめますよね。

小笠原 確かに以前はそうだったね、今はフィルムセンターに行くと東映のチャンバラ映画を観ながら錦之助! とか右太衛門何やってんだ! とか(笑)。

一青 おー、やってますか!

小笠原 昔そうやって見てたんだね。歌舞伎の掛け声と同じで。そういうふうに観れるのは他にあまりない。観方もそうだけど、作るものも遊びがないし冒険がない。

一青 だから私はなるべく、ライブで子供をオッケーにしているんですよ。やっぱり騒いじゃダメとか、じっくり聞きたい人がいるっていう反対意見もあるけども、でも、子供こそ見るべきだし。こうやって歌う人がいるんだよとか、それも表現のひとつだよとか。で、できればオーケストラも子供に見てほしい。日本のルールはわからないけど、たぶんダメじゃないですか。

小笠原 たぶんね。今度オーケストラでやるんでしょ。

一青 やるんです。でも本来はやっぱりすべての人に開かれるべきで、それがやっぱり日本の文化に対してあまり予算が割けないのが残念だなと思うのは、そこの部分を育んでいかないと、同じ顔の人間ばかりが育っちゃうから。

小笠原　今度ライブやるときに、何かひとつでもいいからそれを打破するための何かをね。

一青　それはたぶん、中国でのライブでは可能になると思うんですよ、私は。まだルールが、こんなにストリクトじゃないから。日本は、こっちがいいって言ったって、会場側がダメっていったらしょうがないんで。

小笠原　そうすると、やってても半減しちゃうよね。

一青　萎縮しちゃいます。例えば、ここでひとつ火でもボッとやりたいんだとなっても、いや、ここは火が使えませんと。でもきっと、中国だったら、火でも水でも何でも龍でも持ってきますよみたいなね（笑）。

小笠原　ちょっと前にはあった。ロックがそうで、忌野清志郎のときなど大変だった。とても興奮しててロウソク付けたりしてね、それを投げあったり。今はたぶんできないね。

一青　でもきっと、いろんな偉い役職についている人って、その面白いものを見てきた世代のはずなんですよね。だからその人たちが別にそんなちっさいこと言ってないで、いいじゃないって言ってさえくれれば、みんな面白いものを作ると思うんですけどね。みんな自主規制なんですね。

小笠原　自主規制って何だろうね。どんどん自分の首を絞めているわけだから。

一青　あ、そうそう、それも私、フラミンゴの詞を書きたくて、わたし1本足で立ってるの、みたいな詞を書いたら、それは差別用語になる可能性があると言われて、戦いましたね、レコード会社の人と。1本足がダメなら何も書けないですと。でもまあ、そういう小さな戦いを乗り越えて、作っていくしかないですよね。

小笠原　ついこの間、テレビで古い映画を何気なく見てたら、多勢の売春婦が出ていて、字幕の「売春婦」というところが「売春師」というふうに「婦」の文字だけ「師」という字を上から貼付けている。ビックリしたね(笑)。可笑しいより何かゾットした。

子どもの時の体験は身体に染み込んで行くような衝撃

一青　でも、きっとこういうところからラップとかが生まれるような気がします。反骨精神的な。でも例えば、国立劇場の問題だって、ネット上では若者たちがちゃんとおかしいと問題を投げかけているし、受け取っていますよね問題として。だから、そこからさらに自分に何か新しい知識や経験を与えてくれる、世界を広げてくれるツールとして映画があるんだよということが、橋渡しできれば。

小笠原　だから、面白くしたい楽しくしたいときには、何かが壊れていかないと、でも壊れないように一生懸命おさえている。台風で戸が倒れないように押さえている。密かなる闘いだけれど、闘うというと、もうそこでささくれだってくる。

一青　そういえば小熊英二さんが映画を撮ったんですよ。選挙を追っかけたのかな。3・11からの流れを、たしか、シールズを追っかけている映画をこの前見にいきました（『首相官邸の前で』15）。たぶん小熊先生の研究科の学生たちがサポートして自主上映を横浜の開港記念会館でやったんですが。

小笠原　そういう形でいろいろな人が映画をツールとして。

一青　そうそう。何かを訴えるための。あと、子育て中の私からすると、子供と一緒に見れるアート系の映画館がほしい。だって、みんながみんな『シン・ゴジラ』を見たいわけじゃないから。もちろんそれも見たいんですけど、別に静かな映画でも静かじゃない状態で見たい（笑）。

小笠原　一緒に見るんでしょ。

一青　そう。自分が観たい映画を子供連れで観たい。たぶん、今都内で見れるのって、六本木ヒルズのＴＯＨＯシネマズの毎週木曜の１回だけなんですよね。その中で明かりをちょっと明るくして、子供がどんなに騒いでもいいし、音も普通の音よりもちょっと小さめ、子供がびっくりしないような。で、週替わりなんですよね。親子で観られるプログラムを向こうが毎週つくるんですよね。今週は例えば『シン・ゴジラ』、来週は何々とか。

小笠原　そういう専用の映画館があったっていいよね。

一青　ですよね。別にポレポレだろうがユーロスペースだろうがかまわないですよっていうふうに言ってくれれば、まあちょっと泣いたら外に出るとか。それを最初から乳幼児はダメですって言われちゃうと、悲しいですよね。子供が観るっていうか、自分が楽しみたい（笑）。で、だいたい見てもいいってなると、区役所とかで親子の映画とかになるんですよね。だからここ（部屋の本棚）にあるような映画を見たいなって。まあ家でＤＶＤ見てよってなるとそれまでなんですけど。

小笠原　それはちゃんと映画館に行って、子供も体験させ映画はここで観るものなんだよっていうことを自覚させていくようにしないとね。

一青　私はとにかく子どもを人にたくさん会わせる。ライブとか仕事になるべく連れていってます。やっぱり日本は日本のフォーマットがあって、世界に誇れる、例えば段取りがちゃんとしているとかね、行儀がいいとかきれい好きとかあるけど、そうじゃない人たちにもたくさん会わせたいですね。ネットで見るよりも実際に体感させたいと思って、上海にも連れていくし。

小笠原　それはとてもいいことで大事なことですよ。ぼくらはラジオで育つんですね。ラジオを聴くことは想像力に繋がるでしょ。それから小学校に入る頃になって初めて映画を観る。その時の感動や興奮は忘れられないですよ。子供のときの体験というのは身体に染み込んでいくんです。

（２０１６年９月７日　渋谷ユーロスペースにて）

2016 3 月 23 日「一青窈 with 東京フィルハーモニー交響楽団」

一青窈（ひとと・よう）／歌手

1976 年、台湾人の父と日本人の母の間に生まれ、幼少期を台北で過ごす。慶應義塾大学環境情報学部に入学。広告研究会、ジャズ研究会、アカペラサークルに所属。2002 年「もらい泣き」で歌手デビュー。翌年、日本レコード大賞最優秀新人賞、日本有線大賞最優秀新人賞などを受賞。第 54 回 NHK 紅白歌合戦に初出演。04 年、5 枚目のシングル「ハナミズキ」が大ヒット。侯孝賢監督の『珈琲時光』で映画デビューし、日本アカデミー賞新人俳優賞を受賞。また、池上本門寺や、熊野本宮大社特設会場、05 年には京都の祇園の甲部歌舞練場などの伝統ある特別な場所で野外ライブを開催する。06 年初のベストアルバムを発表。08 年には音楽劇『箱の中の女』の主演を努める。16 年 11 月にはプラハ国立歌劇場管弦楽団とのコラボレーション・コンサートを開催した。

柳下美恵・ピアノ伴奏
“万華鏡”

―― 国内、海外の活動の軌跡 ――

柳下美恵さんのピアノ伴奏は、光と影のモノクロームスクリーンに音色と爽やかな色彩を与えてくれる極上の料理人に思える。柳下さんは決して演奏とは言わない。あくまでも主体は映画なのだ。その映画を、観る者にとってより味わい深いものに導いていくために、映画に寄り添って「伴走」する案内人のようにも見える。作品を理解してもらうこと、楽しませることが、すべてのピアノの表現に託されている。ときには即興で、ときには計算されたメロディで、ほとばしる情感やスペクタクルな情景が映画の言葉として飛び込んでくる。「これが映画なのだ」ということをあからさまに訴えているようだ。サイレント映画とは映画の原型でもある。劇場や、あるひとつの空間でしか体感することしかできない。映画を観ることはまさにライブ感を味わうことでもある。柳下さんはいつも“映画と出会う場“を求めながら弾き続けている。柳下さんのこれまでの多くのサイレント映画ピアノ伴奏活動は、「映画とは何だろう?」という今最大の関心ごとのキーワードを常に携えているのかもしれない。ここに紹介するのは、彼女の想いが込められた「映画とピアノ伴奏の幸福な出会いの場所」である。

『聖なる夜の上映会』

会場：日本基督教団　本郷中央教会
(vol.9のみ根津教会)
vol.1　2006年：『裁かるゝジャンヌ』
vol.2　2007年：『魔女』
vol.3　2008年：『吸血鬼ノスフェラトゥ』
vol.4　2010年：『第七天国』
vol.5　2011年：『東への道』
vol.6　2012年：『嘲笑』
vol.7　2013年：『瀕死の白鳥』
vol.8　2014年：『日曜日の人々』
vol.9　2015年：『極北のナヌーク』
vol.10　2016年：『恋愛三代記』

『柳下美恵のピアノdeシネマ』

会場：渋谷アップリンク
〈月1回〉
2014年2月～7月：『嘲笑』『アエリータ』『三悪人』『文化生活一週間』『隣同士』『アンダルシアの犬』『東京行進曲』『熱砂の舞』
2015年2月～7月：『風』『翼の世界』『血涙(けつるい)の志士』『デブ君の給仕』『デブの自動車屋』『チート』『義侠ラッフルズ』
2016年2月～7月：『密書』『血煙荒神山 短縮版』『アイアン・ホース』『ロイドの福の神』『日曜日の人々』『バグダッドの盗賊』
【渋谷アップリンク以外でも開催】
2016年3月　会場：盛岡プレアンディ(岩手)
『お猿の大漁』『キートンの警官騒動』他2作品
2016年7月　会場：神戸映画資料館『バグダッドの盗賊』

『THE PIANO&CINEMA』

(旧題：J&B美恵'sサイレント映画)
会場：横浜シネマ・ジャック&ベティ
〈1週間上映〉
vol.1　2015年春：『日曜日の人々』
vol.2　2015年秋：『血涙(けつるい)の志士』
vol.3　2016年春：『風』
vol.4　2016年秋：『アイアン・ホース』
【横浜シネマ・ジャック&ベティ以外でも開催】
2016年2月　会場：シネマ尾道(広島)：
『日曜日の人々』
2016年3月　会場：御成座(秋田)：
『日曜日の人々』『アイアン・ホース』

『シネマの冒険 闇と音楽』

会場：東京国立近代美術館フィルムセンター
〈2016年までに16回開催。ほぼ毎回伴奏〉
1995年10月・11月：『突貫小僧』『争闘』『子羊』『涙の愛嬌者』
1996年10月：『タルチュフ』『さらば青春』『リング』『スポーツの女王』
1997年11月：『梅の一枝』『女郎蜘蛛』
1998年12月：『ボルシェヴィキ国におけるウエスト氏の異常な冒険』『農夫の妻』『アスファルト』
2006年1月：『限りなき舗道』『令嬢と與太者』
2011年9月：『掟によって』『ファウスト』
2012年9月：『スペードの女王』『人生には人生を』『帝国の破片』
2013年11月・12月：『ポルチシの唖娘』『欺瞞』『サンシャイン・モリー』
2015年10月：『ハラキリ』『懦夫(だふ)奮起せば』
2016年10月：『人生の春』『十誡』『一番強い者』

資料作成＝若松容子

その他の最近の国内活動一覧（開催月：イベント名／会場／伴奏作品）

2015年

2月：ヒッチコック、そのイギリス時代／渋谷アップリンク／『マンクスマン』

2月：松竹蒲田映画／桜美林大学アカデミー四谷キャンパス／参考上映『見えざる敵』

3月：たっぷり音楽つめあわせ～サイレント映画の世界～／静岡文化芸術大学／『不思議の国のアリス』『下宿人』

3月：尾道子ども映画ワークショップ 2015　映画のはじまり♪尾道の映画にみんなで音をつけよう！／シネマ尾道／教材『だんだんこ』

4月：高崎映画祭／高崎電気館／『紅葉狩』『和製喧嘩友達』

4月：外国無声映画コレクション特集／京都国立近代美術館／『マックスとピアノ』他

4月・5月：サイレント映画上映会／豊岡劇場／『日曜日の人々』

5月：第7回 東京蚤の市 at京王閣　ピアノdeシネマ／東京オーヴァル京王閣／『キングコング』Part1/Part2他

6月：甦るファンタスマゴリア“日露戦争幻燈”／早稲田大学大隈記念タワー地下104号室／“日本最古のアニメーション（明治期）と同時期のドイツ製カラーアニメーション”『トラちゃんと花嫁』　同名アニメーション映画のカラー幻燈版　他

6月：ワークショップ＆上映会／豊岡劇場／『日曜日の人々』

6月：記憶の場：昭和の大札と映画都市京都／京都大学時計台記念館国際交流ホールIII／『崇禅寺馬場』『温泉悲話　三朝小唄』

7月：映画の極意vol.16 サイレント映画の極意／金沢21世紀美術館　シアター21／『陽気な巴里っ子』他

8月：映画音楽ワークショップ／川崎市アートセンター／教材『だんだんこ』

8月：映画タイムマシンVOL.3『むかしの子どもに会いに行こう！』／川崎市アートセンター／『君と別れて』

8月：第10回映画の復元と保存に関するワークショップ 2015／京都国立博物館平成知新館／おもちゃ映画に見る昭和史～昭和初頭の実写映像集

8月：エドガー・G・ウルマー入門／神戸映画資料館／『日曜日の人々』

8月：松竹蒲田映画／桜美林大学アカデミー四谷キャンパス／『モダン怪談 100,000,000円』

9月：メルヘンと遊びの世界展19　見る　きく　あそぶ　連動特別プログラム／シネマテークたかさき／『月世界旅行』『コニーアイランド』（旧題『デブ君の浜遊び』）他

9月：サイレント映画事始め in 高田世界館／高田世界館（新潟）／『モダン怪談 100,000,000円』

9月：サイレント映画『日曜日の人々』+ピアノ伴奏（柳下美恵）／高田世界館（新潟）／『日曜日の人々』

10月：第14回山形国際ドキュメンタリー映画祭<やまがたと映画>幻灯は訴える／山形美術館2／『野ばら』『ゆるがぬ平和を―8.6原水爆禁止世界大会記録―』他

10月：京都国際映画祭／よしもと祇園花月／尾上松之助『中山安兵衛』『荒木又右衛門』他

10月：『ホームムービーの日』in京橋／東京国立近代美術館フィルムセンター／米国のホームムービー“Our Day”（1938）

11月：サイレント映画伴奏ワークショップ／高田世界館（新潟）／『探偵学入門』

11月：広島国際映画祭アンリ・ラングロワ特集　前夜祭／NTTクレドホール／『アッシャー家の末裔』

11月：日韓国交正常化50周年　韓国映画 1934-1959　創造と開花／東京国立近代美術館フィルムセンター／『青春の十字路』

12月：第27回獨協インターナショナル・フォーラム　見えるを問いなおすアートイメージテクスト／獨協大学／『日曜日の人々』

2016年

1月：喜劇映画研究会40周年記念　新春コメディ宝箱／神戸映画資料館／『文化生活一週間』『整形夫婦』『かたづけ屋ハリー』『キートンのカメラマン』

1月：エルンスト・ルビッチ特集／シネマスコーレ（名古屋）／『結婚哲学』『陽気な巴里っ子』

2月：トーキョー　ノーザンライツ　フェスティバル　2016／ユーロスペース／『むかし、むかし』

2月：みゆき野映画祭in斑尾～北欧・日本国際短編映画祭～／スノーシアター斑尾高原スキー場ゲート横／『雪渡り』（宮沢賢治の童話をもとに映画祭当日のワークショップで制作した作品）

2月：巨匠内田吐夢のダイナミズム／新文芸坐／『警察官』

2月：美恵's サイレント映画／シネマ尾道／『日曜日の人々』

3月：中学生・高校生対象　伴奏ワークショップ～無声映画伴奏者にチャレンジ!～／広島市映像文化ライブラリー／教材『文化生活一週間』

3月：サウンド・アンド・サイレント／広島市映像文化ライブラリー／『争闘阿修羅街』

3月：美恵'sサイレント映画@御成座／御成座（秋田）／『日曜日の人々』『アイアン・ホース』

3月：柳下美恵のピアノdeシネマ@盛岡プレアンディ／盛岡ライブハウスプレアンディ／『お猿の大漁』『海の旅』『キートンの警官騒動』

4月：春のコメディ映画鑑賞会／旧グッゲンハイム邸（神戸）／『キートンの警官騒動』『リバティ』他

5月：復元された無声映画／Li-Po（渋谷）／『温泉悲話　三朝小唄』

5月：フィルムを守り、伝えるということ／谷根千〈記憶の蔵〉／『学生三代記［マキノグラフ版］』他

5月：成瀬巳喜男、静かなる、永遠の輝き／新文芸坐／『腰辨頑張れ』

7月：【ホームムービーの日in 谷根千番外編】／谷根千〈記憶の蔵〉／高田爬虫類研究所のフィルム

7月：夏のコメディ映画鑑賞会／旧グッゲンハイム邸（神戸）／『ロイドの巨人征服（短縮版）』他

7月：柳下美恵のピアノdeシネマ／神戸映画資料館／『バグダッドの盗賊』『飛ぶ魚事件』

8月：夜のとしょかん　オガール祭り編「映画館の楽士が奏でるゴーシュの世界 賢治と嘉藤治 生誕120年」／紫波町図書館 一般フロア（岩手）／『モダン怪談 100,000,000円』

8月：「野口久光 シネマ・グラフィックス展」開催記念特別上映 アート・シネマ上映会／岩手県立美術館／『東への道』

8月：夏休みワークショップフェスティバル2016 映画音楽ワークショップ／川崎市アートセンター／教材『塙団右衛門 化け物退治の巻』

8月：映画タイムマシン vol.4『むかしの子どもに会いに行こう！』おとなはわかってくれない!?／川崎市アートセンター／『大人の見る繪本 生れてはみたけれど』

8月：第11回映画の復元と保存のためのワークショップ／株式会社IMAGICA東京映像センター／『逆流』『雪の騎士』他

8月：あいちトリエンナーレ／愛知芸術文化センター　アートスペース／『マッチ売りの少女』他

10月：京都国際映画祭　活弁コンペ@祇園花月／よしもと祇園花月／おもちゃ映画

10月：京都国際映画祭／よしもと祇園花月／『突貫小僧』『淑女と髯』

10月：ザ・インターナショナル・アカデミック・フォーラム（IAFOR）／神戸芸術センター／『何が彼女をそうさせたか』

10月：サイレント映画ピアノ生伴奏付き上映／福山駅前シネマモード／『日曜日の人々』

11月：月曜シネサロン＆トーク　東京国際フォーラムで会いましょう。首都・東京の90年ー関東大震災から戦後復興までー　第2回　モダン都市東京／東京国際フォーラム／『公衆作法　東京見物　PUBLIC MANNERS:TOKYO SIGHTSEEING』

［放送］NHK　Eテレ

2015年8月：プチプチアニメ『けいとのようせい　ニットとウール』

2016年11月：プチプチアニメ『けいとのようせい　ニットとウール』

海外活動一覧（開催年月：イベント名／開催国／伴奏作品）

2007年10月・11月：第一回チュンムロ映画祭／韓国、ソウル／『海浜の女王』『突貫小僧』他

2009年10月：ポルデノーネ無声映画祭／イタリア、ポルデノーネ／『黒手組助六』　他

2010年6月・7月：ボローニャ復元映画祭／イタリア、ボローニャ／ドイツ映画

2010年10月：ポルデノーネ無声映画祭／イタリア、ポルデノーネ／『愛よ人類と共にあれ』他

2011年5月：KOFA（韓国映像資料院）／韓国、ソウル／『女郎蜘蛛』『君と別れて』他

2011年6月：SEAPAVAA（東南アジア太平洋地域視聴覚アーカイブ連合）会議／マレーシア（国立公文書館）／『海浜の女王』

2011年6月：ボローニャ復元映画祭／イタリア、ボローニャ／アルベール・カペラニ監督特集『椿姫』

2011年8月：ボン国際無声映画祭／ドイツ、ボン／『港の日本娘』『朝から夜中まで』他

2011年10月：ポルデノーネ無声映画祭／イタリア、ポルデノーネ／『浦島太郎』『日本南極探検』他

2012年4月：SEAPAVAA（東南アジア太平洋地域視聴覚アーカイブ連合）会議／ベトナム、ホーチミン／ホームムービー（日本）（タイ）

2012年5月：KOFA（韓国映像資料院）／韓国、ソウル／『嵐の孤児』『散り行く花』他

2012年6月：ボローニャ復元映画祭／イタリア、ボローニャ／『東京の女』、ロイス・ウェバー監督作品

2013年5月：タイ映画博物館／タイ、サラヤ／『バグダッドの盗賊』他

2014年8月：第一回タイ無声映画祭／タイ、バンコク／『悦楽の園』『瀧の白糸』　他

2014年8月：ジェチョン国際音楽映画祭／韓国、ジェチョン／『港の日本娘』『浮草物語』

2014年10月：ポルデノーネ無声映画祭／イタリア、ポルデノーネ／『西遊記』

2015年6月：ボローニャ復元映画祭／イタリア、ボローニャ／『ふるさとの歌』

2016年3月：ホイレイク・コミュニティ・シネマ／イギリス、ホイレイク／『裁かるゝジャンヌ』

2016年3月：ミュンヘン映画博物館 小津安二郎レトロスペクティブ／ドイツ、ミュンヘン／『青春の夢いまいづこ』『出来ごころ』他

'O Lord, Thou knowest our innocence.... Thou knowest that love is our only sin...have pity on us....'
愛し合ったことが
私たちの罪なのです

音楽と字幕
——映画に寄り添って

【対談】
柳下美恵［サイレント映画ピアニスト］
×
松岡葉子［字幕翻訳家］

取材＝岸本麻衣

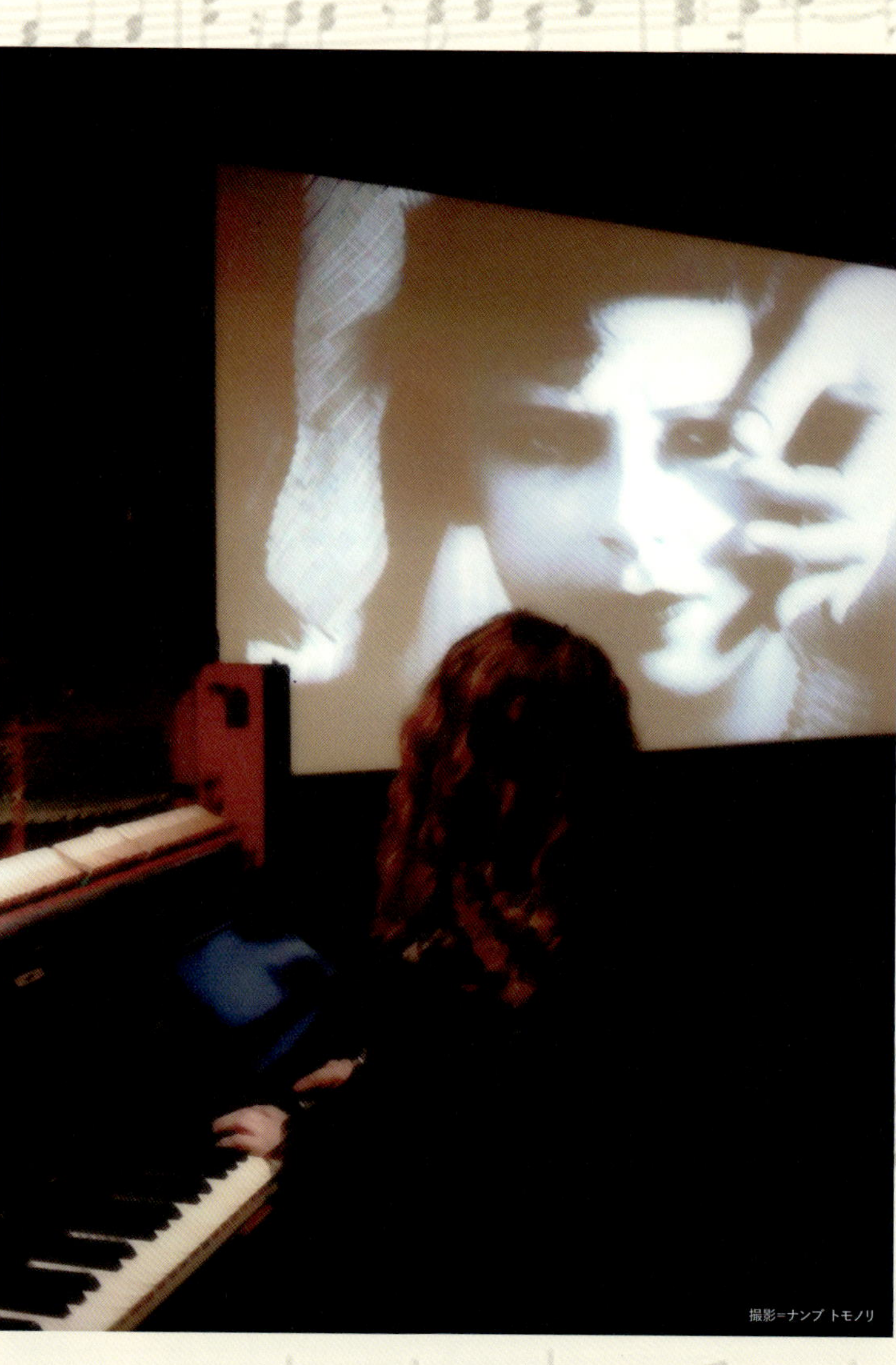
撮影＝ナンブ トモノリ

●スクリーンは『山の王者』エルンスト・ルビッチ監督

柳下美恵さんはサイレント映画のピアニストで、劇場やホールのスクリーンの前で映画の伴奏をされている。それはまさに映画のライブといってもいいでしょう。松岡葉子さんは字幕翻訳者としてアート系作品を中心に多くの字幕の仕事をされています。映画の字幕は私たちを物語に誘ってくれる貴重な手がかりをあたえてくれます。映画の中で音楽と言葉は不可欠な要素です。それぞれが共鳴しあい対峙しあいながら、音楽と字幕の世界の見えざる部分や、仕事の楽しさ困難さが溢れてくる対談になりました。

映画に関わる仕事を やりたいと思いました。

松岡　柳下さんはどういういきさつでこの世界にはいられたのですか?

柳下　小さい頃から、母の夢を全部背中に背負って、音楽の英才教育を受けてきました。それで、地元の芸大を受けたけれど落ちてしまったんです。翌年、違う土地に行ってみたいと思って東京の大学に入りました。東京には映画、演劇、音楽やコンサートなど選びきれないほどある。そういう環境に初めて身を置いたので、羽を伸ばしてしまって、音楽をおろそかにしてしまった。大学を卒業した後、西武百貨店のスタジオ２００というイベントスペースにアルバイトで入って、結局7年間そこで働きました。いろいろな文化人が日替わりで来るようなところで、すごく刺激的でした。各国の映画祭やドキュメンタリーの特集上映など、映画だけでもたくさん上映していたし、演劇やその他のジャンルも垣根なく上演していました。

松岡　そこから、どのようにサイレント映画のピアニストに・・・・?

柳下　映画に関わる仕事をやりたいと思ったんです。その頃のサイレント映画は、音がなく、無音の上映で集中できませんでした。せめて音楽がついていたらいいなと思っていたし、なんとなく、自分が勉強してきた音楽と、映画との接点がここにありそうな気がしたんです。海外で音楽付きのサイレント映画の上映があるのを知って、日本でも実現できないかなと、サイレント映画のピアノ伴奏を始めました。当時は職業として日本には無かったので、海外で音楽付きサイレント映画上映があると知らなかったら、この職業を選択はしなかったかもしれない。サイレント映画のピアノ伴奏を始めてすぐに、映画が生誕１００周年を迎えたんです。私はそういう時期にデビューできたので、タイミングよく仕事がありました。

松岡さんは、以前はフランス映画社で映画宣伝のお仕事をされていましたよね。現在の字幕翻訳のお仕事へはどういう経緯で?

松岡　フランス映画社は2年程いました。当時、宣伝は副社長の川喜多和子さんがやられていて、私は字幕をチェックしたり、プレスを書いたり、写真を整理したりと、ありとあらゆることを何でもやりました。もともと映画は単に観る側として好きでしたが、いわゆるシネフィルではなかったんです。だけども実際に配給会社に入って、仕事をしてみると楽しいなと思って。特に字幕の仕事が楽しかったんです。社長の柴田駿さんに手ほどきしてもらって、字幕をチェックしたり、チェックの現場に立ち会ったりするうちに、なんとなく自分でもやってみたいな、と。そういう経験のあとフランス映画社を辞めまして、友達数人と編集プロダクションをつくりました。その頃、第1回東京国際映画祭が開催されて、協賛企画の東京国際ファンタスティック映画祭を友人と請け負うことになり、パンフレットの制作からゲストの招聘に至るまですべてやりました。そこで映画字幕を何本か制作したんです。ちょうどビデオテープが出てきた頃でした。私にとって映画は劇場に観に行くものだったけど、ビデオで日本に入ってくる映画が増えたんですね。同時に翻訳者の需要も増えました。そういう状況のなかで、冒険心の

撮影=ナンブ トモノリ

ある若い配給会社から、映画字幕をやってみないかとお話をいただくようになったんです。

柳下　じゃあ勉強されたというよりは……。

松岡　いまみたいに翻訳の学校があるわけじゃないし、見よう見まねで、現場で鍛えられつつ。ラッキーだったのは、きちんとお金をいただきながら勉強ができたことです。

柳下　最初に字幕を手がけた映画は何ですか？

松岡　フランス映画社時代にやらせていただいた『また、ひと冬』（81年公開）という作品です。フランソワーズ・サガンが脚本・監督した15分の短編映画。やってごらんなさいと言われてヒアリングから全部やって、ありがたいことに劇場でも上映してもらいました。いまの若い人たちが望むべくもないような、ラッキーなところからスタートできたと思います。実は、字幕を担当したアフリカ映画の『ひかり』（88年公開）は、スタジオ200で何度かかけていただいたんです。

柳下　スレイマン・シセ監督ですね、覚えています。アフリカの言葉も翻訳されたのですか？

松岡　『ひかり』は元々フランス語字幕が付いていて、それを日本語に翻訳しました。アフリカの旧フランス植民地では、フランスへ映画の勉強に行って監督になるという方が多く、フランスで字幕を制作することも多いんです。フランスは他の諸外国と比べて字幕作りの技術がしっかりしています。

松岡葉子さん

柳下　昔と今で、字幕翻訳の世界で変化は感じますか？

松岡　昔と比べたら、求められるものが全く違いますね。昔は偉い先生が翻訳されていて、観客は字幕とはそういうものだと思って観ていたから、字幕に対して文句を言う人はいなかった。でも、いまの若い人は英語のできる方も多いので、クレームがつくこともあります。「マーマレード」と言っているのにどうして「ジャム」って訳すんだ、とかね。字数の都合で入りませんと言っても、理解されないんですよね。

柳下　フランス語を、日本語と英語の両方に訳すようなこともありますか？

松岡　通常は映画で話されているオリジナル言語、仏語とか英語を日本語字幕にしていくわけですが、希少言語といいますか、アジア・アフリカ諸語や東欧諸国など、その言語を直接日本語字幕にできる翻訳者が少ないか、まったくいないことがあります．その場合、まず言語を英訳した英語字幕台本があって、それを日本語字幕に孫訳して、言語の分かる方に監修していただくという形をとります。

字幕や音楽に何を求められているかを理解することが大切です。

柳下　松岡さんにお会いしたのは字幕翻訳講座の発表会で、生徒さんが字幕を付けた作品でピアノを伴奏した時でしたね。2年間させていただいて、その講評にいらしていた。

松岡　映画美学校の映像翻訳講座の講師を、気付けば随分長くやっています。字幕翻訳者の太田直子さん担当でサイレント映画に字幕を付けるという講座がありまして、アテネ・フランセの松本正道さんが「せっかく字幕を付けたなら、上手な作品を2つ選んで上映会をやろう」と。それなら柳下さんに音楽を弾いてもらおうっていうことになったんです。すごく贅沢ですよね。生徒の作品だけども、ちゃんと500円の入場料を取って、プロのような扱いをしてお客さんに見せるという姿勢が嬉しかった。

柳下　字幕と、私の伴奏の仕方は、共通するところがあると思っているんです。字幕翻訳はあくまで映画を見やすくするためのものですよね。サイレント映画の伴奏は当時、映画館の楽士（伴奏者）に任されていました。まれに全スコア残っている作品は別として、伴奏者の裁量に任されるのであれば、映画を見やすくするという意味で私は黒子に徹したいと思っています。時々、パッと前に出てきてしまう字幕もあるじゃないですか。松岡さんはどんな心がけでやってらっしゃいますか？

松岡　特に授業で思うのは、受講生たちは上手に作ろうと力が入っているんです。その時は、まず「字幕が目立ってはいけない。自分を出すのではなくて、テーマがあって、自分は黒子なのだから、上手に作ろうという邪念は捨てなさい」と伝えています。映画のままにやれば、自然と言葉もうまく出来てくる。映画がそうできているから、翻訳者は流れの中で訳せばいい。字幕で映画を何とかしようなどと思わない。自分がかっこいいと勘違いしないように、受講生にも私自身にもそう言い聞かせています。

柳下美恵さん

柳下　最初の手探り状態だった頃も、そう思っていました？

松岡　いいえ、やっぱり、その頃は力が入っていました。いまだにそうですけど、アート系や単館系作品の字幕翻訳をつけることが多いので、作品に対して思い入れもあるし、なにより私は漢字が好きなんです。日本文学が好きで、古典の歌舞伎や能など、どちらかというと映画を一日観ているより、そちらを一日観ている方がいい。だから、難しい言葉が好きで使いたい（笑）。例えば「私は何々を依頼します」という言葉を、いまなら「頼む」とか「頼みます」と訳しますが、「依頼します」と漢字を使いたかった。当時は言葉に対しての愛着が強かったし、難しい言葉を使いたかったんです。いまにして思うと恥ずかしい。監督が作った映画に対する敬意と、その映画を深く読み解いて、自分を押し出さずに、字幕や音楽に何を求められているかを理解することが大切なんですよね。

柳下　字幕翻訳は、時間をかけて練りますよね。海外の映画祭で演奏する時、作品がコレクターの持ち物だったり、復元のためにラボに入っていたりすると、事前に練習用のDVDをもらえない時あって、練る時間もなくその場で弾くことがあるんです。あらすじは映画祭のカタログに書いて

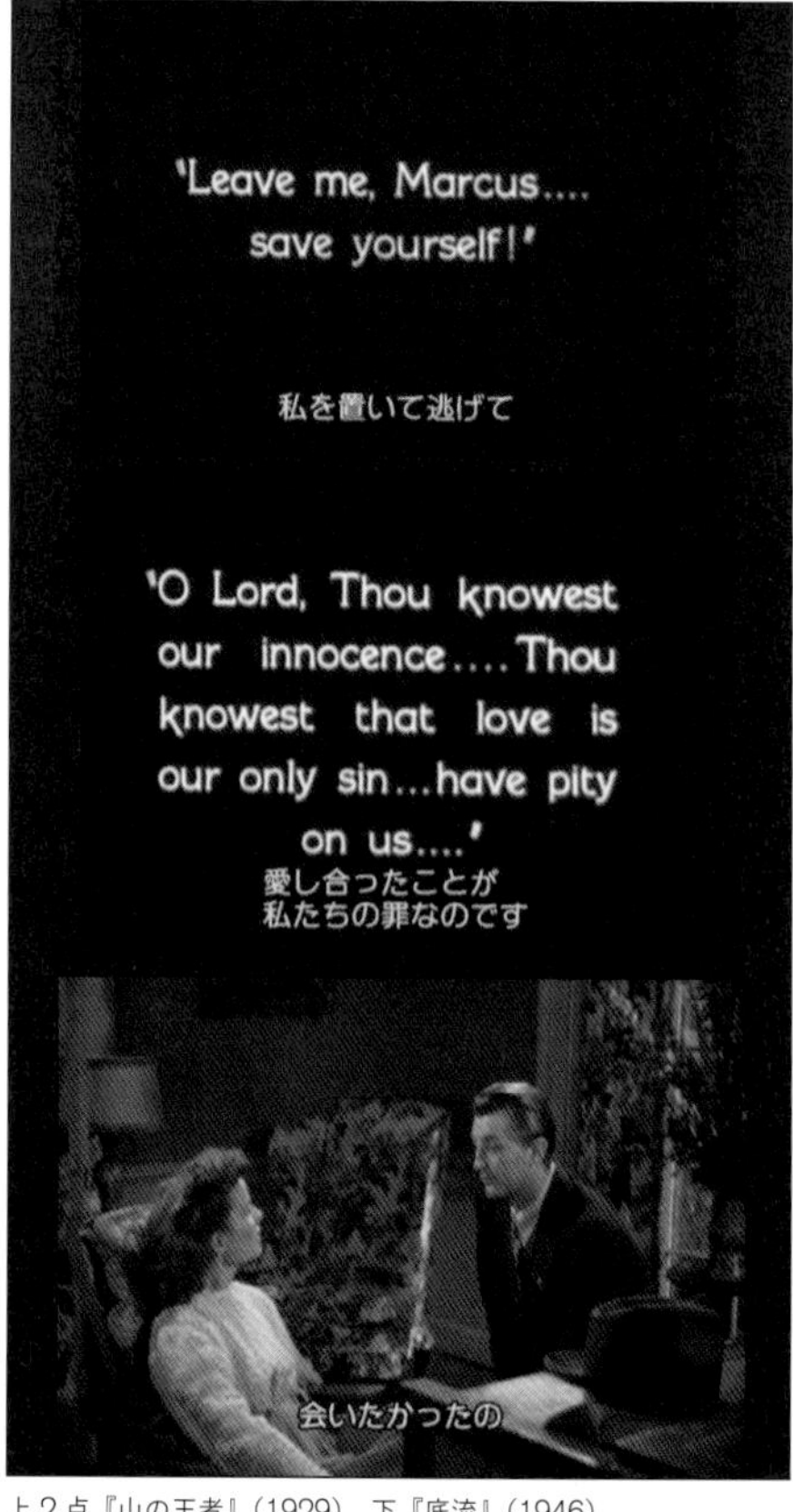

上2点『山の王者』（1929） 下『底流』（1946）

あることもありますが、その場で映画を読み取りながら弾くんです。

松岡 即興ですか？ すごい才能ですね。初見の映画に音楽をつけるなんて想像もつかない。

柳下 初見の場合もあります。そういう場合、練ることはできないけど、観客と全く同じ目線で観ることができるんですね。逆に練っていると次の展開を覚えているので、音が先に出てしまうことがある。初見では、そういうことはなくて、どうなるのかなと予想しながら弾いています。

映画にとって空気のような存在でありたい！

柳下 音楽としてまったく終始しているわけではないんです。ある時ギタリストから「美恵さんのクセは分かる。終始しないでどんどん行っちゃう」と言われました。映画の文法に合わせて即興で伴奏すると、音楽のシークエンスの途中で違うシークエンスに行くというようなやり方を、気付けば結構しているようです。クセが分かると言ったギタリストは、もう何度も私とやっているので付いていきてくれていますけど。

松岡 ピアノだけでなく、ギターも同時に演奏するのですか？

柳下 ギターがいることもあるけど、ほとんどピアノのみです。よく観に来てくださる獨協大学の先生に「柳下さんはいつも映画を楽譜にして弾いていますよね」と言われたことがあります。自覚はしていなかったけど、確かに鍵盤よりもずっと画面を見ているんです。映画の動きは、本筋の焦点の当たるところを繋いでいくと、視点がブレずに周りも見ることができるようです。いつも本筋を鉛筆で太くなぞるように弾いています。その先生が私の音楽は映画がよく見えるようになると言ってくださったのが嬉しくて。そういう伴奏のスタイルで、自分は「無」でいる。映画にとって空気のような存在でありたいと思っています。映画の不可欠な要素でありながら全く対峙しないという意味で、サイレント映画の伴奏と字幕翻訳は似ていると思います。

松岡 自分を出すものじゃないってことですよね。

柳下 それによって映画がどんどん膨らんでいくような、スパイスではないけれど、そういうものでありたいです。

松岡 比較するのも失礼ですけど、廉価版のキートンのDVDに付いていた音楽は映画が全然見えていないし、敬意もないし、そもそもどこかのありものをくっつけ合わせたようなクオリティの低さで、やはり音楽でこんなにも違うのだと痛感しました。

柳下 それなら音楽はない方がいいと思います。音楽が映画の文法と関係なく主張すると、映画に集中できなくなってしまいますから。高校の授業でキートンの『探偵学入門』（24年公開）を観た時に、先生が持ってきたDVDが外国製で、映写技師のキートンに「映画ナントカ係」という日本語字幕がついていたんです。そういうものを見てしまうと、子どもたちの中で映写技師という言葉は映画ナントカ係になってしまう（笑）。それも危険だし、字幕は映画の基本線をおさえておくべきだと思います。翻訳は知識も必要だし、いろいろ調べたりされますよね？

松岡　そうですね。半分以上、調べることが仕事です。

キャラクターになってみて、自分でアクションしながら翻訳しています。

柳下　以前、松岡さんは『アデル、ブルーは熱い色』（14年）を字幕翻訳された時に、体を掻くクセが自分にも移ったという話をされていましたが、映画に心酔していないとそうはならないですよね。

松岡　キャラクターになってみてセリフを声に出すんです。文字にすることと、声に出すことは違うし、怒って言うのか悲しんで言うのか、自分でアクションしながら翻訳しています。

柳下　俳優さんと似ていますね。

松岡　その時だけはそうなりますね。翻訳していて上手くいかない時に、どういう気持ちでそのセリフを喋っているのか、まず自分で喋ってみる。喋ってみて、それから修正していきます。昔の映画は喋り方がゆっくりで品が良いけど、時代のスピードが上がってきて、最近の映画は早口でとてもついていけない。『東京物語』（53年公開）など観ると、喋る速度も、言葉遣いも全然違っている。いまはどんどん速くなっています。

柳下　それは字幕が付けにくいですね。人が読む速度に限界があるから、字数も決まっていますよね。

松岡　大ざっぱに言うと、人が1秒で読める文字数は4文字とされています。仮に「Good morning.」を1秒で喋っていたなら「おはよう」。「おはよう」ならいいですけど、「おはようございます」だと、文字数が多すぎて読めないということです。

簡単な言葉ならいいけど、難解な文脈を短くするのは難しい！

松岡　非常に重く深い内容でも、短くしなきゃならないという綱渡りみたいなところはあります。一つのセリフの中で言えなければ前後のセリフに振り分けて、流すところは流して、意味は間違えないようにうまく表現する必要がある。最近、国際映画祭などで観ていると、アジア映画は喋るテンポがゆっくりしているけど、フランス映画は特に速くなっていて本当に聞き取れません。フランスは移民の国なので、多様な言語が混じり合ってどんどんスラングが生まれている。現代劇の場合はそのスラングが分からない。これはあまり大きな声では言えないけど、いま世界のどの国の映画でも国際市場に出す時にはインターナショナル版、要するに英語字幕版を作るので、英語字幕を見ながら日本語に訳しています。あれがなきゃ訳せません（笑）。

柳下　サイレント映画の場合、「喋る言葉」ではなく、インタータイトル（映画の場面の途中に映し出されるセリフや説明文のこと）の「読む言葉」を訳しますよね。サイレント映画は、インタータイトルや役者の演技力もあるけど、そもそも基本的には画の表情で分かる話なんです。だけど、現代の映画は言葉を正確に訳さないと伝わらないような複雑な映画になっているということでもありますね。

松岡　どうなんでしょう。インタータイトルは非常に難しくて、本当に話を理解していないと、まず誰が言っているのかも分かりにくいし、誰に言っているセリフなのかも誤解しかねない。どこの意味のどれをすくい出せば一番いいのか、ひとつのセリフに対し、制作やクライアントの方と喧々諤々とやることもあります。だから解釈というのは難しい。そもそも映画は観る人によって受け取り方というか、解釈が違うものですよね。

柳下　音楽をつけることによって各自の解釈で観てもらえたら・・・。日本には弁士さんという伝統芸能があって、中間字幕（インタータイトル）を読むだけでなく状況や気持ちを言葉にするので、分かりやすい。でも弁士さんの解釈で言葉にするから想像する余地は減ります。それこそ言葉で限定していってしまう。それにしても、インタータイトルを訳すだけで喧々諤々になっちゃうんですか？

松岡　そうですね。

柳下　サイレント映画の良いところは、個人の裁量で解釈がどうにでも変わるところだと思うので、中間字幕に関しては割とそつない感じにしておいてもらいたい。私は見慣れているから誰が喋っているか分からないことはないけど、サイレント映画はトーキー映画と様式が違うので、見慣れていない人たちからすると誰が喋っているのか分からなくなるのかもしれません。

松岡　若い人はあまりサイレント映画を観たことがないから、もしかしたら観る学びが要るのかもしれない。音楽も美恵さんが付けているのと、違う人が付けたのではまた違う雰囲気になります。だからこそ演奏する人が、私はこういう風に観ますというスタンスを持つべきですよね。

子供たちは言葉を読む前に画を見て笑うんです。

柳下　でも、なるべく振り幅が大きい付け方をしたいです。あまり限定したくない。話は変わりますが、先日、神戸の旧グッゲンハイム邸で、親子向けの上映会で弾いたんです。大広間に80人ほどがギュウギュウに入って、そのうち20人ほどは未就学児、最前列に陣取っていました。私はもちろん映画に合わせて弾いているけれど、子どもが笑いそうな場面では弾かないんです。それは、子どもの笑い声が音楽になっているから。これは絶対に笑う、という場面では、大人よりも子どもの方が笑うんです。

松岡　勘がいいですね。

柳下　言葉を読む前に画を見て笑うんですよ。宮崎の親子上映会で１０００人もの人が入った時も、やっぱり未就学児が一番前にずらっと並んでいて、字幕が読めなくても、画でまず笑うんです。すると、そのこだまで大人が笑う。それが音楽となって映画の奇跡的な力が生まれる。子どもが場の空気を映画にプラスして、会場は大盛り上がりになる。その時は映画と観客とみんなが一つになった中で弾くことが出来て、本当に楽しかったです。映画はエジソンから始まったのか、それともリュミエールから始まったのか、という議論がありますけど、エジソンは一人で観るキネトスコープという映画を発明して、その後にリュミエールが上映してみんなで観る映画を発明した。いまは、ひとりでＤＶＤを観る人が増えて、エジソンの映画に戻ってきてしまっているけど、基本的にみんなで楽しむということは、やはり映画の大事な要素だと思うんです。

松岡　私もそう思います。ひとつの暗闇の中で、知らない人たちが集まって、大きな画面を見つめるのが原点ですよね。若い人たちに「この映画観ました？」と尋ねると「観ました」と言うんだけど、聞けばＤＶＤで観ている。すごくショックでした。映画館で観るから映画なのであって、家でビデオテープや配信などで観るのは、テレビを観ているのと同じ、映画ではない。映写機が動いて、カタカタカタと音がして、光が差して……っていうノスタルジーなのかな。でもそれが映画じゃないですか。

柳下　気の置けない友達３、４人でホームビデオのように観るのも楽しいと思うけど、先ほど話した上映会のように笑いが波及していく体験は、やっぱり3、4人ではできないこと。だから映画を観ることは、体感することのように思います。

松岡　家庭で、ブルーレイで観ている人は、電話が鳴った、おなかが空いたなどいろいろな理由で止めつつ観ていますよね。しかも家だから雑音が入るし、光も差すし、そういう観かたをしたら映画ではないとやっぱり思ってしまうんです。

柳下　単にテレビで観ていて、ものすごく感動する映画もあるので100%そうとは言えないけど、それでも先ほどのような上映会を体験すると、こういう場がもっと増えればいいなと思います。近年の映画は、社会問題などを題材にした考えさせられる内容が多いけど、いまの時代だからこそ、人がバナナの皮で転ぶような単純な映画も見てほしい。新しいことをやろうという頭になりすぎて、これは前にやったからやらないとか、どんどん頭が先行しているので、もっと気楽にできれば面白いのに、と思います。

松岡　私の友人は、子どもの頃にそういう映画体験をしておくべきだと言っていました。昔は、学校の体育館で映画の上映会などがあって、否応なくみんなで映画を観る時間があった。その中から、映画って面白いなと思う子が出てきていた。いまはそういうことも無くなってしまったので、復活させるべきだと私も思います。子どもの頃に、みんなで楽しく映画を観る体験をさせて、スマホで観るより映画館で観る方がいいっていう人口を増やさないと、これから映画はますますダメになる。学校で映画は劇場で観ようって、やればいいんだけど。

どんな時代の映画も上映できる映画館が増えていくといいですね。

柳下　映画には120年を超える歴史があるのだから、どんな時代の映画も上映できる映画館が日本に増えていくといいですね。シネマ・ジャック&ベティはピアノを設置してくれたので、デジタルの上映ではあるけれどサイレント映画も上映できる環境なんです。いまはフィルム映画の上映もイベント化してしまって、映写機を置く場所がなかったり、映写技師がいなくて動かせないので寄贈されてしまったりと、結局フィルムの作品は上映されなくなって、観る作品が限られてしまっている。先日サイレント映画の伴奏をしたときに信じられないことがありました。有名なサイレント映画なのですが、映写技師の方から、トーキー映画でいうサウンド部分にあたる左端が黒く塗られているので、左に寄った映写になりますと言われました。

松岡　フィルムの端が黒く？　どういうことなんですか。

柳下　サイレント映画のフィルムは、トーキー映画でサウンドが入る部分まで画が入っているのため、画角がトーキー映画のフィルムよりも広いんです。ですが、映写機自体にサイレント映画を映す画角のレンズがついていないことが多いので、配給側がサウンド部分の画を黒く消してしまったようなんです。上映した映画館はサイレント映画のフィルムも映せる映写機があるのに、フィルムの端が黒塗りだから、結果、画面が左に寄るんです。またトーキーが1秒間に24コマで回るところを、サイレント映画は16コマや18コマと、ゆっくりと回るから、トーキー用の映写機にかけると画がすごく速くなってしまうんです。私は映画館にピアノを設置する活動をしていますが、それに加えて、サイレント映画をかけられる映写機も入れていきたいですね。なるべく映画の歴史をどこでも選択できる環境をつくる。映画館単体では無理だとしても、国などがバックアップしていく体制をとっていかないと、おかしなことになっていくと思います。

松岡　DCP（デジタルシネマパッケージ。デジタルデータによる上映方式）が出てから、フィルムの映写機が置けない状況ができています。映画館はＤＣＰを導入した時に、スクリーンも変えたりしてすごくお金がかかりました。大手はできても単館系の映画館はお金がなくて導入できないから、助成をしてもらう代わりに、35ｍｍの映写機を撤去しなくてはいけない場合もあった。でも、いくら時代が変わってもフィルムで上映できる環境はぜひとも残して欲しいと思います。

柳下 もう少し環境を整えて、過去の作品も上映できるようにしたいですね。

松岡 柳下さんは、いろいろな劇場に足を運んで、面白いことやられていますね。私の知人のピアニストがＫＩＷＡというユニット名でデュオで活動しているのですが、ある時『カリガリ博士』（21年公開）の映画音楽を付けたんです。作曲は彼らの芸大の同級生に頼んで、自分たちで演奏する。字幕もパソコンを駆使して全部彼らと仲間たちで作ったんです。文字数が多くて読みにくいとか小さなキズはあっても、それはそれで野心的だし面白い。久しぶりに『カリガリ博士』を観て、こんなに面白い映画だったのかと思いました。

話すほうが聞きやすく読むことが不得意になっている。

柳下 よく映画音楽ワークショップに音楽の好きな子が来ますけど、自分の音楽だけ表現していても、それは映画音楽にはならない。やっぱり映画が好きで、かつ音楽ができる子が、映画音楽をやるにはいちばん適していると思います。

松岡 それは字幕翻訳も同じで、映画が好きであることが前提です。いまの若い子たちは勉強をして語学力がありますし、海外にも行っているけれど、映画が読めないのでとても変な訳をつける。

柳下 よく、日本語ができないと翻訳はできない、と言いますね。

松岡 同じことを言うにも、きちんとした日本語か、めちゃめちゃな日本語かで違う。映画美学校の翻訳講座を例に取ると、騎士物語で悪の騎士団がleader（リーダー）を置き去りにして退却する場面で、そのleaderを何と訳すか？「親分」「大将」「ドン」「指導者」と訳した受講生も、冷静になれば違うと分かるはずです。「大将」なら居酒屋、「ドン」ならマフィア、「指導者」なら宗教指導者などと結びつく。そして、この状況で敵のリーダーに「親分」は使えないのだということを、ＴＯＥＩＣで950点も取るような人でも分からなかったりします。

柳下 辞書での意味合いは合っていても、その場面にふさわしい言葉を使わないといけない。

松岡 それはいくら教えてもすぐには身に付きません。受講生から、どうしたら英語ができるようになるかと聞かれますけど、まずは日本語ができないと。だから、本を読みなさいと言っています。とにかく本を読んで、自分の中の日本語、語感を磨いていく必要がある。英語の力は上がっても、日本語の力は落ちているのかな。若い人たちに、学園モノや青春モノなどはじけたものをやらせたら、言葉の選択という点ではセンスのいい、時代に合った言葉を使うかもしれないけど、普通のドラマなどではかなり苦労すると思う。話は変わりますが、字幕翻訳でありがちなこととして、不思議なもので文字の間違いは意外と見落としています。翻訳者も、制作者も、試写で観ているのですが、気が付かない。以前、上映した映画で、公開2週目になって「ナポレオン」が「ナポレン」と表示されていると分かったことがありました。単なる誤植ですけど、これだけ大勢が観て、1週間公開して、やっとどこかのお客さんが違っていると教えてくれた。字幕って、そういうものだと見てしまう不思議さがあります。

柳下 字幕の文字数には決まりがあるんですか？

松岡 横書きで1行13〜14字×2行、縦書きで1行10文字×2行が上限という制約があります。大昔の字幕は縦字幕で1行13字で3行入っているなんていうものもありました。

柳下　それはどう決まったのですか?

松岡　試行錯誤の結果、劇場で見て、一番読みやすい形式ということだと思います。それとは別に、先ほど1秒間に読める文字数が4文字と言いましたが、今は、読める速度がどんどん落ちてきているようで、1秒間に3文字という流れもあるようです。

柳下　話すほうが聞きやすく、読むことが不得意になっているのだとしたら、映画の文化は吹き替えの文化になっていってしまうのかな。

松岡　そちらに傾いていく気はしますね。今の字幕は喋っているのに訳がないとおかしいから、セリフが10個あったら10個全部訳すことが求められたりもしますが、全部入れたら読みにくいだけ。抜くのも、一つの技術です。10個あるところを8個に上手く収めることによって、読みやすくなる。私たちよりひと世代ほど前の映画は、訳していない部分が多くあって、10個セリフがあったら5個くらい。それでもお客さんは文句を言わなかった。いま、あんな字幕をつけたら、クレームがものすごく来ると思いますよ。

柳下　テンポがゆっくりだから、ゆっくり読めたということですか?

松岡　そこまで字幕に期待していなかったのではないかな。ただ映画を楽しんでいて、字幕に対して批評や批判する視点が観客の方になかったのだと思います。昔は字幕の枚数が、映画一本で800~900枚くらいでした。いまは多いと1700枚。2時間の映画でそれほどの枚数になるんです。字幕ばかり見ても仕方ないし、そんなに字幕を入れてどうするのと思うけれど、とにかく全部入れたがる傾向が強いです。

子どもに映画体験をさせること、映画や映画館の素晴らしさを知って欲しい!

柳下　これからは、どの時代の映画でもかけられる映画館を増やしていきたいです。映画館にピアノを設置する活動をしていますが、それに加えて、サイレントのフィルム映画もかけられる映画館を増やしたい。それから、映画の伴奏スタイルですね。これまでは寄り添う音楽を意識していて対峙する伴奏を全くしなかったけれど、〝魅せる〟ためには両方やってみるのも面白いかもしれません。

松岡　字幕からは離れてしまうけど、映画の未来のために、子どもに劇場体験をさせること。映画や映画館の素晴らしさを知って欲しいし、みんなが一体になって笑うとか、なんとなくみんな一緒に泣いている、というような体験を小さい頃からしておけば、映画館で観るようになる。いまは、みんな映画を受け身で観ていますよね。だけど、そうではない映画の世界もあるよと伝えたいです。

(2016年8月13日 渋谷カフェ・ミヤマにて)

松岡葉子（まつおか・ようこ）

字幕翻訳家、映画翻訳家協会会員

福岡県生まれ。大学卒業後、フランスに語学留学。帰国後に、映画配給会社の株式会社 フランス映画社に入社。そこで字幕の基礎を教わり、退社後は自然に字幕翻訳の道に入る。フランス語、英語を中心に劇場公開作品、映画祭など幅広く字幕翻訳を手がける。初期の作品に、「ポンヌフの恋人」(1992)、「奇跡の海」(1997)など。近作には「英国王給仕人に乾杯!」(2008)、フランソワ・オゾン監督×カトリーヌ・ドヌーヴ主演の「しあわせの雨傘」(2011)、「アデル、ブルーは熱い色」(2014)、「サンバ」(2014)、「トラッシュ!この街が輝く日まで」(2015)、「パプーシャの黒い瞳」(2015)、「アリスのままで」(2015)、「ヴィオレット－ある作家の肖像－」(2015)、「グランドフィナーレ」(2016)、「アイヒマン・ショー 歴史を映した男たち」(2016)、「ホース・マネー」(2016)など。映画美学校・映像翻訳講座の講師を長年務めている。

柳下美恵（やなした・みえ）

サイレント映画ピアニスト

武蔵野音楽大学器楽科（ピアノ専攻）卒業。先鋭的な文化の拠点、池袋西武百貨店の「スタジオ200」を経て、95年、映画生誕100年記念「光の誕生 リュミエール!」山形国際ドキュメンタリー映画祭でサイレント映画の伴奏デビュー。その後、国内外で活躍する。紀伊国屋書店クリティカル・エディション・シリーズのDVD「裁かるるジャンヌ」「魔女」の音楽を担当。06年度日本映画ペンクラブ奨励賞受賞。毎年クリスマスの時期に、音楽伴奏付きサイレント映画上映会「聖なる夜の上映会」を、本郷中央教会（文京区本郷）で開催。自らのシリーズ企画として「柳下美恵のピアノ de シネマ」を毎月1回金曜日に渋谷アップリンクで、また春と秋に横浜シネマ・ジャック&ベティで「THE PIANO & CINEMA・サイレント映画と即興ピアノ」を開催している。

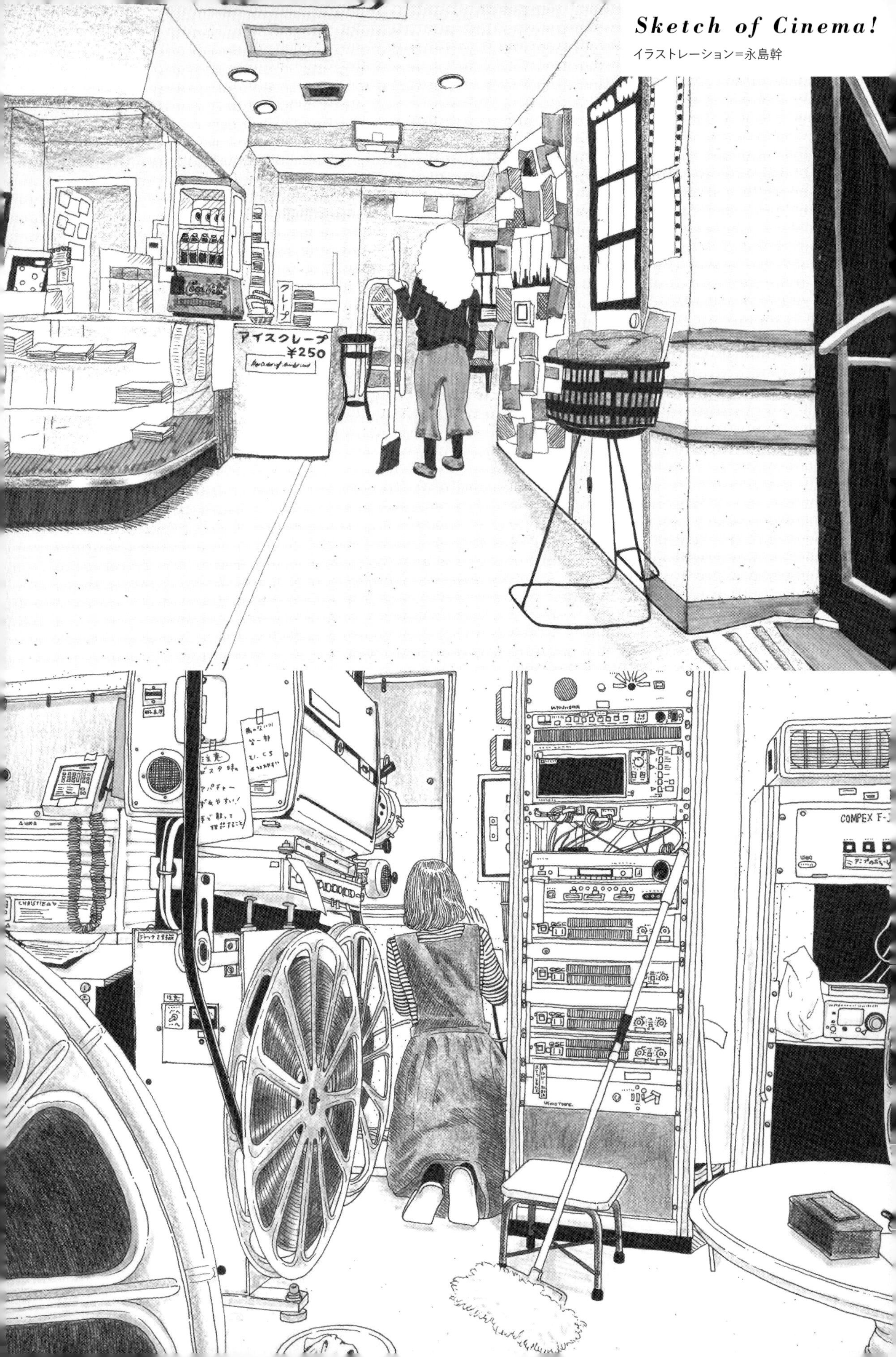

Sketch of Cinema!

イラストレーション=永島幹

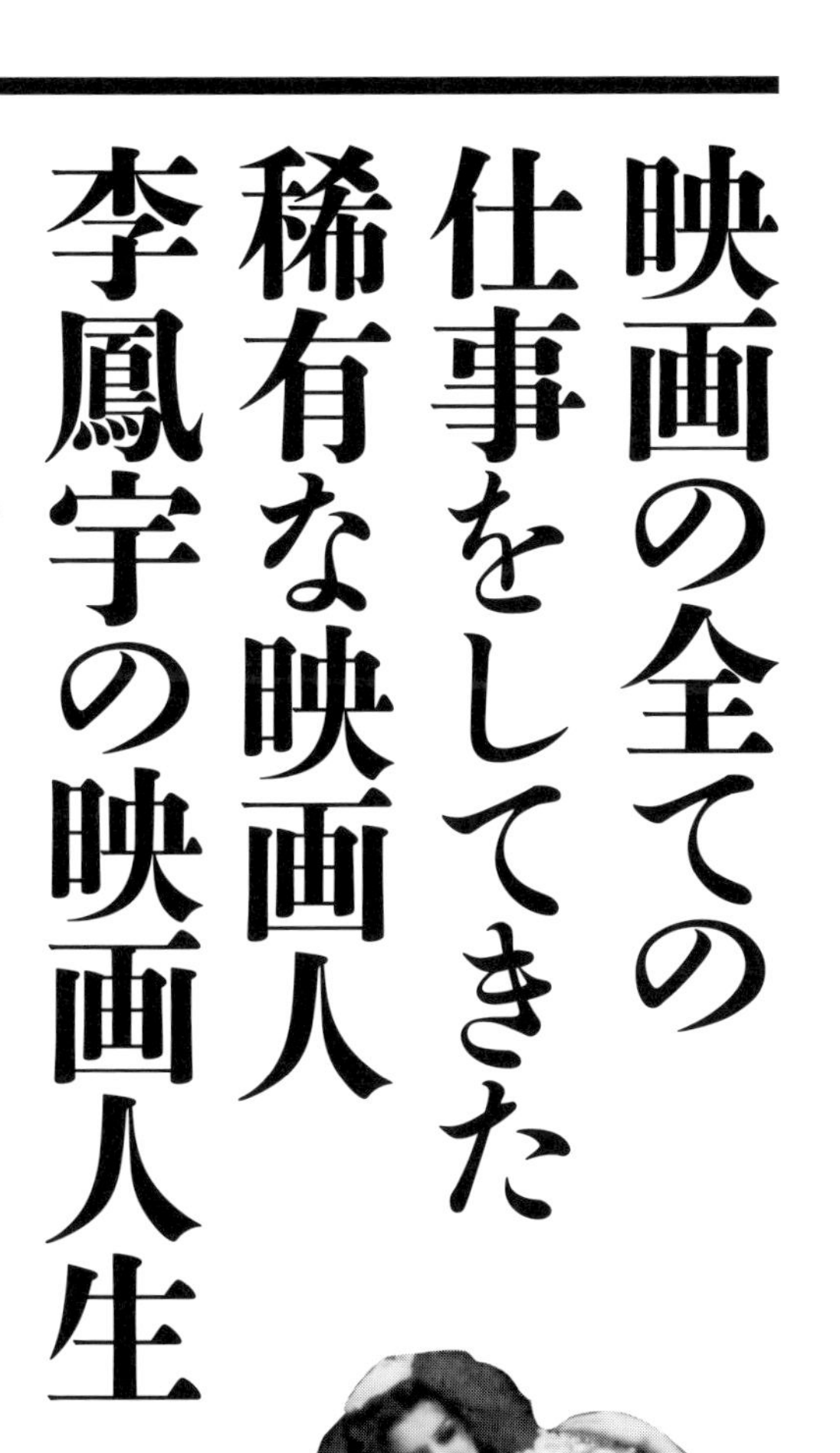

映画の全ての仕事をしてきた稀有な映画人 李鳳宇の映画人生

Interview

李鳳宇
Bong-woo Lee

聞き手 **植草信和**〔元キネマ旬報編集長〕
撮影＝**亀海史明**

それはパリでの映画三昧の日々から始まった

――映画の仕事は多種多様だが、その根底にあるのは「製作」「配給」「興行」だ。

「製作」とは字義どおり「映画を作る」ことだが、その下には「演出」「脚本」「撮影」「音楽」「録音」「美術」「照明」などのメイン部署があり、さらにそれ以外にも「記録」「衣装」「結髪」「車輌」などがあって、それらスタッフは総勢40人から60人（大作では数百人になる）に及び、それを統括し企画から完成まで責任を負うのが、製作者、あるいはプロデューサーといわれる人の仕事だ。

次の「配給」とは、「完成した映画」を世に出す仕事だ。その映画を映画館で上映する権利、ビデオやＤＶＤにする権利、テレビや衛星放送で放送する権利などを買い取り、その権利を行使して収入を得る。

最後の「興行」とは「映画館に映画をかける」こと。映画興行会社は劇場運営を行っており、劇場の入場料である興行収入が収益として計上され、その興行収入から契約歩率で定められた金額を映画料として配給会社に支払う。

つまり映画は、以上の「製作」「配給」「興行」を経由して初めて流通し、「作品」「商品」として世に送り出される。

ここに登場していただいた李鳳宇さんは、日本ではほとんど不可能な「製作」「配給」「興行」の三つの仕事を同時に個人でやり遂げた稀有な映画人だ。

李さんは１９６０年、京都市に在日朝鮮人として生まれた（１９９０年に韓国籍を取得）。

フランスのソルボンヌ大学を卒業して帰国後、依嘱プロデューサーとして働き始めた徳間ジャパンが映画と関わる土壌となった。徳間書店の創業者であり、『未完の対局』『敦煌』などの大作映画、スタジオジブリの生みの親である映画プロデューサーとしても知られる徳間康快さんを総帥とする徳間グループの音楽部門である徳間ジャパンで、彼を仰ぎ見るようなスタンスで、映画や音楽のビジネスを学んだ。

29歳になり、映画の仕事を決意して三年間所属した徳間ジャパンから独立。その記念すべき最初の仕事はポーランドのクシシュトフ・キェシロフスキ監督の『アマチュア』の配給だった。

李　「クシシュトフ・キェシロフスキ監督は今でこそ世界的な名匠として知られていますが、僕が『アマチュア』を配給したときは日本人で彼の名前を知っている人はほとんどいませんでした。先

日、ビターズ・エンドがやった『キェシロフスキ・コネクション』と銘打たれた回顧上映で9作品が上映されて、その中に『アマチュア』もあったので見に行ったのですが、懐かしかったですね。僕が自分で入れた字幕の間違った部分も訂正されていてよかった（笑）。

僕が初めてキェシロフスキの映画を知ったのは留学していたパリで1984年ごろでしたが、ヨーロッパではかなり注目されていました。そのことが記憶に残っていて、映画の仕事をするんだったらまず配給から、それもキェシロフスキの『アマチュア』でいこうと決めて、ポーランドに行きました。そこでアンジェイ・ワイダやイェジー・カヴァレロヴィチ、イェジー・スコリモフスキなど20本くらい見たんですがやっぱり『アマチュア』でいこう、と」

映画人生の船出のころ

――李さんは1989年に株式会社「シネカノン」を設立、第一回配給作品として翌1990年に『アマチュア』を配給する。

1990年といえば、わが国では天皇即位の礼が執り行われ、ベルリンでは東西の壁が崩壊、ポーランドでは大統領選で「連帯」のワレサ委員長が当選するなど、新しい時代の始まりを告げる出来事があった年だ。

映画界の出来事としては、黒澤明監督がアカデミー賞特別名誉賞を受賞、彼の最新作『夢』がカンヌ映画祭のオープニング作品に選ばれ、小栗康平監督の『死の棘』が同映画祭でグランプリを受賞している。またキネマ旬報ベストテンの「外国映画部門」では台湾映画『悲情城市』がベストワンに選出され、アジア映画の時代が始まろうとしていた。

李「ポーランド映画はまだ国営の時代でしたから値段があってないような感じで3万ドルといってきたのですが、交渉して2万5千ドルにしてもらいました。1ドル84円の時代でしたから日本円で200万円ちょっとという感じだったでしょうか。

劇場はたまたま知り合いがいた「銀座テアトル西友」に頼んでレイトショーで公開してもらいました。キャパが159で一週間で1000人くらい入るんじゃないかと思っていましたが、四週間のトータルでそれくらいしか入りませんでしたね（笑）。

もう大失敗だったんですが、パンフレットも自分で作り、宣伝も自分ひとりでやり、「配給」「興行」「宣伝」を全部自分でやりました。

「宣伝」で思い出しましたが、どうやっていいのか分からないので、誰かから「マスコミ手帳」を借りて蓮實重彦さんの連絡先が載っていたので電話して観に来てもらいました。蓮實さんは当時、「マリクレール」に映画評の連載をもっていたので書いてもらいました。あまりよくは書いてくださいませんでしたけれど（笑）。

いま考えると、何も知らなかったとはいえずいぶん無礼なことをしたんだな、と思います。そのぶん勉強にはなったのですが」

初めての成功からステップ

――こうして配給業者としての第一歩は失敗したが、懲りずに前進するのが李さんの映画人生だ。

李「成功するまでは頑張るぞという思いが強かったですね。そして次にこれもパリでよく見ていて好きだったジャック・ベッケル監督の『穴』を配給してみようと思いました。当時はオールライツで、しかもまとめて買うと安くなるということだったので、『赤い手のグッピー』『幸福の設計』『エドワールとキャロリーヌ』などベッケルの他の作品を同時に買い付けました」

――ジャック・ベッケルは『肉体の冠』『モンパルナスの灯』『穴』などで知られ、またフランソワ・トリュフォーをはじめとするヌーヴェル・ヴァーグの監督たちに敬愛された監督としても知られているフランス映画の巨匠だが、日本では知る人ぞ知るだが、一般的な知名度はほとんどない映画監督といっていいだろう。

李「確かに、いろいろな人にジャック・ベッケルのことを聞いたけど誰も知らなかったです。そこでシネ・ヴィヴァン・六本木の支配人だった伊藤君に相談したところ、これは凄い映画だからぜひやりましょうと言ってくれた。シネ・ヴィヴァン・六本木はまだ文化の香りが残っていた六本木のカルチャーの発信地と言われた伝説のミニシアターだったのですが、そのムードと映画がうまくマッチしてヒットしました。堤清二さんがシネ・セゾンという配給会社を作って、シネ・ヴィヴァン・六本木もその一環でできたのですが、文化というよりもカルチャーといった方が相応しい若者文化が生まれつつあった時代でした」

――こうして着々とノウハウと資金を蓄えた李さんは、初めての映画製作に乗り出す。タイトルは『月はどっちに出ている』。

『月はどっちに出ている』1993

原作は梁石日の自伝的小説「タクシー狂操曲」で、崔洋一と鄭義信が脚色、監督は崔洋一、主演は岸谷五朗、ルビー・モレノ。

完成した映画は大絶賛され、キネマ旬報、毎日映画コンクール、ブルーリボン賞など内外の映画賞を総なめし、李さんの名は業界内外に知られるようになった。

新進気鋭のプロデューサーとして驀進

李「もう少し配給で力をつけてからの方がいいのではないかという人もいたのですが、映画を作りたいという気持ちが強かったのですね。その頃、新宿梁山泊の鄭義信さんと出会ったのですが、それまであまり付き合いがなかった演劇の世界の人の問題意識の強さ、過激な表現力に影響をうけましたね。崔さんとは徳間ジャパン時代から知り合いでしたが、そこに鄭義信さんが加わったので『月はどっちに出ている』のような過激な映画が生まれたのだと思います。

原作者の梁石日さんも当時はあまり売れていなくて貧乏で、お金くれるならいいよ、という感じで映画化権を売ってくれました。最近は体調を崩しているのが心配なんですが。脚本を書いてくれた鄭義信さんはその後『焼肉ドラゴン』で朝日舞台芸術賞、読売演劇大賞を受賞して、今や大作家です」

――先述したように『月はどっちに出ている』は評論家やメディアでは絶賛されたが、公開はどんな状況だったのだろうか。

李「当時、既に大阪の『第七芸術劇場』という映画館を取得していたので大阪はそこで決まりでしたが、東京が決らずに困っていたところ、当時、松竹の常務だった奥山和由さんがキャパ２６１の新宿のピカデリー2を空けてくれました。初日は１９９３年の11月6日、いみじくも山田洋次監督の『学校』が同日、ピカデリー1で公開、あちらはキャパ５００くらいでしたから軍艦と小舟くらい規模が違いましたが（笑）。

それで初回、今でも覚えていますが81人しか入りませんでした。

あー惨敗かと蒼くなりましたね。崔さんも舞台挨拶があるので後から来て、ダメだったかしょうがないなということで喫茶店かどこかに入って慰めてくれました。崔さんは監督なので興行は関係ないですからね。

それで劇場に戻ったらお客さんが並んでいるんですよ。『学校』のお客だな、羨ましいなと思って行列を辿っていくと何と『月はどっちに出ている』のお客さんなんですね。二回目以降は全ての回が満席立ち見で、26週間、1億4千500万円上がりました。なぜ初日の一回目だけが不入りであとは満席なのか、今でも不思議です。

この成功はホントに嬉しかったですね。嬉しくてスタッフと朝まで飲みました。あんなに飲んだのは生まれて初めてです（笑）」。

次なる世界への飛躍、韓国映画との出会い

——こうして李さんは、「配給」に加え「製作」をも制覇したのだが、「興行」、つまり流通を抑えない限り、映画ビジネスの成功はないと痛感したという。

李「『月はどっちに出ている』は結果的に全国で4億円の興行収入があったのですが、地方配給を松竹に任せたためにシネカノンには1億3千万円くらいしか入ってこないんですよ。諸経費や配給手数料を引かれるとそうなってしまうのですが、その時から流通も自分でやらなければ映画ビジネスとしては発展しないなと思いました」

——その思いは渋谷、有楽町、神戸に12スクリーンを持つまでに発展させたが、その成り行きには陥穽も潜んでいた。

さて、そんな李さんのもうひとつの大きな功績として、韓国映画を我が国に浸透させたことが挙げられる。

1990年代、韓国映画が日本で公開されることはほとんどなかった、といっていい。一部の愛好家が自主上映というかたちで普及活動はしていたが一般的に知られてはいなかった。そんな中で1990年に林權澤（イム・グォンテク）監督の『シバジ』が公開されて話題になったが、一過性に過ぎなかった。

李さんが林權澤の傑作にして韓国映画の金字塔ともいうべき『風の丘を越えて／西便制』に出会ったのは1993年のカンヌ映画祭でだった。

『風の丘を越えて』買い付けまでの出来事

李「素晴らしい映画だという噂を聞いていてカンヌ映画祭で上映されるというので楽しみにしていたのですよ。しかし直前になってコンペ部門での上映でなければ出席しないと林權澤監督は言いだして上映が取りやめになったんです。カンヌのマーケットで韓国映画は〝映画振興委員会〟という組織が窓口になっていたので、そのブースに行って『風の丘を越えて』を是非見たいんだけれどもといったら、職員らしき人がVHSを貸してくれました。その夜、ホテルの部屋で見たんですけどその素晴らしさに圧倒されて感動しました。

是非配給したいということで帰国してすぐ、渡韓手続きのために韓国領事館に行きました。た

『風の丘を越えて／西便制』1994　パンフレット

だ僕は当時、朝鮮籍でしたから厳密には無国籍だったんです、朝鮮とは国交がないわけですから。だから僕が海外に出るのにもパスポートがなくて〝再入国許可証〟という、日本に居住していることを証明する書類をもって出国するんですね。今でも難民の人はみんなそうなんですが。

それで領事に、『風の丘を越えて』がどんなに素晴らしいかを縷々説明したのですが〝そんなこと言ってもあなたは敵国の人間だから無理だ〟と言われた。〝えっ、同族ではないんですか〟〝いや敵国だ〟。

そんなやり取りがあってダメかなと思ったんですがどうしても諦めきれず、翌日もう一度領事に会いに行ったんです、お酒をもって（笑）。それで飲みに誘って同じように『風の丘を越えて』の素晴らしさ、これが日本で公開されることの意義を延々と説いたら、〝あなたのしつこさには負けた。一回限りの臨時パスポートを出してあげよう。但し滞在時間は48時間だ。僕のできることはそこまでだよ〟と言われました。

翌週、ソウルに飛びました。但し48時間しか滞在できないので、午前中の一便で行って翌日の最終便で帰るという日程でしたが、版権元のテフン・フィルムズという会社の社長のイ・テオンさんに会いに行きました。

彼は韓国映画のボス的な立場のエラい人だったんですが、僕が行くのを待っていてくれました。というのも、安全企画部から連絡があって〝日本から李という男が行くけど北朝鮮の人間だから適当にあしらって帰せ〟と言われたと言うのです。韓国安全企画部といえばＫＣＩＡでからね、もうビックリでした。でも彼はそれで、僕がどんな人間なのかに興味をもって会う気になったというんですね。

それで近くの冷麺屋に連れていかれていろいろ話しているうちに、彼はベルリン映画祭で『月はどっちに出ている』を見ていて、面白かったので作った奴と会いたいと思っていたというのです。そこでまたまたビックリで、出会いの不思議さを痛感しました。

そんなことがあって、僕より先に日本ヘラルドから話があったんだけど僕に委ねてくれました。金額もこちらが払える額でいいよと言ってくれて、翌日、林權澤監督と主演女優のオ・ジョンへと引き合わせてくれたんです。本当にイ・テオンという映画人は大した男だと思いましたね」

〝韓流〟の源流を辿れば……

――先述したように、それまで日本で公開された林權澤作品は『シバジ』一本だったので殆ど無名だった。しかしこの、1960年代ころの現代社会を舞台にした韓国の伝統芸能・パンソリにたずさわる家族の情愛と芸道を描いた『風の丘を越えて』は批評家からも絶賛され（キネマ旬報ベストテン10位）、興行的にも大成功を収めて林權澤の名声は高まり、同時に韓国映画の市場価値が注目されるようになった。

それは韓流というブームの始まりとなった。

李　「『アマチュア』で銀座テアトル西友の最低

『シュリ』2000

記録を作りましたから絶対に挽回しなければと思って頑張りました（笑）。結果6千万円の興行収入を上げ、全国で1億円以上上げましたから大ヒットといっていいでしょうね。それ以降、『太白山脈』『春香伝』と林權澤作品をやらせてもらいました。

そんなことから韓国映画の関係者が事務所に遊びに来るようになって、彼らとの雑談のなかから〝こんな映画が作られるんですよ〟ということで『シュリ』の存在を知るわけです。最初、シナリオを読んだのですが、南と北の男女の恋愛をからめたアクション映画なんてとても作れないだろう思いました。ところが翌年、出来ましたという知らせをうけて韓国に見に行ったんです。

素晴らしい映画に仕上がっていたので、すぐ配給の交渉に入りましたが売り値は100万ドルでした。いままでは20万ドルとか30万ドルのレベルのものしか扱ってきませんでしたから、考えられないような高額で躊躇しました。何しろまったく実績がない韓国映画ですからね。

しかし結果は18億円の興行収入が上がりましたから、ハリウッド映画と伍す凄いヒットでしたね。

翌2001年にも『JSA』がヒットして、この辺から〝韓国映画の時代〟に入っていったのでしょうね」

配給業から再びプロデューサーに

——その後、しばらく韓国映画に携わるが2005年には再びプロデューサーに戻り、『パッチギ！』、2006年には『フラガール』を製作する。

李「韓国映画にずっと接していて、羨望のようなものを感じるようになりました。感覚的に言うと〝日本における韓国映画〟が作れないかなと思うようになったんですね。

エモーショナルで泣いたり笑ったり感動できるような日本映画ですね。井筒監督とは『のど自慢』『ゲロッパ！』を一緒に作ってきましたからわかり合えていた部分があって、思春期のそれぞれの体験を語り合い、自分の周囲にいた在日の人、あるいは身内の体験などを反映させて脚本を作りました」

『パッチギ！』2005

——京都における日本人の少年と在日コリアンの少女との間に芽生える恋を中心とした青春群像劇だが、民族間に横たわる深い溝を抉りだした社会派映画でもある。結果、『月はどっちに出ている』に続きこれもキネマ旬報ベストワン作品となり、毎日映画コンクール、ブルーリボン賞の作品賞にも輝いた。

続いての『フラガール』は、大幅な規模縮小に追い込まれた福島県いわき市の常磐炭鉱を舞台に、炭鉱で働く人々が立ち上げた常磐ハワイアンセンターの誕生から成功までの実話を元に描いたハートフルな作品。オーバーではなく日本の映画賞という映画賞のすべてを受賞する傑作となった。

ここで最も特筆しなければならないのは、前年のベストワン作品となった是枝裕和監督の『誰も知らない』も共同プロデューサーとして李さんは参加していて、『パッチギ！』『フラガール』と、三年連続で李さんがプロデュースした作品がベストワンに輝いたということだ。

かつてこれほどの偉業を成し遂げた映画プロデューサーはいない。

李「それぞれ関わり方は違うのですが、三年連続というのは嬉しかったですね。

『フラガール』はいつか炭鉱を舞台にした映画を作ってみたいと思っていました。１９９７年に『ブラス！』というイギリス映画を配給したのですが、これは閉鎖騒動の持ち上がるイギリスの小さな炭坑の町を舞台にした映画です。音楽によって生きる喜びを見出していく庶民のバイタリティーを謳いあげた映画ですが、僕はこの映画が大好きで監督のマイク・ハーマンを招聘したときにいろいろ話を聞いて、これを日本の土壌に移しかえたらどんな映画が作れるのかずいぶん考えました。だから僕にとっては『ブラス！』と『フラガール』は表裏一体という感じです」

成功と失敗、山あり谷ありのその先に

――こうして数々の名作を生み出してきた李さんだが、投資ファンド事業などの失敗から２０１０年、東京地裁へ民事再生法の適用申請した。

『フラガール』2006

李「50歳を翌年に控えた49歳のときでした。この投資ファンドが成功すれば映画に関する仕事はすべてやったので引退してもいいと思っていたのですが、金融の世界というのはそう甘くなかったですね。その失敗でそれまで築いてきたものを手放さなければならなくなったのですが、今はこれまでのいろいろな体験を生かして何が出来るのだろうかと模索しています」

――李さんが『アマチュア』で映画配給の仕事を始めてから40年、その間、いくつもの配給会社、製作会社が作られては消えていったが、敗北から立ち上がったケースは少ない。

そんな中、幾多の困難を経て２０１２年、映画製作会社ＳＵＭＯＭＯを設立。李さんの映画人生が再び始まる。

李「キューバ映画、韓国映画、ケン・ローチ作品など僕が初めて日本に紹介した映画は多いんですが、あれからたくさんの配給会社が出てきたので今さら僕があえて紹介しなくてもいいんじゃないかと思っています。

それよりも、優れた映画を観客に届けるにはどうしたらいいのか、という方に力をそそいでいます。今は単館系とシネコンという二極分化していますが、もっと多様な見せ方が必要ではないのか。

そこで考え着いたのが移動式映画館で、13トンの大型トラックに設備を積んで全国各地に出向く「移動映画館ＭｏＭＯ」というシステムです。

移動映画館というと、地域の集会所などでゴザを敷いて鑑賞する上映会のようなものを思い浮かべる方が多いと思いますが、『ＭｏＭＯ』はエアドームを膨らませて設営した劇場で、最新式

移動映画館 MoMO

デジタル映写機を装備。120席の座席には肘掛けやカップホルダーもついていて、スクリーンが観やすいようシートは階段式になっています。

大都市ではシネコンが飽和していますが、地方では独立系の映画館がほとんど姿を消しています。〝ミニシアター系のビジネスは都会でしか成立しない〟という考えが業界の常識になっているのですが、本当にそうだろうかという思いがあるのでやっています」

――製作面では現在、ドキュメンタリー映画『健さん』の公開が終わり、沖縄をテーマにした新作に取り組んでいる。

李「かつてオキナワン・ムービーといわれている映画がたくさん作られましたが、今後の沖縄がどうなっているのか考える映画を井筒監督と模索中です。沖縄が日本にとって何だったのか、そういうことを考えてもらえるような映画にしたいと思っています」

――冒頭に記したように、映画にはさまざまな仕事がある。李さんはその殆どの仕事にチャレンジしてきたが、年齢的にも最後の仕上げの時期に入ろうとしている。

李「僕が先陣をきって製作したり配給したりするというよりも、そういうことをやりたい人が集まって力を発揮できるような土壌をつくりたいと思っています。そのマーケットをどうしたら作れるのか……模索する日々です」

――まさに李さんの映画人生は、波乱万丈、山あり谷ありだが、『監督』以外の全てに関わってきた、稀有な映画人生だ。

駆け足のインタビューだったが、その体験の凄さは充分伝わったのではないかと思う。その凄さゆえに、これからのその先には光まばゆい映画の世界が拓けていると思いたい。

（2016年7月26日 市ヶ谷レスペにて）

李鳳宇（り・ぼんう）／映画プロデューサー

1960年、京都府生まれ。映画製作配給会社である株式会社レスペ代表取締役。朝鮮大学校外国語学部フランス語学科卒業後、パリに留学。帰国後、徳間ジャパンにて3年間の勤務を経て、1989年に映画配給会社シネカノンを設立。ヨーロッパ、アジアを中心に世界中の作品180本以上の配給を手がけた。1992年には『月はどっちに出ている』を初プロデュースし、キネマ旬報監督賞など国内外で多数の賞を受賞。おもなプロデュース作に『パッチギ!』『ゲロッパ!』『フラガール』など。2011年2月、シネカノンの民事再生手続き申し立てにより代表を辞任。2012年、映画製作会社SUMOMO（現・株式会社レスペ）を設立。映画の製作や配給のみならず、移動式映画館「MoMO」など、映画の楽しさを広めるための活動にも力を注いでいる。映画界への貢献が評価され、第29回日本アカデミー賞協会特別賞、第16回淀川長治賞などを受賞。

取材・文＝坂崎麻結
撮影＝助川祐樹

ミニシアター 華麗なる映画の仲間たち

【対談】

岩波律子×中村由紀子

［岩波ホール支配人］ ［Bunkamuraル・シネマ プログラミング・プロデューサー］

“ミニシアターという名の巨大な財産”ということを考えると、実際、ミニシアターとは何だったのだろうという問いに突き当たる。遡れば日劇文化や新宿文化から始まるが、キラ星のごとく誕生した幾多の劇場の経緯や形態は様々だ。今は消えた劇場も多い。その中で、岩波ホールとBunkamuraル・シネマは安定して継続している。もちろん問題は色々抱えている。それでも健在なのは親会社の性格と歴史をしっかり認識しているからだろう。東と西の両横綱の様相で。劇場のカラーは質的に違う。しかし、映像、美術、演劇、音楽など、文化的事業の共通の貌もある。それぞれの劇場を取り仕切る二人、岩波律子さんと中村由紀子さんの顔合わせが実現した。二人の胸中には何があるのだろう。

岩波ホールの50年、ル・シネマの30年

岩波 （岩波ホールは）創立当初、カルチャーセンターみたいなことをしていました。総支配人の高野悦子が映画出身だから、次第に映画中心になりました。初期の頃はお芝居や室内楽、講演会などもやっていました。

中村 落語もされていましたよね。

岩波 先代の林家正蔵さんの芝居噺ですね。後ろに衝立のような綺麗な絵を描いたものを立てて、立ち回りみたいなものもあって、決めがあるような。それから津軽三味線も、初代の高橋竹山さんがいわゆる舞台にのぼったのは、岩波ホールが初めてだと聞きました。

中村 そうだったんですね。

岩波 そのときに、20歳前後の若い瑞々しい女の子がずっと彼に付き添っていたんです。その人が、今やすごく貫禄のある二代目の竹山さん。まさかあの娘さんがと、もうびっくりして、感無量でした。高野の恩師の南博先生、当時最先端の社会心理学をアメリカから輸入してきた方なのですが、日本の古典文化にすごくお詳しくて、「伝統芸術」の会というものを主催されていたので、そこの協力でずいぶん色んなことができたんです。最後の「越後瞽女」も見たし、もう色んなものを見せてもらいました。映画は古いものをリバイバルで見ることはできるけど、ああいうものは生でしか見られないじゃないですか。それは本当に私の人生にとって、すごく価値あるものになったと思います。

中村 音楽も色々とやっていましたよね。

岩波 室内楽のほかに、高野がフランスの映画大学に留学していたときの仲間にクラシック音楽の方がいるので、フォーレの全歌曲だったり、ドビュッシーの歌曲だとかはほぼ全部やっていたり。とても気長なことをやっていま

［左］岩波律子さん ［右］中村由紀子さん

［上］岩波ホール スクリーン ［下］ル・シネマ スクリーン

した。そのとき私は学生だったので、客席から見ていました。

中村 再来年、岩波ホールは創立50周年ですよね。

岩波 創立が1968年で、数年前に高野が亡くなったのが45周年だったんです。よくぞ創立の日に亡くなったものですよ（笑）。もう、根性ね。口もあまりきけなかったけれど、もうすぐ45周年ですよという話をして。お医者さんたちが、さすが高野さんですね、と驚いていました。明日ですよ、明後日ですよ、と話して、その日に事切れたんです。

ミニシアターと呼ばれた最初の映画館

中村 すごいですねぇ……。Bunkamuraル・シネマは89年に設立されたので、もうすぐ30周年です。うちはやっぱりカルチャー・コンプレックスですから、どうしてもオペラやバレエ公演、演劇や美術などが大きな役割を担っていて、映画はそれに付随する形になります。30周年になると、周囲を鑑みつつ、では映画はどういうことをやればいいのかなというのを考えていく感じなんです。お芝居はキャパシティも大きいですから。

岩波 中村さんが最初に担当されたのはル・シネマの支配人だったのですか？

中村 支配人は別にいたんです。1と2があったので、一応どちらかの支配人という形にはなっていたのですが、私は番組編成をずっとやっていました。東急グループとしては81年設立の「シネマスクエアとうきゅう」が先にありましたね。

岩波 岩波ホールがまだミニシアターというものに入らなかった頃で、ちょっと別口だったんですよね。おそらくシネマスクエアとうきゅうがミニシアターと言われた最初の映画館だと思います。ずいぶん時が経ってから高野が「あら、私〝ミニシアターの母〟になっちゃったわ」と言っていましたけれどね。80年代になってから次々とミニシアターができましたね。

中村 もう、高野さんはゴッドマザーです（笑）。その頃は、まだ俳優座シネマテンとか、いわゆるミニシアターという形の前のものがあったんじゃないかと思います。

岩波 シネマテンは、名前の通り夜だけの営業、夜10時から始まる映画館でしたよね。でも、やっぱりミニシアターという冠になったのはシネマスクエアとうきゅう。そこからがミニシアターだと思います。

中村 何をもってミニなのかという話もありました。

岩波 昔は1000くらいの客席がある映画館が当たり前にあって、あまりにも大きさに落差があったから〝ミニ〟になったんですよね。

中村 キャパシティですよね。でも今や不思議なもので、シネコンはスクリーン数は多いけれどキャパシティは小さいです。1スクリーンあたり120席とか180席、大きいところでも300席くらい。

岩波 大劇場はなくなってしまいましたね。

中村 それはそれで、少し寂しい気もします。映画の存在というのは時代によって変わりますが、作品選びのテーマというのもミニシアターにとっては大事ですよね。

中国映画、監督が注目を浴びた時期

岩波 （高野悦子がプロデューサーを務めた）東京国際女性映画祭が始まったときは、やはりすごく意識して、年間を通して岩波ホールの作品がほぼ女性監督だった時期があるんです。すると、岩波ホールで初期に上映していたような巨匠作品が好きな男性のお客様が、怒って事務所まで来られたんですよ。「最近は昔の優れた監督の作品をやってないじゃないか！」と。でも私は「時代は変わったんです！ 今は女性とアジアが良いんです！」と一生懸命説明しました。女性監督に関心を持ちはじめた高野ですけど、はじめはイングマール・ベルイマンとか、アンジェイ・ワイダとか、サタジット・レイだとか、私は内心「巨匠シリーズ」って呼んでいるのですが、そういう作品を上映していましたから。ル・シネマは、2000年くらいから中国映画をすごく上映されているなと思っていました。

中村 そうでしたね。『覇王別姫』がスタート作品です。あの頃、徳間康快さんのプロデュースで中国映画祭を開催したこともありました。それまでは文芸座で開催していて。

岩波 三百人劇場でもやっていましたね。何度か足を運びました。

中村 ル・シネマで開催したときは、いつもと全然お客様が違うので驚きました。

岩波　うちも一時期、中国映画をよく上映していました。本数は多くなかったのですが印象が強かった。『芙蓉鎮』を4ヶ月、『宋家の三姉妹』を半年やったり、『山の郵便配達』も4ヶ月くらいやったので、ここのテナントの人がお客様をお迎えするときに「ここは中国映画専門劇場なんだよ」と説明していたんです（笑）。それを見てちょっと反省したんです、多様性に欠けたかなと思って。でもそのとき、ル・シネマで『初恋のきた道』を上映なさっていて、ル・シネマさんもなさっているのだから、と思ったんですよ。

中村　同じ時期でしたね。

岩波　中国映画が力を持ち始めた時期ですよね。だからおしゃれなル・シネマでもやっているのだからいいじゃない、と（笑）。

中村　世界的に、各国の映画祭で中国の監督が注目を浴びた時期。

岩波　それが何年か続いて、その後少しイラン映画に興味が移って、今度は韓国……という感じ。

中村　そういった世界的な流れというのはあります。だから岩波ホールさんとも共通しているところはあったんだと思います。

岩波　好みやタイプが違っても、同じ時代の流れの中にあるんですよね。

映画は第7の芸術といわれ、7つの色を持っている

中村　私にしたら恐れ多いのですが、高野さんとは映画関係のレセプションなどでご挨拶することがありまして、ひとつ共通の嗜好があったんです。もちろん私の方が全然後ですけども。高野さんはジェラール・フィリップの大ファンでいらっしゃったんです。私の場合は本当にミーハーなんですけれど（笑）、小さい頃からアラン・ドロンが好きで、やがてジェラール・フィリップという存在を知って、この品のある美しい人は誰なんだろう、と。いつかこの人の映画を集めたいと思ったんです。そういう夢を持っていて、その企画が実現できそうだなと思ったときに、高野さんのところにうかがってお話を聞いたんです。「ぜひおやんなさい」とエールをいただいたのですが、そのときに高野さんがおっしゃっていたのは「映画というのは、文学、音楽などに続く7番目の芸術ということで第7の芸術と言われるけれども、別の意味で7つの色を持っているんですよ。だからあなたも、映画をやるときはひとつの色だけを見ないで、色んな色のものを意識してごらんなさいね」と、言っていただいたんです。

岩波　私もあまり聞いたことがない話です。7つの色って、面白い表現ですね。

中村　だから高野さんご自身も、岩波ホールという使命感のようなものはあったと思うのですが、映画としては7つのアンテナを持ってらっしゃったのだろうなと感じました。

岩波　そうですね、高野は自称ミーハーでしたから（笑）、岩波ホールになければ、全然違う映画をやっていたでしょう。娯楽映画も大好きでしたし、フィリップ様のほかに、市川雷蔵も好きで雷様と呼んでいて。様がついていたのはその二人と、ヨン様（ペ・ヨンジュン）だったと思います（笑）。高野に好かれると、どちらも40歳手前で亡くなっているので、ヨン様は大丈夫かしら。特にフィリップ様は、高野がフィルムセンターの名誉館長をさせていただいていたときに、部屋に写真が飾ってあったのよ。そういう人だったんです。岩波という枠の中に入ったのでイメージが違いますけれど、内心はすごくミーハーな人。だって一番好きな歌手は美空ひばりでしたから。

中村　意外ですね（笑）。

岩波　高野は感性の人なのですが、話すことはえらく理詰めでした。学生時代の勉強や、フランスに行って討論で磨かれたんじゃないですか。海外で

は論理的に話さないといけないし。おしゃべりだったからフランスが合っていたんですよね。もしドイツに行っていたら、あっという間に帰ってきていますよ（笑）。感受性と理論の両方の人でした。

女性の活躍が増えた映画業界

岩波　私は子供の頃は西部劇や時代劇が好きでした。嫌だったのは、どうして女性って大事な場面になると失神して仕事の邪魔をするの？　と。女性のせいで話が滞ってしまうことには、いつも腹が立っていましたね。そういうところは高野と似ていたかもしれません。そういうことはありませんでしたか？　映画の中の女性像というか。

中村　確かに、それはあります。だから強い女性が出ている映画が好きだったかもしれない。『サンセット大通り』とか。

岩波　一般に人はそういう（かよわい女性の）イメージを持っているのかもしれません。歌謡曲で泣いてすがって、というのも、性に合わなくて。

中村　男性の中の理想像だったんでしょうね。

岩波　ですから歌謡曲がちょっと苦手でした。もともと父が厳しくて、漫画もダメだったから、隠れて読まなくてはならなかった。うちはすごく禁止事項が多かったので、皆が見ていたテレビ番組は一切見ていないんです。父がいると歌謡曲もドリフターズもすぐ消されてしまって、日本のそういう芸能文化が私には欠落しちゃっているんです。

中村　でも、ダメと言われると見たくなっちゃいますよね。

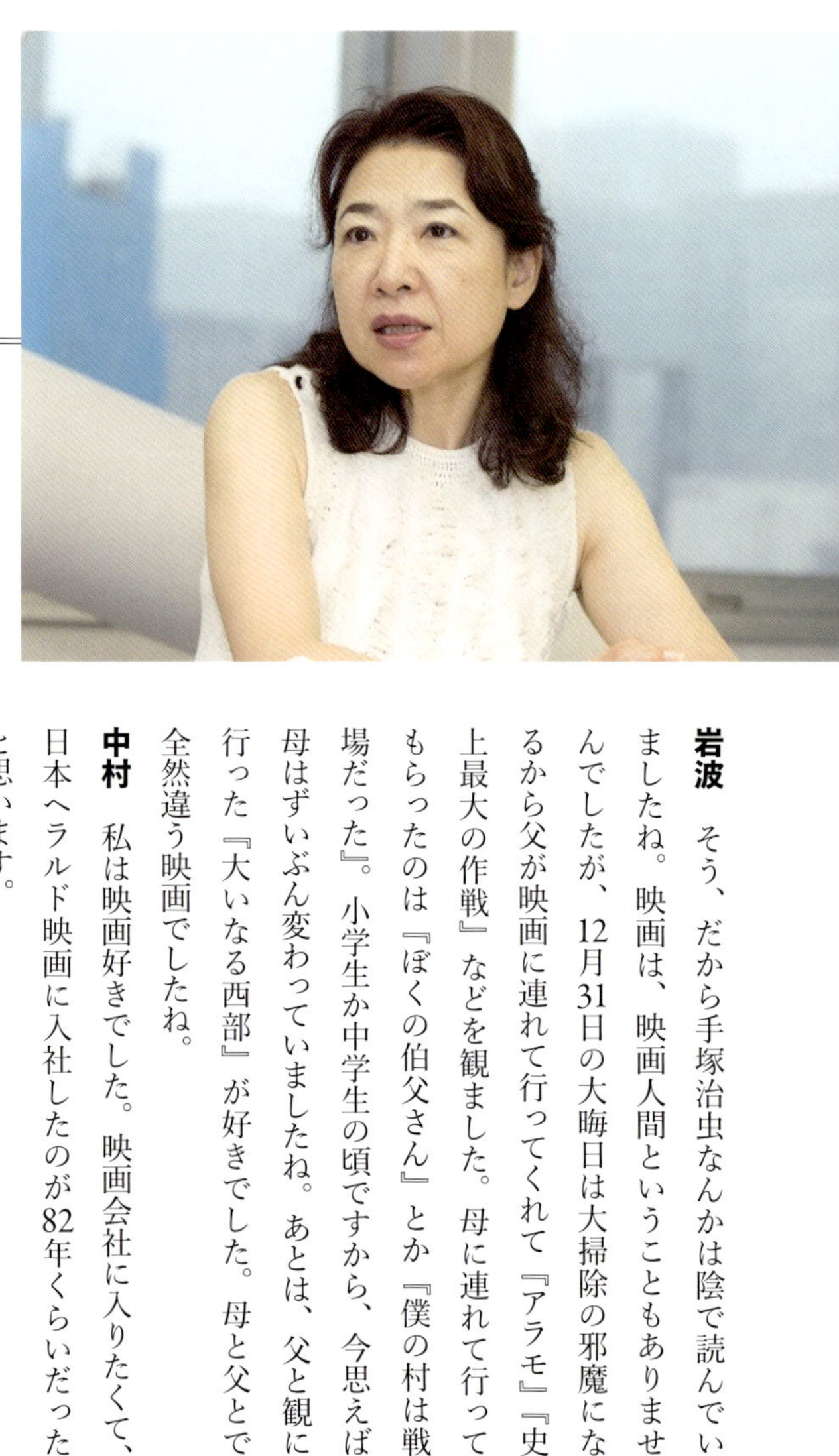

岩波　そう、だから手塚治虫なんかは陰で読んでいましたね。映画は、映画人間ということもありませんでしたが、12月31日の大晦日は大掃除の邪魔になるから父が映画に連れて行ってくれて『アラモ』『史上最大の作戦』などを観ました。母に連れて行ってもらったのは『ぼくの伯父さん』とか『僕の村は戦場だった』。小学生か中学生の頃ですから、今思えば、母はずいぶん変わっていましたね。あとは、父と観に行った『大いなる西部』が好きでした。母と父とで全然違う映画でしたね。

中村　私は映画好きでした。映画会社に入りたくて、日本ヘラルド映画に入社したのが82年くらいだったと思います。

岩波　私が岩波ホールに入ったのは79年くらいで、ヘラルドとお付き合いがあったのは80年公開の『大理石の男』の頃。

中村　ちょうどすれ違いだったかもしれないですね。

岩波　90年代くらいから、女性の方が映画会社ですごく活躍するようになりましたね。それまでは、やっぱり男性社会で。

中村　そうですね、その時期はすごく女性スタッフが増えました。

岩波　今は配給会社でも、女性社長のところはほぼ女性スタッフだったりしますね。大きい会社はそうでもないですけど。

中村　あと、女性が宣伝部にいる会社は昔から多かったですけど、当時は営業にも女性が多かったんです。女性が増えたので、その時期は年頭の名刺交換会がすごく華やかになりましたよね。最近はまた服装が真っ黒になっちゃいましたけど。

岩波　私の疑問はね、華やかなはずなのに女性がみんな黒ずんできちゃったこと。男の方が黒いスーツでも、せめて女性は華やかにすればいいのにと思うんですけど、どうしてでしょうか。すごく違和感があります。
中村　世の中全体が保守的になっている感じはしますね。

ミニシアター全盛期、劇場には個性があった

岩波　まず、リクルートルックが真っ黒スーツじゃないですか。私だったら、面接で真っ黒いスーツを見たら、ああ普通の子ね、と思ってしまいます。
中村　80年代後半から90年代の後半にかけては、我々ミニシアターと呼ばれる劇場が全盛期だったんですけど、劇場に個性がありましたよね。それでいて、きちんと棲み分けもあり、色んなカラーを持っていた。そこで働く人たちも個性豊かな人が多かった。だから名刺交換会の会場も多彩だったのでしょう。
岩波　色があるものを着るようにしているけど、最近は黒が多いから目立ってしまうんですよね。保守的なのでしょうかね。映画についても、話題作りのためのキャッチフレーズはあっても、本当に話題になるようなものが少ないです。
中村　最近は映画を観る動機が「巷で話題だから」ということが多いんですよね。誰かが良いと言っているから、というお墨付きがないと観に行かない。自分自身のチョイスというのがないのだと思うんです。不思議なもので『ぴあ』とかの雑誌がなくなっちゃったじゃないですか。 
岩波　あれを見て「明日何を観ようかな」とめくるのが楽しかった。ときめくんですよね。
中村　今は、逆に選択肢が狭いんです。知っている映画じゃないと、検索はなかなかできないですから。
岩波　雑誌には音楽や美術も載っていていろいろな出会いがあった。雑誌を読んで「こういう映画があるんだ」という発見が、今は少ない。ネットで探すことは情報を調べているというだけで、ときめきがない。
中村　ほかのものに目移りできないんですね。
岩波　本もそうで、Amazonだと決まったものしか選ばない。でも本屋さんに行くと、買いに行ったはずのものとは違うものに惹かれてしまうということがある。ネットだとそれがなくて、枠の中にしか入らない。

ミニシアターが作り出す様々な貌と現象

中村　映画においても工夫が必要ですね。
岩波　何年か前に論文のテーマにミニシアターを選んだ優秀な韓国の留学生がいて、礼儀正しい言葉を使うきちんとした女性だったんです。取材をしたいというのでお会いしたのですが、その子が「ミニシアターに通っているというと変に思われるから、あんまり言わないんです」と言ったんです。かなりショックを受けてしまって。
中村　私も言われたことがあります。「ミニシアターっていうのはオタクが行くところだ」と。
岩波　その言葉を数年前に聞いて、すごく驚いたん

です。うちよりは、まだル・シネマのほうが間口が広いというか、近づきやすいとは思うけれど。

中村　おそらく、それはミニシアターというひとくくりだと思うんです。変わっているとか、ある種のオタクと言われてしまう。今は個性という存在が認められにくいのではないでしょうか。個性と捉えてはもらえないんですよね。

岩波　でも、ファッション雑誌などは個性をアピールして売っているのではないですか？

中村　言葉では個性と言っていても、結局、同じようなものになってしまうというか。

岩波　かなり若い女性から中年の女性まで同じような服を着ていますよね。それは個性と称する画一化ではないでしょうか。

中村　個性にお手本があるんですよね。

岩波　そうそう！　本当はないはずなのに。

中村　オリジナリティがなくなってしまった。パターンがないと不安なのでしょうか。

岩波　映画の形が変わったというより、若い方たちが映画館で観る習慣が減ってきたということだと思うんです。一時は、若い人に、岩波ホールに行きますか？　と聞くと、よく「母が行っていました」という答えが返ってきたんです。だから例えば「母と娘割引」などがあれば、娘さんも映画館に来るのかなと思ったりして。それが足を運ぶきっかけになればいい。学生さんたちには、敷居が高いと言われてしまうんですね。ＤＶＤと邦画は観るけど、洋画は観ないという傾向もあるので、その敷居の高さをなんとかしたいなと思います。一度足を運んでもらえれば、きっと魅力が伝わると思うんですけどね。

中村　習慣にしていただくという。

岩波　そう、一回来てみたら案外、敷居が低かったということがあるから。渋谷の劇場の人に聞くと、渋谷だからといって必ずしも若い人ばかりじゃないそうですが、ル・シネマはどうですか？

中村　そうですね、割と年齢層が高いお客様が中心で、なおかつ女性がほとんどなんですけれど、気がつくとそちらばかりになっていたかもしれない。

岩波　その渋谷の劇場の方は少し平均年齢を下げたいとおっしゃっていたのですが、うちも同じように考えているんです。

中村　そうでないと後に続いていきませんよね。ミニシアターではなくシネコンで映画を観るのが主流の時代だから、映画館とはシネコンだという風になってしまった。そういう人たちも観に来やすくしたいと思っています。学生さんは平日安くしたり。あと、もう少し男性の方たちにも来ていただけるような作品も選んでいきたい。

日本はいま、文化的な鎖国、井の中の蛙になっている

岩波　私たちは映画のおかげで、新聞を見ても海外のいろいろな細かい出来事に目がいきます。でも映画を観ない人はそういうこともないのでしょうね。やっぱり私は気になるんです、他の国のことが。

中村　映画をきっかけにして、他のことが知りたくなるというのはありますね。

岩波　目先のことで手一杯で、他のことに関心が向かない人も多い。仕事のおかげでもあるけど、やっぱり我々は少し変わっているのかな。

中村　自分では普通だと思っていても、周囲を見渡すとそう感じることはありますね。

岩波　自分のことだけ考えていると視野が狭くなっちゃうから、いろんな国

に関心を持ってもらいたいですね。若い方がそういうことに関心がないというのはちょっとさびしい。

中村 でも、今後、変わっていくはずですよ。他の国の情報がどんどん入ってくる時代になるから、無視はできないと思うんです。だから、それに備えてという意味もあって、世界の環境や他の国の状況なんかも知ってもらいたい。難しく考えずに。そのためには、映画ってすごく良いものだと思うんです。

岩波 日本は今、ちょっと井の中の蛙になってしまっていますよね。文化的な鎖国というか。それどころじゃないと思うんですけどね。難民は申請しても通らないし。

中村 そういうテーマの社会的な作品やドキュメンタリーが、難しいかなと思えばヒットしたりしますし、逆にこれは入るぞと思った映画がダメだったりします。映画にヒットの法則はないですね。

岩波 簡単じゃないですね。自分が感動したことの橋渡しというのは、すごく難しい。今は劇映画があまり強くなくて、ドキュメンタリーの方に重心が寄っているのかもしれません。心の奥底まで染み入る劇映画は少ないですから。「良かったわ」と思っても、数日後には忘れてしまう。

中村 震えるような感動があるものはなかなかないですね。

岩波 美味しいサンドイッチはあるけれど、何日も煮込んだスープではないというか。きちんと丁寧に煮込んだものじゃないといけない。それは小手先でできるものではなく、時代やその人の持っている心や生き方であって、ある種、時代が作るものだと思うんですよ。今の時代、大統領とか首相なんかも、なんとなくピンとこなかったり。作家だって、続々と出てくる時代はありますよね。だから、地球が全体的にトーンダウンしているんじゃないでしょうか。グローバルといっても、ネット社会になっちゃっているし、二酸化炭素は増えているし。病気ばかりは世界中に蔓延するけれど、その心の深みというのは減っている時代になったのではないですか。努力の問題だけじゃないですよね。

男性は年をとるほど味が出る。女性は年をとるほど期待されなくなる？

中村 この前、ジョディ・フォスターが、朝日新聞でアメリカ映画の退廃についてのインタビューに答えていました。

岩波 驚きましたね、アメリカでの女性の扱いというのには。

中村 でも考えてみたら、ハリウッドのスターシステムはずっと変わっていませんよね。ある程度の年齢になったら、当然ヒロインにはなれなくなるし。どういうポジションになってくるかというのが難しい。

岩波 男の人は年をとるほど味が出るのに、女の人は年をとるほど期待されなくなる？ 腹が立ちますよね。

中村 そういう意味ではヨーロッパの方が、映画の規模はそんなに大きくないし、レッドカーペッドも歩かないけれども、その人が生きてきた歴史がそのまま映画に活かされる作品が多いですね。

岩波 深みがあるというかね。チェン・カイコー監督がアメリカで仕事を始めた頃、「アメリカ人はあまりものを考えない」と言っていました。

中村 ハリウッド的な思考ということですね。アメリカ映画はコマーシャリズムが強いですから。さらに技術が発達したので、ストーリーというよりヴィジュアル面でどういう仕掛けができるかということが重要視されるんですね。

岩波 私はまだ観ていないのですが、『ジャングル・ブック』は全てCGなのにCGに見せないというのがすごいと。全て作りものだけれど、それを作りものに見せないのが僕の仕事ですというインタビューを見ました。ただ、深みの少ないものを見ていると、見ている側の心のひだが減ってしまうと思うのです。

中村　麻痺していくというか。すごく怖いことですよね。

岩波　自分の中の感性が活性化されずに、しぼんでしまうような気がします。電車でも携帯を見ている人がほとんどじゃないですか。なんだか、感受性が均一化されてしまっているような気がします。液晶画面を見ていて周りを見ていない。そこから入れた情報や知識は、自分の目と耳と肌を使っていない。もう、自分の意思で見ない時間を決めるとか、それくらいしかできない。

中村　子供の頃からそうだと、思考自体が変わってきそうですよね。映画館で映画を観るというライブの感覚はどう残っていくのでしょうか。

映像教育の見直しと、集団で映画を見せること

岩波　お客様がいなくなれば、映画館の存続も難しくなります。映像はいつまでも残りますけれど、映画館はそうじゃない。私がいつも言うのは、暗闇の中でみんなと息を潜めて観るという体験がね、やっぱり別世界じゃないですか。人によっては人生を変えちゃう。スマホで観る映画というのは、ただの映像情報であって芸術ではない。奥行きもわからないし。テレビで良いドキュメンタリーなどをやっていても、良質な情報ではあるんだけど、やっぱり流れていっちゃう。なんか、心のひだまでいかないんですよ。映画館から出たときの外の眩しさとか、別の世界にいたんだというような体験をするために映画館のような場所がある。それから、人数が少ないとなかなか感動は感じにくいんですね。人数がぎっしりのところで、みんなが感動すると空気が変わるんです。空気が熱くなるんですね、本当に感動すると。それには液晶画面じゃダメなんですよ。来年から岩波ホール独自の学生支援プログラムを行おうと思っています。大学のゼミ単位で映画を観ていただくようなもの。それくらいしか、ひとつの映画館としてはできないです。あとは映像教育を見直して、年に何度か集団で映画を見せるということをしてほしいですが、うちは、大学生に絞って気長にそういうことをやっていこうかなと。ミニシアターって何？というところから始まりますのでね。

中村　素晴らしいですね。作品ごとにそういうことがあってもいいかもしれません。この作品はこの年代に向いているんじゃないか、とか。私は先日『裸足の季節』を観たのですが、ティーンエイジャーが出てくる映画で、同じ世界に生きているとは思えないような話。ああいう作品も、高校生などに観てもらうようなシステムを導入すればいいのではないでしょうか。呼びかけていくことが必要かもしれないですね。

岩波　授業に使って反応があると、こちらも嬉しいですよね。『ハンナ・アーレント』は、学生さんにはなかなか難解じゃないかと思いましたが、すごく良いときに学生プログラムをやったので、先生方にはすごく良い教材だって喜ばれました。著書を読むと頭痛がしてしまうくらいですけど（笑）。ただ、そういう意味で映像教育は、それをきっかけに本を読むこともあるので大切ですよね。

中村　私も映画館で映画を観るということに対しては同じことを感じています。スマホだと、小さい枠の中ですから、他のものが目に入ってきてしまう。それだと集中できないんですよね。そうではなく、ボックスに入ってタイムトリップするということを体験してほしい。

岩波　そうですね。だって、今とは違う現実に行きたいじゃないですか。

中村　スクリーンでは、スクリーンでしか見えないものがあります。ＤＶＤでも見えないものがある。

ヨーロッパシネマズの世界に向けたキャンペーン〝映画館で映画を観よう〟

岩波　ヨーロッパシネマズという団体が世界に向けて発信している〝映画館で映画を観よう〟というキャンペーンがあります。今、立ち上がらないと映画館は終わりだというのを何年も前から言っている。助成金はなくなってしまったようですが、本部ではシンポジウムなどの活動をしているみたいです。以前にサポートをしていただいていたときは、助成金を学生プログラムに回して、ゼミ単位で安く映画を観ていただいて学生さんから感想をもらってというのがすごく良かった。ヨーロッパは文化政策がさすがだなと感じましたね。アジアにヨーロッパ映画を、ヨーロッパにはアジア映画を広めようという活動をしていたんですよ。

中村　ヨーロッパシネマズ、すごいですよね。私たちも何か還元していきたいと感じました。

岩波　映画館で映画を観るのはこんなにいいものなんです、ということが、とにかく一人でも伝わればいいですね。みんなで、共存共栄していかないとダメなんです。裾野が広がっていかないから。映画館で映画を観ようということを言っていかないと。

中村　全部一緒くたにはできないとは思うんですよね。というのも、中には「スマホで観てください」という作品もあるかもしれない。メガヒットを狙った映画はそういうこともあるかもしれないですけれど、我々が上映している映画は、そうではないので。

岩波　プロデューサーと作家がどう思って作ったかということですね。

中村　そうですね、やっぱりそれを伝えないと。映画を作る人がいたら、我々は育てる人ですから。育て方が大事なのかなと思います。一緒くたには語れないですよね。

岩波　もともとの、作っている意図から辿らないといけない。（映画を観るのは）映画館でもDVDでもいいと書いているライターの方もいますけど、それはちょっと悲しかったんです。必ずしもそうではないと。

中村　それは違いますよね。

岩波　使い分けですね。作っている人がそれでいいと思うなら、いいと思います。ただ、やっぱりスクリーンで観てもらいたいと思って作っていますから。

中村　今は映画、ドラマ、動画の境界がなくなってきています。それでスマホになってしまった。区別してくれればいいけれど、一緒くたになってしまう。

岩波　どうやって識別するかということです。それは、これから私たちが伝えていかなければいけないことかもしれません。

（２０１６年８月18日　岩波シネサロンにて）

岩波律子（いわなみ・りつこ）

岩波ホール支配人

岩波ホールの前社長だった故・岩波雄二郎の長女として東京で生まれる。1975 年学習院大学大学院・仏文科修士課程修了。翌年、フランスに留学、高等秘書養成センター（CPSS、現 NOVANCIA）卒業。77 年に東洋言語文化研究所（INALCO）・日本部門修士課程修了。フランス語で日本文化を学ぶ。 79 年岩波ホール入社。外国部、宣伝部、編集部を経て 90 年に支配人就任。 翻訳書に「カメラの旅人—ある映画人の思索と回想」（ポール・コックス 監督著、07 年、北沢図書出版）がある。エキプ・ド・シネマではサタジット・レイ、イングマール・ベルイマン、アンジェイ・ワイダ、エルマンノ・オルミ、マノエル・ド・オリヴェイラ、アラン・レネ、ウスマン・センベーヌ、黒木和雄、羽田澄子など世界の名匠、巨匠などおおくの映画作家の作品を上映する。

中村由紀子（なかむら・ゆきこ）

東急文化村美術・映像事業部
プログラミングプロデューサー

東京生まれ。82 年東洋大学社会学部（マスコミ専攻）卒業。日本ヘラルド映画を経て、89年株式会社東急文化村へ入社。Bunkamura 開館当初からル・シネマの番組編成を担当。上映作品は 300 本を超える。主な上映作品は『カミーユ・クローデル』（88）、『さらば、わが愛 覇王別姫』（93）、『ポネット』（96）、『初恋のきた道』（99）、『オアシス』（02）、『愛、アムール』（12）、『山河ノスタルジア』（16）など。『髪結いの亭主』（90）を始めとしたパトリス・ルコント監督作品や、『愛に関する短いフィルム』（88）のクシシュトフ・キェシロフスキ監督作品を多数上映。日本に独自のファンを定着させた。3 回にわたり東京・パリ友好都市提携記念事業「パリの横顔」シリーズの企画運営に携わる。自社提供作品に『ファースト・ポジション 夢に向かって踊れ!』（11）、『ディオールと私』（15）。

ジャズと映画・魂のヴァイヴレーション！

Interview

池田なみ

Nami Ikeda

インタビュー＝小笠原正勝
取材＝岸本麻衣
撮影＝亀海史明

池田なみさんは、２０１２年、僕の映画ポスター展のオープニングのとき、ジャズやゴスペルをアカペラで歌ってくれた。僕の長年の友人で、なみさんの師匠でもあるジャズ・ドラマーのサバオ渡辺くんの紹介だった。なみさんが映画が好きだということが映画とジャズを結びつけた。それに、なみさんの声量の深さと、小柄な身体からほとばしるエネルギーは何なのだろう、という関心がインタビューをする動機にもなった。自信と鬱屈が同居するアーティストの片鱗を覗かせる独自の語り口は、もうひとつのジャズにも思えた。（小笠原）

ヴィブラフォンが作ってくれた歌手…

小笠原　あのオープニングのときの「アメイジング・グレース」は、ともかく感動したんです！何であのような歌声になるのだろうという驚きがあったから、いつか話を聞いてみようと思っていたんですが。なみさんがジャズの歌手になろうと思ったきっかけはどんなことだったんですか？

池田　姉のふみがお芝居や歌手もやっているのですが、彼女が歌い始めた頃にジャズの魅力を話して聞かせてくれて、歌ものに限らずジャズを聴いてみようと思い、図書館でジャズのオムニバスCDを借りて聴きました。その中で、MJQ［＊1］を数曲聴いただけなんですけど、すごく好きになってしまって。あの楽器をやりたいと思ったんです。歌は皆さんと同じように好きでしたが、これと言って突出して歌い手になりたいとは思っていませんでした。私は二十歳過ぎてから定時制高校に行ったんですが、そこの音楽室にあったんです、ヴィブラフォン［＊2］が。でも今思えばあれはオモチャだったんじゃないかなと思います（笑）。プロの方のヴィブラフォンを目の当たりにしたら、まず大きいなと思って（笑）。鍵盤数も違ったし、メーカーとか材質によって音の重さとか全然違うんですね。

小笠原　音楽の始まりは楽器だったんですね！演奏した時期もあるんでしょう？

池田　演奏というか、音楽室で触らせてもらって。周りの人は我慢して聞いていて（笑）。先生も勝手にやらせてくれたんです。クリスマスの発表会みたいなことをやろうということになったとき、「クリスマスソング誰か歌える？」って言うので歌ったら、「なみさん、歌やりなよ。ヴィブラフォンやめた方がいいよ」って（笑）。ヴィブラフォンもチャンスがあればやりたいと思ってはいたんですけど、家に置けないし、音も出せないし、手に入れるのも大変ですし、なかなか触り難い。そんなことで特に準備の要らない歌に入っていきました。

小笠原　ヴィブラフォンが作ってくれた歌手っていうわけですね。

池田　表現が素敵なのでこれからはそう言うことにします（笑）！　その頃は正に音楽中毒で、気が違ってしまいそうなほど音楽を欲してました。音楽を聴いている時が幸せで、寝ている時も必ず音楽を聴いていました。でもＣＤばかりで、生の、ライヴのジャズはまだ聴いたことはなかったんです。通っていた定時制高校が早稲田と神楽坂の間にあったので、新宿ジャズフェスティバルのポスターが貼ってあって、２００５年の春、新宿文化センターに行きました。それが初めての生のジャズを聴いた時かなと思います。

小笠原　サバオ渡辺に出会ったのはその頃なんですね？

池田　そうです！　定時制高校を卒業してすぐ、24歳頃です。歳の離れている子たちが友達でしたが、卒業して寂しいこともあって、卒業後の4月に新宿ジャズフェスに皆で行ったんです。私は変に本などで前知識をつけてしまって、〝ジャズミュージシャンとは寡黙で人嫌いで自分の世界にいるのが好きで、話しかけられるのを嫌う〟とイメージしてしまっていたから、演奏を聴きに行くだけでミュージシャンと接触しようとは微塵も思ってなかった。でも、一緒に行った子たちは皆そんなイメージないから、ステージから降りてきたサバオさんを「サバオさん！　サバオさん！」って取り囲んでしまって。サバオさんはヴィブラフォンの藤井寛さんのステージに出ていたんですが、わたしが「ヴィブラフォン聴きたい！」と言って皆を付き合わせたんです。サバオさんはとっても気さくな方でした（笑）。

小笠原　それにしても、どうしてあんな粘りのある深い声が出てくるんだろう？　とサバオくんも言ってたけれど、いつも不思議に思うんです。

池田　音楽室に出入りしたのは卒業前のわずかな期間で、いちばん一生懸命やっていたのはバスケットボールだったんです。スポーツって気持ちの勝負で、元気に声が通った者が勝つみたいなところもあると思うんです。技術などのことももちろんありますけど、だいたい人間の力ってそんなに大差なくて、せめぎ合いの接戦になったときは、より元気な方が勝つ。声が出て強い気持ちを持ち続けられるチームが勝つものなんじゃないかなって。試合の終盤は、当然お互い疲れてるんですよ。でもまだまだイケるって向こうに思わせた方が勝つ。まあ、お祭り野郎のノリで根拠がなくとも〝まだいけるぞ！〟ってムードを出し続けられた方が、強くて楽しくて勝利に近いと思うんです。声はよく出していました。それも本当に大きな声を出そうと思うとどんどん響いて力まなくても響いていくんです。あとは父親ゆずりかなぁ。父も小柄ですが元気でスポーツが好きで。それと関係あるかどうか分からないですが。野太い声なわけでもないしやたらに騒ぐわけでもないですが、驚いたときに突発的に発する声とか、テニスのサーブ打つときの声が大きいんです。そういうところは似た

のかも。

小笠原　声というのはやはり先天的なものですね。自然に歌に入っていったようだけど、声楽の勉強だとか技術的なことというのはどうしていたんですか?

池田　私はとにかく自分が見て聴いて、こうかなって思うことを自分でやってきただけなので、基本が抜けていることもたくさんあると思うのですが。田舎町に住んでいた頃は、東京と違ってその地域に声楽の専門家なんて数人しかいなくて、そういう人たちが教えてくれる市民合唱団の練習に参加していたことがありました。その時に習ったことは今活きているのではないかと思います。小さい時から歌手になろうと思っていたわけではないので、今の立場から後づけの感じになりますが、小さい時、家族に「知っている曲全部歌ってから寝るからみんな先に寝てて」と、夜通し歌ってたことがあったなぁ(笑)。

ライヴをやるって、
とてもいいことをやっていると思う!

小笠原　それから実際に、ライヴはどんなふうに入っていくんですか?

池田　24歳頃、定時制高校を卒業してから就職して、そして生のジャズを聴いたわけですが、その冬には会社を辞めることになってしまって。その時サバオさんに「もし音楽を勉強したいんだったら年齢的にも最後のチャンスかもね」と言ってもらって。やっぱり目処をつけておかないと、自分に才能がないことに気づかないままずるずるいっちゃったりするから。2〜3年で芽が出なかったら辞めた方がいいんじゃないかっていうこともありました。それでも結局4〜5年粘って歌でなんとかやっていけるようになりましたけど、生活は綱渡りです。自分の歌が売れず生活が苦しいのは自分がだめだからだと、ノイローゼ気味だった気がします。なんで自分はダメなんだろう、もう死んじゃいたいと思っていたし、毎月熱を出してました。でもどんなに熱と悪心で苦しくても歌は歌えるんですよね、声は出てましたし歌ってるときだけが楽でした。

小笠原　ある時期サバオくんやバンドのメンバーと離れていたわけですよね。また歌やりたい、戻っていきたいって、思ってはいたんですね?

池田　それはやっぱりそうです!　こわい気持ちもありながら、もう無理だろうと思いながら。ジャズは即興の顔合わせで演奏出来るので、今の私の知るジャズシーンではメンバーを固定せずフリーランスで活動するのが主体ですが、気に入った者同士が固定のメンバーになり継続的に活動する場合もあります。また、オルガンとドラムとギターってすごく相性がよくて、ジャズの演奏スタイルのひとつになっているんですが、オルガニストの西川直人さんを大切なお客様にご紹介頂いた時、西川さんの感性と鼓動が、オルガンを通

ドラムのサバオ渡辺さん

して伝わってきて、この人と演奏できたらいいなと思った。今も継続中のバンドですが、西川さんとサバオさんとギターの田口悌治さんのバンドを作りました。わたしがやめたらなくなってしまう可能性もあったバンドなのですが、西川さんが声をかけて3人でバンドを続けられていたんです。私はもう歌はしっかりやめていたので応援したい、聴きに行きたいなと思って会社帰りにライヴに行ったら、西川さんが当然ってスィットイン［＊3］させてくれました。西川さんが待っていてくれたからかな。自分でそう思っているだけなんですけどね。西川さんはイケメンで頭が良くて皆に感じもよくて。でも私にだけ態度は冷たいかな（笑）。

小笠原　このバンドの編成は、なみさんにいちばん合っているような気がします。ベストメンバーですね。

池田　ありがとうございます！本当にベストです！でも、基本的にフリーランスの世界なので、融通が利いちゃうところがジャズの凄いところで。いろんなメンバーと出会って「やろうか！」って言ったらできちゃう。ジャズは即興の音楽なので。ある一定のルールに則ってはいますけど。いろんな人といろんな風にいろんな曲を、その時その時の気分で演奏できるっていうことに本当に魅力を感じています。

小笠原　インプロヴィゼーション（即興）ということね。〝映画館で映画を観る〟こともライヴと言えるかもしれないけれど、ジャズはやはりライヴでこそジャズですよね！

池田　私は〝ライヴをやるっていいことをやっている〟と思うんです。音楽は流れるもので時間を使った表現方法です。「音楽が流れている」と表現しますが、いい音楽、音楽として成立する音は〝流れている〟と感じます。本は読み返したり、録音したものは巻き戻したり出来るわけですけど、ライヴっていうのは一つの流れが上手くいったかどうかのところがあるので。会って話す会話もそうですが、あぁ今日はうまく言いたいこと言えた（笑）というのが出来るかどうか。でも「流れているかどうか」は話し手も受け手もそれぞれの価値観に尽きてしまいますけど。お会いしたことはないのですが、尊敬するギタリストの岡村誠二さんという方がいて、最近亡くなられて大変残念でしたが、この方は「音楽は録音したら死ぬ」と仰ったそうなんですね。賛否両論あるとは思いますがCDにはすごい抵抗感があったそうです。「音は歴史上に一回だけ（それが録音であっても）」という言葉は今生きていることそのものと思います。ライヴの怖いところは大失敗するというのがあるし、体調にも左右されますし、アドリブはアドリブですから。私は「今の自分を歌う」ということに憧れてやっていて、その時その時の歌を歌いたいと思っています。声が出ない日は枯れた表現でいいし、吟遊詩人みたいにその時その時の気持ちを伝えていこうと。でも即興でいいことをやるのは大変！だからこそ反射神経や瞬発力を鍛えて挑戦し続けたいです。

わたしはコテコテのジャズが好きですね。

小笠原　ところで、映画とジャズの話をしたいんですが、映画にジャズが使われたり、ジャズマンやジャズの世界自体が作品になったものは数えきれないくらいあります。それほど映画とジャズは因縁というか、深い繋がりをもっている。それは「物語」というものが映画とジャズを結びつけているからだと思う。ジャズも映画も〝ドラマ〟ですよね。なみさんの映画体験と好きな作品にはどんなものがあります？

池田　たぶんいちばん好きな映画は『コリーナ、コリーナ』だと思います。ウーピー・ゴールドバーグがまだやせている頃の。内容はおそらく1960年頃を題材にして90年代初頭に出来た映画ですから、時代を意識して作っているんですね。空色のクラシック・カーや、かわいらしいお洋服とかソファーなどの家具とか家庭にあるものの色合など、どこか時代を感じさせるポイントがとても絵になっていた。まだ百均の大量生産のようなものがない、小物ひとつひとつが、唯一無二な感じでまた愛しいです。そういうのが好きで観ることもあるんです。

小笠原　映画の観方というのは、人それぞれ感性の違いや思考によって様々ですけど、なみさんは、音楽との接点のようなものを映画の中で感じたり、見つけたりすることはあるんですか？

池田　私すごい影響されやすいので、感情移入も激しいほうだと思います。オードリー・ヘプバーン見たらお洒落な気分になったり。映画の『アサシン』を観て主人公が恋しがったニーナ・シモン［＊4］の音楽をすぐ聴きました。聴いてみて理解できない弾き語りもありましたが「アイ・ラブ・ユー・ポーギー」［＊5］に惹かれて大好きになりました。ニーナに出会えて本当によかったです。ニーナのようにジャンルに縛られず、その時代、その時代に自分がいいと感じた音楽をやっていきたいですね。映画を観ることも、『ぼくの伯父さん』や『ムッシュカステラの恋』とかが、誰かにとって退屈でも私は大好きです。私の映画の価値観は、音楽とシナリオに重きがある気がします。音楽は時代とともに変革しているという感じもいいなって思います。ニーナは、クラシックの要素も強いし、カントリーの影響も感じますし、本当にジャズィー［＊6］だなと思うけど、実はまだ見つけてないんです。

小笠原　なみさんは映画はどんなふうに観ているんですか？　ビデオをテレビ画面で観るとか？　あるいはスマホだとか？　映画館には行かないんですか？

池田　行かないですねぇ。映画はドラマとちがって映画館で観ることを前提に作られているという観点はあるのですが家でも十分楽しめてしまうこともあって。あと家だとひとりで好きな時に号泣できるし(笑)。ジブリアニメの『もののけ姫』をやっていた頃に、近所に映画館ができたんです。フードコートとかあるモールのような場所に。その時はレディースディやレイトショーに何回も行ってたんですけど。今は映画館の大音量が怖い時があるんです。最近、音を聞くのに体力がいることが分かって。以前は寝る時に音楽を流しているのが当たり前だったのに、今は音が鳴ってたら意識し始めて眠れなくなることもあるんです。そういうところ変わったなと。前は感性の人って感じだったんですけど、考えてやるようになりました。い

真夏の夜のジャズ

poster design: m.ogasawara 1986

ちばん映画を観ていたのは14〜24歳くらい。ビデオでですね。深夜放送や衛星放送を録画しては観て、ツタヤさんで話題のものを借りてみて。あと映画館は小さい頃に家族のお出掛けやお友達と遊びに行くという数限られた思い出しかありません。その深夜放送のビデオ録画に『コリーナ、コリーナ』があり、そういう気に入ったものを見つけては繰り返し観ていました。この映画の中はすべてのシーンにいい音楽が入っていて内容にもマッチしていて。ダイナ・ワシントンの「縁は異なもの」[＊7]とか、今でもこのナンバーでいちばん好きなテイクですが、サッチモ・ミーツ・オスカー・ピーターソンの「忘れられぬ君」[＊8]とか。ビリー・ホリディもサラ・ヴォーンも入っていましたし、ブルーズやブギやゴスペルも入っていました。

小笠原　ゴスペルが出てきたけれど、ゴスペルには何か強い関心があるの?なみさんはライヴでよくゴスペルを歌っている。しかもこの音楽はなみさんの声や歌い方にとても合っているように思うんですね。

池田　『真夏の夜のジャズ』でマヘリア・ジャクソンが最後に出てくるシーンを25歳頃に観るまでゴスペルをゴスペルとして認識してなかったと思います。25歳より前に聴いた音楽に、合唱の勉強にと手に取ったものですがロジェ・ワーグナー合唱団のCDがあって、その中で特に気に入っていた曲はニグロ・スピリチュアルでした。サイモン＆ガーファンクルのアルバムから限りなく美しく感じて繰り返し聴いた曲が「ベネディクタス」という賛美歌だったのも後から分かりました。アメリカは特にキリスト教が浸透しているようですから、向こうのアーティストってアルバム作るときに自分の好きなゴスペル一曲入れたりすることがよくあるようです。『コリーナ、コリーナ』に入っていた「私の小さなこの光」も、映画『天使にラヴソングを』も好きでしたが、ゴスペルと特に意識せず好きでした。自分が選ぶものに偶然スピリチュアルや讃美歌が多かったことは後から分かりました。偶然です。ゴスペルを歌うことに関しては宗教家と間違えられて勧誘されることもあったので(笑)、敢えて無宗教を強調することもあります。私が今ポリシーにしているのは団体に属さないってことなんです。信じることも祈ることもひとりで出来る。ひとりだからこそ。でも、人が一つになること、力を合わせることはこれ以上なく素晴らしいって思います。

小笠原　ライヴでは、ジャズのスタンダード以外のヒット映画の主題歌などもよく歌っていますね。ホイットニー・ヒューストンの「アイ・ウィル・オールウェイズ・ラヴ・ユー」(『ボディーガード』)とか。あれは自分からピックアップしたんですか?

池田　リクエストだったと思います。ホイットニーさんが亡くなったことをうけて。映画はアクションも楽しんで観ますが、『フィラデルフィア』とか『マグノリアの花たち』とかのヒューマンドラマ系の良さを知った時期は『ボディーガード』はただの脚本力の薄いラヴストーリーとしてしか自分に映らなかったですね。でも歌をやるようになった今となっては、命を狙われてもそれでもステージに立とうとする姿勢などに打たれるものがありますが。何を好きになるかは個人的なタイミングですよね。今はブルーズにハマってますとか、電気を使う楽器が入る前の音楽がいいとか。ジャズは古典ともいえるし新しいともいえる。いろいろ試行錯誤してるんです。聴いていいと思ったものや思い浮かんでやってみたいと思ったものをやるわけですが、コピーかオリジナルか。サバオさんに教わったことで大切に思っているのは「やるなら完全に深くニュアンスやイントネーションや何を言わんとしてるのかをコピーした方がいい、それが出来ないからと逃げて、浅はかなオリジナルを作るのは悲しい。」完コピしようとしてどうしても出来なかったもの、自分をさらってもさらっても残るものの中に自分があったりするものだから。音楽の引き出しを増やすことが大事。浅いコピーや卑小なオリジナルはやってはいかんと思っています。今私は自分が何を好きか突き詰める中で、ルーツを感じるジャズ、ブルーズィな黒人文化を根底に感じるものが好きなのではないかという気がします。それを感じられればコテコテの本物のジャズと認識します。コテコテのジャズが好きですね（笑）。

左から小笠原、田口悌治さん、池田なみさん、サバオ渡辺さん

小笠原　そうすると映画の『クライング・ゲーム』や『ザ・ローズ』に登場したパーシー・スレッジの「男が女を愛する時」などはソウルフルな曲だけど邪道だね？　でもなみさんの歌い方にはふさわしい曲だと思いますね。

池田　これから歌い込んでいきます！（笑）カテゴライズしたいわけではないのですが、このソウルフルなナンバーは所謂ジャズではないわけですよね。やはりブラック・ミュージックということでジャズと繋がっているわけですが。かつてジャズしかなかった時代があり、そこへR&Bやロックが生まれて参入してくるんですね。そこで、サッチモ（ルイ・アームストロング）は本当にジャズだなって思うんです。音楽ってある時ある場所で生まれる。その時は〝即興〟です。いちばん最後のヒット曲「この素晴らしき世界」はもうジャズッ気というのはなくて70年代の所謂ポップスのサウンドです。サッチモが遺したからよくジャズシーンで演奏されていますけど、決してジャズィーな曲ではない。人生最期の曲であるというのも凄いドラマティックですね。でも、これこそが、彼の人生が常に時代の最先端にあったということだと思います。あとサッチモが偉いと思うのは、新しい音楽が出てきたら、早口で何言ってるか分からない音楽だとか文句言いながらもやってみるというその姿勢。バップが出たときも、「モップモップ」聴いたんですけど、あんまり上手くない…（笑）。そして、彼は彼のスタイルを貫きその時代時代のヒットをたくさん遺していった。そんな風に生きたいですね。

ジャズのことはジャズで語った方がいい！

池田　マイルス・デイヴィスは若い頃、ただただしくスウイングやっていて馬鹿にされていたとか言いますけど、自分のスタイルを見つけられたのは本当に素晴らしいことだと思います。自分がいいと思うことを探し続けなければいけないな、というのは思います。その時に排他するのではなく、新しいものを見て、それでどうなのか。自分自身で見も聴きもせず、ではなくて。自分が何か一個完成させようとしている時に周りをシャットアウトするのも大事な作業だと思うんですけど、周りを見て、自分も見て、バランスをとって。

小笠原　なみさんはジャズ・シンガーだといっても必ずしもジャズの映画ばかりというわけではないでしょうが、やはり『真夏の夜のジャズ』は印象深いですか？

池田　ジャズファンとして観ると決定的ですね。また映画好きとして観ると、映し方とか映像の造り方がもう絵なんですよね。お祭りの暑い夏の感じとか、お客さんの顔を撮っているんですよね。それがいい表情で。いい雰囲気で。子供が遊び回っていたり、ビール飲んで踊っていたり、夏のジャズ祭りの羽目を外している感じがよく出てましたね。でも、わたしのルーツとしてあるのはいい音楽が盛り込んである『コリーナ、コリーナ』なんです。『バード』とかは先輩たちに観ておいたらって言われて観ましたが、そんなに衝撃的ではなかったかな。他には『ミシシッピー・バーニング』など黒人文化の発展に欠かせない公民権運動の時代を描いた映画があった。内容は見るのも辛いんですが。黒人がバスに乗ることで酷い目に遭わされたりしてボイコット運動を起こしたり、そういう時代背景があって人権を勝ち取らなければという強い意志の戦いが音楽に繋がっていった。長い列を作ってデモ行進をしながらマヘリアもニナもキング牧師と歌いました。「我々は打ち勝つ」［＊9］を歌いながら、非暴力で、我々人類全員が克服すべき問題を解決したいと。今、ニュースでデモを見て何か感動してたまらない気持ちになります。みんな自分を一人の人間として認めてほしいんだよって。私も自分が何を思うかってことを、今日、話しているようなことを音楽に反映させていきたいです。何に怒っているかとか、怒っている感情もただ怒りを表すんじゃなくて、何かの表現にしたいと思っているんです。

小笠原　それは素晴らしいことじゃないですか！「ジャズのことはジャズに語らせる方がいい」と言った人がいますけど、これからなみさんの本領発揮の時代がくるでしょう。ライヴでどんな音楽を聴かせてくれるか、期待と楽しみでいっぱいです。

（２０１６年７月24日新宿二丁目「ティーズ・バー」にて）

＊1――MJQ…モダン・ジャズ・クァルテット
＊2――ヴィブラフォン…Vibraphone　楽器の名称
＊3――スィットイン…sit in　飛び入り演奏
＊4――ニーナ・シモン…Nina Simone
＊5――アイ・ラブ・ユー・ポーギー…I Loves You Porgy
＊6――ジャズィー…Jazzy（ジャズっぽい、ジャズらしい）
＊7――縁は異なもの…What a Diff'rence a Day Made
＊8――忘れられぬ君…You Go To My Head
＊9――「我々は打ち勝つ」…We Shall Overcome（我々は克服すべし）

池田なみ（いけだ・なみ）

1981年3月14日、東京多摩ニュータウン生まれ。24歳からライブハウスに出入りし、自身もプレイヤーを目指して勉強を始める。プロの楽器運びをさせてもらい、余興でステージを経験、徐々に声がかかり、各地のライヴやフェスなどに出演。演奏には音楽の感動と即興演奏のスリルを盛り込み、時にドラマティック、時にセンチメンタル、そして必ずハッピーな歌でたくさんのお客さまに笑顔をお持ち帰り頂きたいとステージに臨んでいる。「ジャズにはすべての音楽を取り入れる要素がある」ことに魅力を感じ、スタンダードナンバーから古くはゴスペルを歌う。2013年から約2年間活動停止したが、2015年から現在、都内を中心に活動中。2015年CD『Jazz For Everybody みんなのジャズ』を発表。永谷正嗣氏プロデュースで、アレンジはジャズ・ドラマーのサバオ渡辺氏による。（ジャズ・ヴォーカリスト）

『上流社会』（1956チャールズ・ウォルターズ）／コール・ポーターの名曲を、クロスビー、シナトラ、ジーン・ケリー、サッチモで魅せる。

『大運河』（1957ロジェ・ヴァディム）／モダン・ジャズ・カルテットのジョン・ルイスが音楽担当。映画音楽としてのモダン・ジャズが評価されるようになる。

『死刑台のエレベーター』（1957ルイ・マル）／全編マイルス・デイヴィスのモダン・ジャズが埋め尽くす。

『成功の甘き香り』（1957アレクサンダー・マッケンドリック）／権力のあるコラムニストが妹とジャズミュージシャンを別れさせようと画策する話。チコ・ハミルトンのドラム演奏が見もの。

『私は死にたくない』（1958ロバート・ワイズ）／無罪を主張し続けた女性死刑囚バーバラ・グレアムの手記を基に。ジェリー・マリガンのバリトンサックス。

『危険な曲り角』（1958マルセル・カルネ）／巨匠監督が当時の若者を描いた青春映画。JATP（ジャズ・アット・ザ・フィルハーモニック）の豪華アーティスト達が参加。

『殺られる』（1959エドゥアール・モリナロ）／アート・ブレイキー&ジャズ・メッセンジャーズが音楽を担当。

『彼奴を殺せ』（きゃつをけせ）』（1959エドゥアール・モリナロ）／『死刑台のエレベーター』で有名になった、当時若手のテナーサックス奏者バルネ・ウィランが音楽を手掛ける。

『或る殺人』（1959オットー・プレミンジャー）／音楽はデューク・エリントンが担当。主演J・スチュアートとのピアノ演奏シーンもある。

『危険な関係』（1959ロジェ・ヴァディム）／音楽監督はセロニアス・モンク。演奏はアート・ブレイキー&ジャズ・メッセンジャーズが担当。

『勝手にしやがれ』（1959 ジャン＝リュック・ゴダール）／フランス人ジャズ・ピアニストのマルシャル・ソラールが音楽を担当。

『五つの銅貨』（1959メルヴィル・シェイヴェルソン）／名コルネット奏者レッド・ニコルズの半生を描く。

『拳銃の報酬』（1959ロバート・ワイズ）／ジョン・ルイスが音楽を担当。前科者の元警察官×白人×黒人×銀行強盗。

『お熱いのがお好き』（1959ビリー・ワイルダー）／禁酒法時代のシカゴ、ギャングの追手から逃げるジャズプレイヤーを描く傑作コメディ。

『真夏の夜のジャズ』（1959バート・スターン）／世界3大ジャズ・フェスティバルのひとつ、ニューポート・ジャズ・フェスティバルの模様を収めた音楽ドキュメンタリー。必見。

『アメリカの影』（1959ジョン・カサヴェテス）／チャールズ・ミンガスが音楽を担当。ニューヨークを舞台に人種問題を考えるセミ・ドキュメンタリー。

『パリの旅愁』（1961マーティン・リット）／ポール・ニューマンとシドニー・ポワチエ演じるジャズメンの恋を描く。D・エリントンが音楽担当。サッチモも出演。

『酒とバラの日々』（1962ブレイク・エドワーズ）／アカデミー賞を受賞したテーマ曲（ヘンリー・マンシーニ作曲）はジャズのスタンダードナンバー。

『アルフィー』（1966ルイス・ギルバート）／テナー・サックス奏者ソニー・ロリンズ（ジョン・コルトレーンと双璧をなす）が音楽を担当。

『アダムのブルース／天才トランペッターの愛と挫折』（1966レオ・ペン）／破滅的なジャズ・トランペッター役はサミー・デイヴィス・Jr（演奏の吹替えはナット・アダレイ）

『欲望』（1966ミケランジェロ・アントニオーニ）／ハービー・ハンコックが音楽を担当。

『ブリット』（1968ピーター・イエーツ）／スティーヴ・マックィーン主演。音楽はラロ・シフリン（『燃えよドラゴン』『ダーティ・ハリー』など）が担当。

『ビリー・ホリディ物語／奇妙な果実』（1972シドニー・J・フューリー）／ホリディの自伝に基づき、ダイアナ・ロス主演で映画化。

『スティング』（1973ジョージ・ロイ・ヒル）／ポール・ニューマン、ロバート・レッドフォード出演。スコット・ジョプリン作曲のラグタイムを聴ける。

『ニューヨーク・ニューヨーク』（1977マーティン・スコセッシ）／主題歌は1993年にフランク・シナトラとトニー・ベネットとのデュエットで大ヒットに。

『ラグタイム』（1981ミロシュ・フォアマン）／第一次大戦前のアメリカ、混沌とした時代の人間ドラマ。音楽はランディ・ニューマン（『レナードの朝』、『トイ・ストーリー』シリーズ等）が作曲。

『ジャズメン』（1983カレン・シャフナザーロフ）／1920年代の黒海沿岸の町を舞台に、ソ連最初のジャズバンド結成をめざす青年たちの物語。

『コットンクラブ』（1984フランシス・フォード・コッポラ）／リチャード・ギア主演。禁酒法時代、白人のために黒人がジャズを演奏する豪華なナイト・スポット、コットンクラブが舞台。

『ラウンド・ミッドナイト』（1986ベルトラン・タヴェルニエ）／テナーサックス奏者デクスター・ゴードン主演。主人公のモデルは“天才”と呼ばれたジャズ・ピアニスト、バド・パウエル。

『バード』（1988クリント・イーストウッド）／ジャズの一時代を築いたアルトサックス奏者、チャーリー・パーカー（愛称バード）の生涯を描く。

『セロニアス・モンク　ストレート・ノー・チェイサー』（1988クリント・イーストウッド）／ C・イーストウッド製作総指揮でジャズピアニストのセロニアス・モンクの生涯を綴ったドキュメンタリー。

『レッツ・ゲット・ロスト』（1988ブルース・ウェーバー）／トランペッター／ヴォーカリスト、チェット・ベイカーの波乱万丈の人生を描いたドキュメンタリー。

『ハーレム・ナイト』（1989エディ・マーフィ）／エディ・マーフィ監督、脚本、主演のギャング映画。ハービー・ハンコックが音楽を担当。

『モ'・ベター・ブルース』（1990スパイク・リー）／デンゼル・ワシントン主演。ジョン・コルトレーンの「至上の愛」をBGMに1人のジャズ・トランペッターを描く人生ドラマ。

『ジャズ・ミー・ブルース』（1990プピ・アヴァティ）／ 1920年代に実在した、天才コルネット奏者ビックス・バイダーベックの生涯を描く。

『ディンゴ』（1991ロルフ・デ・ヘール）／伝説のミュージシャン（91年に死去したマイルス・デイヴィスが演じる）に憧れ、夢を追いつづける青年の姿を描く。

『ワイルド・マン・ブルース』（1997バーバラ・コップル）／クラリネット奏者としても知られるウディ・アレン。彼のバンドのヨーロッパ・ツアーの模様などを記録。

『ギター弾きの恋』（1999ウディ・アレン）／ショーン・ペン主演。'30年代を舞台に、架空の天才ジャズ・ギタリストの半生を描く人間ドラマ。

『五線譜のラブレター　DE-LOVELY』（2004アーウィン・ウィンクラー）／ケヴィン・クライン主演。作曲家コール・ポーターの伝記映画。

Jazz in the film

ジャズが気になる映画！

若松容子
Yoko Wakamatsu

ジャズを使った映画は、調べてみると、大きく分けて5種類あると感じました。1つ目は演奏シーンがある映画。2つ目はジャズプレイヤーを主役にしている映画。3つ目は実在のジャズプレイヤーの伝記やドキュメンタリー。4つ目は映画音楽として使われている映画。5つ目は（今回以下では作品を紹介していませんが）ジャズをポイントで印象的に使う映画。私の中で印象深いのは『プリティ・ブライド』の中でマイルス・デイヴィスの曲でジュリア・ロバーツとリチャード・ギアが踊るシーンです。

ジャズは映画の中で当初は、演奏シーンが使われるだけでした。それが『大運河』で映画音楽としての存在感を示し、『死刑台のエレベーター』などでヌーヴェルヴァーグの人気とともにジャズの人気も高まっていき、補佐的な役割ではなく映画全体の雰囲気を作り出すまでになりました。映画音楽として使われる時も、例えば『アメリカの影』のようにその時代の空気感をジャズで見事に再現しているものもあれば、『死刑台のエレベーター』のように心理を巧みに表現するという使われ方もしています。また、『お熱いのがお好き』『コットンクラブ』などでは禁酒法時代のギャングが支配していた中でジャズがどのように楽しまれていたか時代の雰囲気を感じられます。さらに『コンチネンタル』『酒とバラの日々』などでは、映画の中ではジャズという印象がない曲が現在ジャズのスタンダードナンバーとして親しまれています。また、クリント・イーストウッド監督やウディ・アレン監督はジャズ好きで有名、彼らの作品にはジャズが多用されているのでジャズ目的で映画を観るというのもまた一興かもしれません。

ジャズといっても黒人音楽をルーツに持つラグタイムやブルースも切り離せず、今回は、それらを題材にした作品も含めてヌーヴェルヴァーグとともにジャズ人気が高まった頃を中心に2004年までの洋画を50作品リストアップしました。もちろん最近でもジャズが主題の映画は製作されています。2013年の『ストックホルムでワルツを』や2014年の『セッション』（アカデミー賞3部門を受賞）、11月に公開された『ブルーに生まれついて』（原題：BORN TO BE BLUE、チェット・ベイカーの伝記。イーサン・ホーク主演）、12月23日公開『MILES AHEAD マイルス・デイヴィス 空白の5年間』など、ざっと挙げただけでも興味深い作品ばかりです。ぜひチェックしてみてください。

ジャズの映画50選（タイトル／年／監督）

『ジャズ・シンガー』（1927アラン・クロスランド）／世界初のトーキー映画。

『コンチネンタル』（1934マーク・サンドリッチ）／元となった舞台の音楽をコール・ポーターが担当。彼の代表作『Night and Day（夜も昼も）』など。

『トップ・ハット』（1935マーク・サンドリッチ）／『Cheek to Cheek（頬よせて）』など後にスタンダード・ナンバーとなった作品が多い。

『ブルースの誕生』（1941ヴィクター・シェルツィンゲル）／ビング・クロスビー主演。「セントルイス・ブルース」など多くのブルースの名曲が彩る。

『ストーミー・ウェザー』（1943アンドリュー・L・ストーン）／すべて黒人キャストのミュージカル。ジャズ、タップダンスなど40年代当時を知ることができる。

『アメリカ交響楽』（1945アーヴィング・ラパー）／アメリカの作曲家ジョージ・ガーシュインの伝記映画。

『ニューオーリンズ』（1947アーサー・ルービン）／歌うメイド役でビリー・ホリデイ、バンドリーダー役でルイ・アームストロングが出演。

『ヒット・パレード』（1948ハワード・ホークス）／音楽を編纂する教授が主役。特別出演にベニイ・グッドマンほか豪華。

『グレン・ミラー物語』（1954アンソニー・マン）／トロンボーン奏者グレン・ミラーの生涯をジェームズ・スチュアート主演で描く。

『ベニイ・グッドマン物語』（1955ヴァレンタイン・デイヴィース）／"スウィングの王様"B・グッドマンの半生を描く。演奏指揮はグッドマン自身。

『黄金の腕』（1955オットー・プレミンジャー）／エルマー・バーンスタインが音楽担当（ほか『十戒』『荒野の七人』『大脱走』など）。麻薬中毒者に扮するシナトラの演技が評判に。

映画の宣伝、昨日と今日!

【座談会】

関根忠郎×原田徹×大竹久美子×佐々木瑠郁

植草信和＝司会

宣伝という言葉の意味はずっと昔から変わらないのだが、その環境と機能は時代とともに激変している。宣伝するということは時代と常に呼応していかねばならないからだ。映画もまた変貌し続けながら、多くの人々に観てもらわねばならない。宣伝なくして映画の生き続ける道はないとも言える。映画にとって宣伝するとはどういうことなのだろうか？ 映画宣伝に携わる方々の、そのキャリアから様々な想いや課題を汲み取ることができます。

取材＝小笠原正勝・植草信和
文＝小林幸江　撮影＝西晶子

私たちの仕事

植草 映画宣伝はネット時代以前と以後では大きく変わりました。そこで今日は、映画宣伝に携わる方々に集まっていただき、何がどのように変わったのか、変わらないのか、これからの映画宣伝はどう有るべきか、というテーマで語り合っていただきたいと思います。

1950年代から東映の宣伝で活躍されてきた「惹句師」と言われる大ベテランでありながら現役の関根忠郎さん、一番お若い佐々木さん、その中間世代である原田さん、大竹さんに体験を通してみた宣伝の有り様をエピソードを交えながら語り合ってもらいたいと思います。まず原田さんから自己紹介も含めてお願いします。

原田 僕はフリーランスで映画宣伝をしていますが、ポレポレ東中野がまだBOX東中野という映画館だった頃、1~2年間、BOX東中野で働いていました。映画館の体制が変わって辞めることになった時、ある配給会社の方から「宣伝をやってみないか」という話があったのがきっかけで、フリーで映画宣伝をやることになりました。それが1999年~2000年の頃です。映画を観るのがすごく好きでしたし、なんとなく映画に関われたらいいなぁという気持ちがありました。最初に携わった映画は平野勝之監督がアダルトビデオ業界から映画業界に転身した作品の一本で、『白THE WHITE』という、真冬の北海道へただ自転車で行くだけのドキュメンタリー映画でした。

大竹 私もフリーランスでして、2006年からテレザという屋号で映画の宣伝を行っています。今年は同じくフリーランスのサニー映画宣伝事務所の有田浩介さんと、6月18日に公開した『シリア・モナムール』という映画で、「テレザとサニー」というユニット名で初めて配給を手がけました。2015年10月に、山形国際ドキュメンタリー映画祭でこの作品を二人で観て、あまりにも大きな衝撃を受けたんです。それまで宣伝だけしかやっていなかったのですが、一度配給にチャレンジしてみようということになって。偶然、イメージフォーラムの山下宏洋さんも一緒に観ていて、「二人が配給をやるなら、うちで上映してあげるよ」と言っていただいて。今日は、その『シリア・モナムール』のチラシを持ってきたんですけれども。

関根 『シリア・モナムール』、拝見しました。とても良かったです。

植草 関根さんはドラマの人だと思っていましたがドキュメンタリーもご覧になるんですか?

関根 最近はドキュメンタリーをよく観るんです。テロの危険、近親の殺人事件、そして今の僕にとって特に身近な老人問題。今の日本には問題が山積していますよね。そういう危機感があって、フィクションだけ観ていてもダメだと思っています。きっかけは生前お付き合いがあった菅原文太さん。彼は農業を始めて、社会への疑問から社会運動も始めました。僕は彼が農業を始めたときに山梨に会いに行ったんです。菅原文太さんが、山田洋次監督の作品(『東京家族』2013年公開)を降りて、「3・11以後にこういうフィクションはなぁ、どうかと思うんだよ。今はドキュメンタリーだよ」と言ったんです。その言葉が耳に残っていたのと、今の自分が感じる危機感とが結びついて、ドキュメンタリーを追いかけ始めました。

大竹 関根さんのような映画宣伝の大先輩に『シリア・モナムール』を見ていただいてうれしいです。ありがとうございます。この作品の宣伝については、もちろん、今まで自分たちが培ってきたノウハウを駆使したのですが、それ以上に、もっとアナログなところでチャレンジしていこうと思っていました。しかし、あらゆるメディアに取り上げていただき、難しい作品ながらも好意的に受け入れられたのですが、正直興行は厳しいものでした。

植草 確かに関根さんがおっしゃるように、今は「ドキュメンタリーの時代」だと思います。それは後で論じるとして大竹さんのキャリアをもうすこし話してください。

大竹　私はフリーになる前はユーロスペースにいたんです。さらにその前に、まず1986年にレオ・エンタープライズという宣伝広告会社からスタートしました。レオには5年くらい在籍したでしょうか。レオで扱う映画は、ワーナーや松竹などのメジャー系の映画がほとんどでしたが、当時は、シネマスクエアとうきゅうやユーロスペースなどのミニシアターがちょうど出てきた頃でした。そして松竹富士クラシックや東映クラシックなど、大手の映画会社がアート系作品の配給部門を立ち上げた頃です。もともとメジャーの作品にはあまり興味がなく、アート系がやりたいと考えていましたので、主にそうした作品の宣伝させていただきました。レオを退職したあと、東京国際映画祭に3年程いて、マーケット部門のスタッフを務めました。そのあとユーロスペースに転職したのです。ユーロスペースは人手が少ない会社で（笑）、宣伝のほとんどは一人でやることが多かったです。

佐々木　私はみなさんのような経歴がほとんどないんです。学生時代から宣伝配給会社にインターンで入ってアルバイトをして、そのまま社員になりましたが、退職するのが割と早かったんです。当時、宣伝会社が次々と姿を消していったピークの頃だったように思います。そういう風潮のせいか、私のいた会社にもフリーの宣伝マンが多く出入りしていて、その方たちのお手伝いをするようになり、今、私自身もフリーランスになっています。それが東日本大震災の翌年、2012年、ちょうど震災を扱ったドキュメンタリー作品が数多く出始めていて、その宣伝をしたり、あとは、インディーズの監督たちに付いていって、宣伝する作品を増やしてきました。去年（2015年）公開された『ハッピーアワー』という映画が、5時間17分の大長編でして、今まで手がけてきた中でいちばん特殊な作品だったと思います。

©2015 神戸ワークショップシネマプロジェクト

「細分化」と「分少化」の現実

植草　話を聞いていると、みなさんはほとんどがメジャー系ではない作品を宣伝されてきている。それに対して関根さんは、まさにメジャーである東映の全盛時代に惹句師として活躍してこられました。まさにアナログの時代からデジタルの時代までを体験なさっているのですが、最近の映画宣伝の状況を、どう見ていらっしゃいますか。

関根　僕は1950年代後半に東映に入社して、もう何十年になるのかな。映画の黄金期というのは、一社がお金を出して映画を製作し、配給し、興行する。今ではにわかには信じられないようなシステムの中で純粋培養されてきちゃったから、現代の、いわゆる製作と配給と宣伝が別々に機能しているシステムが理解できません。

植草　映画の仕事が細分化されてきているということですね。

関根　そうです。今は細分化の極みという気がするんです。そうすると、僕のように東映という大手でやってきた人間というのは、なじむのが大変です。僕は退職後の現在もフリーで仕事しているので愚痴を言ってはいけませんし、「ここまでやってきた」という想いを捨ててからないと、今の映画界で仕事はできません。でも、先ほど「細分化」と言いましたが、僕はもっとそれが進んでいて「分小化（ぶんしょうか）」と呼んでいるんです。細分化と言うと、業界の大きな手が計画的に今の形式にしたみたいでしょう。そうではなくて、僕には、しぜんにグズグズッと崩れて今に至った気がする。これには反対意見を唱える人がたくさんいますけどね。

植草　関根さんの最近の仕事の話をすると、高倉健さんの遺作となった『あなたへ』（2012年公開）はフリーランスとして参加していますね。そのときはどう感じましたか。

関根　社員とフリーランス、この違いは大きいです。かつて、東映では年100本の映画を公開していました。いわゆるプログラムピクチャー。これはもう、流れ作業のようにどんどんやっていかないと、仕事がたまっちゃうわけですよ。僕はデザインにも口を出していたから。東映はコピーライターが僕一人しかいなかったんです。デザイナーは6人。デザイナーは6人で分担できるけれど、コピーライターは僕だけなので、6人全員に会って、とにかくどしどし書いて、どしどしコピーを渡して、組み入れてもらって、ポスターや広告を作った。東西に撮影所があって、予告編は撮影所で助監督が作っていたのですが、予告編の「流れコピー」が欲しいとすぐ僕に電話がかかってくるんです。そうしたら撮影所に出張して打ち合わせ。そうやって制作していたので、作品をトータルに見られました。

僕は打ち合わせが大嫌いなんですよ。東宝のプロデューサーの市川南さんから『あなたへ』をやってくださいという話が来て、「はい、喜んで」と試写を見せてもらったのですが、打ち合わせの前に、市川さんに「何も言わずに、僕にたたき台を書かせてください」と言ったんです。そうしないと、これまで東映で培ってきたシステムが生きてこないから。傲慢ですが、とにかく最初に下地を作らせてください、と。そしてたたき台を作って持って行きました。それを宣伝部のみなさんで「これがいい」「これはダメ」と分けてくれたんです。だから社員時代と全然やり方が違う。自社の映画で、自社の宣伝部員たち相手の場合

テレビ番組で高倉健さん（左端）をインタビューする東映宣伝部時代の関根忠郎さん（右端）

先ほど「細分化」と言いましたが、僕はもっとそれが進んでいて「分小化（ぶんしょうか）」と呼んでいるんです。

関根忠郎（せきね・ただお）

惹句師

1937年、東京都生まれ。1956年、東映株式会社入社。東京撮影所などを経て本社宣伝部に所属。1997年に定年退職するまで東映作品のコピー制作を一手に担った。やくざ映画から実録映画、時代劇、アクション映画、ヒューマンドラマやポルノ映画まで手がけたジャンルは多岐にわたる。「我（わし）につくも 敵にまわるも 心して決めい!」『柳生一族の陰謀』、「殺（と）れい! 殺（と）ったれい!」『仁義なき戦い　広島死闘篇』など、数々の名作コピーは人々の心をつかみ、多くの映画ファンを生み出した。東映を退職後はフリーランスの映画ライターとして活動。近年のコピー担当作品に、高倉健主演作『あなたへ』（2012年）、『ブラックスキャンダル』（2016年）などがある。著書に『映画惹句術　映画のこころ』（山田宏一・山根貞男との共著、講談社／ワイズ出版<増補版>）、『関根忠郎の映画惹句術』（徳間書店）など。月刊「文化通信ジャーナル」にてコラム「関根忠郎の映画業界一意専心」を連載中。

批評と映画が
強くリンクしていた
時代の記憶が
自分の中に
残っているんです。

原田徹（はらだ・とおる）

映画宣伝

1970年、山形県生まれ。大学卒業後、石油化学会社でのサラリーマン生活の後、映画の仕事に興味を持ち、1998年にミニシアター、BOX東中野にアルバイトとして関わる。そこで初めて映画宣伝に携わったのが『白　THE WHITE』（平野勝之監督）であった。BOX東中野で劇場の立場からの映画宣伝を経験し、退社後はフリーランスで、ドキュメンタリー映画を中心に映画の宣伝に携わる。主な宣伝担当作品に『長江に生きる』（フォン・イエン監督）、『ヴァンダの部屋』『ホース・マネー』（ペドロ・コスタ監督）、『ニーチェの馬』（タル・ベーラ監督）、『真珠のボタン』『チリの闘い』（パトリシオ・グスマン監督）、『そしてAKIKOは…あるダンサーの肖像』（羽田澄子監督）など。

は、自分の意見が言えるじゃないですか。でもフリーは、なかなか……全部は言えないです。どうしても遠慮がある。

植草　原田さん、細分化、分小化についてはどう感じていますか。

原田　この10年、15年くらいでも、ずいぶん変わってきているように感じます。僕がミニシアター系作品の宣伝を手伝うことになった初めの頃は、僕が文字も原稿も書いていました。配給会社の方と一緒にやっていくのですが、僕が全部書いて、それを見てみんなで意見を出していくやり方だったのが、先ほど細分化とおっしゃいましたけど、役割分担がすごくはっきりしてきたように思います。いまでは全く文字を書かなくていいこともあるし、完全に「パブリシティだけやってね」と依頼されることもあります。もちろん、文字から書いてくれ、というパターンもある。本当にいろんな作品があって、それぞれ違いますね。それが、あまりいいことではないのではないかと僕は思います。

大竹　私も細分化や分小化が進んできているのは身に染みて感じています。パブリシティだけ依頼されるケースと、宣伝プロデューサーだけ請け負う場合と、その両方というケースと、さまざまなパターンがありますが、宣伝プロデュースに関わった場合は、総体的に全体のイメージを自身に落とし込めることが多いですね。私は活字世代なので活字に対する思い入れがとても強くて、その映画を、自分なりに文章でどう表現しようかと考えていくうちに、映画とコミットメントしていく、映画に近づいていくことがけっこうあるんです。パブリシティだけに関わっても、もちろんそうした文字の作業やアイディアは出していきますが、どこかしらパーツを作っているような気がすることも、時にはあります。

原田　イチから関わったほうがおもしろいですよね、大変ですけれど。文字から書いて、デザイナーさんときっちり話をして。

大竹　すべてのパートに関わっていると、より映画に近づき、自分がその映画の中に入っていける気はします。トータルに関われるか、部分的に関わるのかということで、モチベーションに多少の違いはあるかもしれません。時には気持ちの棲み分けが苦しいこともあります。

佐々木　私は、みなさんより細分化が進んだ頃に宣伝マンとしての仕事をスタートしています。だから宣伝プロデューサーとして受けたとしても、文章を書くのはオフィシャルのライターさんだったり、コピーライターさんが立っていたり。コピーライターさんに丸投げするわけではないですが、やはり立っていただいている以上は多少の遠慮はあるので、ディスカッションしながらも最終的にはコピーライターさんの意見を尊重しながらコピーが選ばれることもあります。なので、自分でイチから文章を書くということは、私はほとんど訓練されていないです。

作品への愛着と距離感

植草　そんな流れの中で、宣伝の方向性をどうやって自分の中で形作っていくのですか？

佐々木　規模にもよります。とても大きなメジャー作品のお仕事だったら、パーツのお仕事のみで手いっぱいになったまま終わってしまうというのが正直なところです。ただ私の場合は、監督と二人三脚か三人四脚というケースが多いんです。例えば、先ほど例に挙げた『ハッピーアワー』では、製作の段階から監督の動きを見ていますし、ライターさんは入っていましたが、文章も一緒に組み立てながらやっていました。このような場合は、製作からパンフレットを作り終わるまで、プロデューサーや監督たちと一緒にやってきたという充実感は得られます。

植草　宣伝というよりも、製作スタッフの一員という感じですね。

佐々木　そうですね。パブリシティも、テレビに大きく露出できるわけではないので、限られた予算の中でパブリシティでどこまで広げられるのか、販促物をどうしていくのか。最近はウェブ広告という選択肢もありますから、どこにどの程度のお金をかけるのか、試行錯誤しながら挑戦しています。

植草　関根さんは何百本もコピーを生み出す中で、愛着を持った映画とそうじゃない映画があったと思いますが、作品によって距離感は違いましたか？

関根　遠近は全然違いますよ。年間100本もやっていると、全部に全力を入れたら……（笑）。人間だから、どうしても映画も好き嫌いになっちゃいますね。すごく頑張るのと、流すのと。

原田　力が入る映画と、そうじゃない映画というのはあります。これは映画ファンからスタートしたかどうかという部分も影響しているでしょうね。僕らの世代の配給会社の人たちって、映画館に勤めていたり、すごく映画好きだったり、そういう方が多いように思います。ここ5〜6年、宣伝や配給会社の若い方と話すと、「映画を観ていないな」と感じることがすごく多い。映画はなんとなく好きなだけで、宣伝ってかっこいいとか、そういう仕事がしてみたいとかいうところから始まっている。僕は、やっぱり映画好きなので、好きな映画は力が入ってしまうんです。それで結果が出ないことも多いですが。自分が映画から大きな影響を受けてきたから、そうなっちゃうのかな。1980〜90年代、蓮實重彦さんや山根貞男さんらの映画批評の本を読んで、また映画を観て……。批評と映画が強くリンクしていた時代の記憶が自分の中に残っているんです。

植草　宣伝する時に、頑張ったけれど結果を出せなかった、あるいは思わぬところでいい結果が出たというのはよくあることですよね。最近はウェブ広告が増えているけれども、それで動員できたことはほとんどないという話を聞いたことがあります。

大竹　ウェブ広告がどのように効果を発揮するかというのは、劇場や作品のタイプによっても違うでしょうね。それにパブリシティって効果が出

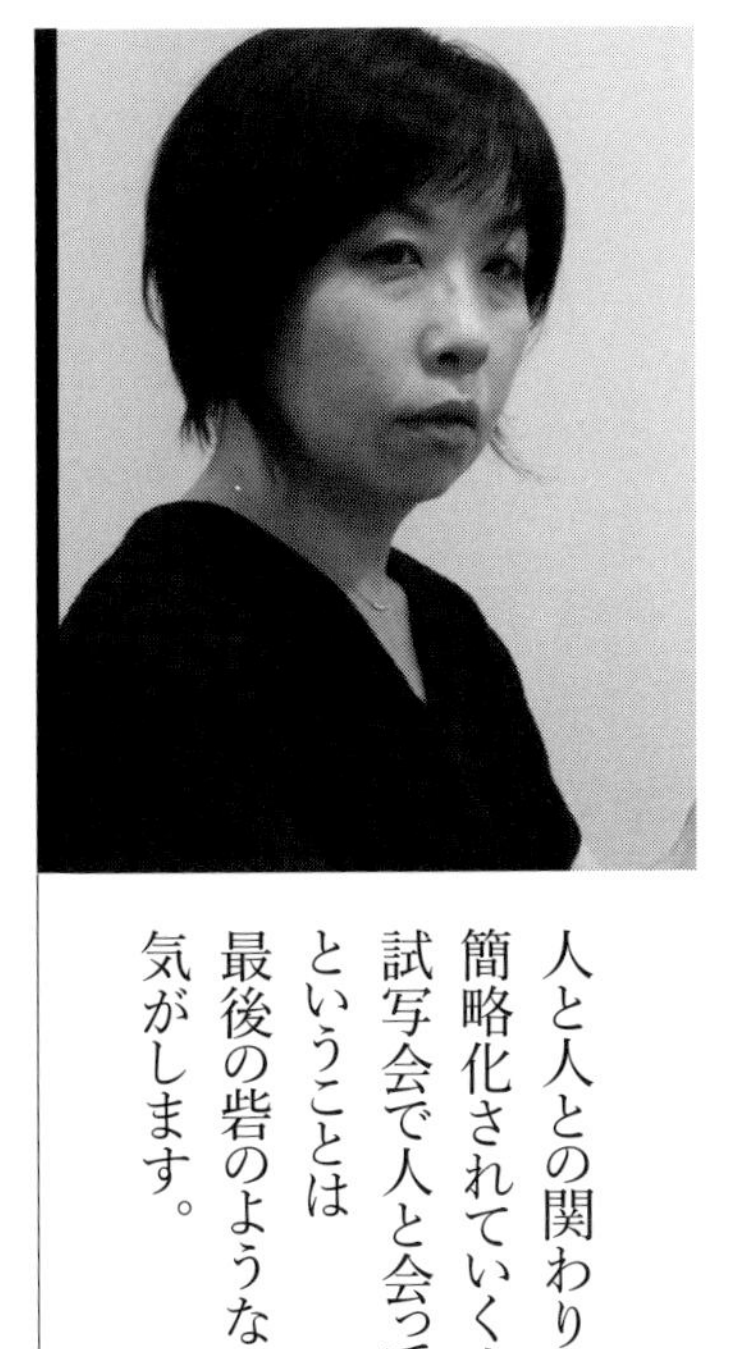

人と人との関わりが簡略化されていく中で、試写会で人と会っていくということは最後の砦のような気がします。

大竹久美子（おおたけ・くみこ）

映画宣伝

1963年、福島県生まれ。映画宣伝会社や東京国際映画祭のスタッフを経験した後、ユーロスペースに勤務し、約13年間、映画宣伝を担当した。2006年にユーロスペースを退職後はフリーランスの映画宣伝マンとして活動。レオス・カラックス監督作品やアキ・カウリスマキ監督作品など、多くの単館系映画の宣伝を手がけている。『大いなる沈黙へ』（2014年公開）宣伝で出会ったフリー宣伝マンの有田浩介氏と「テレザとサニー」という配給ユニットを組み、2016年公開の『シリア・モナムール』で初めて配給を手がけた。日本大学芸術学部・非常勤講師、パンタンデザイン研究所講師を務める。

たかどうか数字として跳ね返ってこないものですし、わかりにくいんですよ。『シリア・モナムール』の話をしますと、デザインは信頼できるデザイナーさんにお願いしましたが、それ以外は、配給も宣伝もほとんど全部自分たちでやったんです。予告編を作るのはディレクターに依頼しましたが、「この画を使って、こうしてください」というディレクションも細かくしましたし、HPも作成し、プレスの原稿も署名原稿以外はすべて書きました。それをどうしてもやりたかったんです。なぜなら、やはり、分業化が進む中で危機感を感じていたから。最近の分業でシステマティックに物事を進めることで、いい意味での無駄というか余白みたいなものが失われてしまって、映画そのものの本質から離れてしまっている。それに抗うということをやろうと有田さんと話したんです。

それで『シリア・モナムール』のチラシを見ていただくとわかりますが、異常に文字が多い。たぶん、最近の映画チラシと比べたら3倍くらいは文字量があるのではないでしょうか。これを、依頼を受けて宣プロとして書いたら、「今どき誰も読みませんよ」と言われるかもしれませんが、こういうのも「やってしまえ」と。

植草　昔はよくありましたね、これくらい文字量のあるチラシ。

大竹　プレス資料も文字だらけです。そういうチャレンジをしようという気持ちが最初からありました。だから時代に逆行するような形での宣伝をすることにより、むしろ「自分たちの想いはきっと伝わるはずだ!」「同じ想いの人たちがきっといる!」と信じていました。試写の前には、普段やらないような「私たちが配給しています」という挨拶をしたり、映画が公開されてからもできるだけ映画館に行って「なぜこの映画をやることになったか」という話をしました。おかげさまで、メディアにはいい記事がたくさん出ました。シリア内戦中ということもあり、地上波テレビのニュース番組でもいくつも取り上げていただき、池澤夏樹さんが朝日新聞のコラムで書いてくださったり。しかし、自分たちが思うようには人は来なかった。それでも公開当初にはシニア層がほとんどだったのが、少しずつ若い人たちが増えていきました。そこには力をもらった気がします。

関根　僕が行ったときはけっこう入っていましたよ。僕はいつも後ろの端っこの席で観るんです。前にいる観客やその場の空気を吸うためにね。『シリア・モナムール』を観に来る人には、真剣度がありました。

植草　『シリア・モナムール』が観客動員できなかった理由は、タイトルにあったのではないでしょうか。叩きつけられるようなおもしろさを持つドキュメンタリーのイメージに対して、「モナムール」はフィクションを内包する言葉だと思う。『二十四時間の情事(ヒロシマモナムール)』(1959年公開)の「モナムール」を彷彿とさせるし、そういうフィクション的な印象で『シリア・モナムール』は損してしまったのではないかという気がします。作品を観て、「モナムール」をタイトルにつけたい気持ちもよくわかるんですが。

大竹　当初、どう宣伝していくかという話をする中で、『世界残酷物語』的なタイトルをつける売り方もあるというのはわかっていましたが、どうしてもそちらには行けなかった。それは、自分が惹かれたところがそこではなかったから……。キャッチコピーを「これは〝愛〟についての映画である」としたのですが、人間同士の愛という意味でもあるし、映画に対してのオマージュという意味もある。

『二十四時間の情事（ヒロシマモナムール）』だったり、黒澤明監督『どですかでん』（1970年公開）だったり、チャップリンの映画だったり。戦場において最初に失われると思われていた、人間の想像力や、文学や芸術を愛する心がまだここに残っているということに感動したんです。はじめは自分でも気づかなかったのですが、この映画のことを考えているうちに、そこにすごく惹かれているということがわかりました。これが自分たちの配給でなければ、もしかしたらシリアスさを追求したタイトルを採用するという選択肢もあったかもしれません。でも、自分たちで映画を配給することって、人生においてそんなにチャンスがないことだから、これでやりたいと思いました。

関根　今のはシンボリックな話だよね。例えば、ちょっと難しい映画を売り出すとして、売り手がこの方向を貫きたいと言っても、東映だったら絶対に「刺激的なコピーで行け」と言うでしょうね。ダイレクトに「今の残酷なシリアの現実はこうだ！」と。

原田　でも、大竹さんの気持ちはこのチラシからすごく伝わってくる。最近は動画も無料で観られるから、もうチラシさえ不要だと言う人がいますが、ネットの時代になったからといって言葉がいらなくなったわけじゃない。逆に、より重要になっている気がしてしょうがないんです。

例えば、最近、ネット媒体に映画のニュースリリースを流しますが、リリース文章を作る時、どういう見出しを付けてもらおうかというのをすごく考えるし、見出しでアクセス数が大きく変わってくる。そう考えると言葉の重要性というのがとても大きくなってきているように思います。ただ、宣伝作業のなかで、みんな、ディスカッションする余裕がなくなってきている。だから『シリア・モナムール』に込めた大竹さんと有田さんの気持ちはすごいなあって。

宣伝だけで終わってしまう
仕事ではなく、
製作や配給から
入っていきたいです。

佐々木瑠郁（ささき・るい）

映画宣伝

1985年、東京都出身。学生時代に配給・宣伝会社でのインターン・アルバイトを経験し、大学院修了後に同社へ就職。2012年よりフリーランスとして映画宣伝の活動をスタート。ドキュメンタリー映画やミニシアター系の映画宣伝に携わる。2016年には「さいたまトリエンナーレ2016」で行われたアートプロジェクトの1つ「ロングフィルム・シアター」のプログラムディレクションを担当。

スタッフ間の遠慮と一体感

大竹　デザインは成瀬慧さんという私たちが尊敬するデザイナーにお願いしたんです。公開初日、人があまり入らず、私たちががっかりしているのを見たら、成瀬さんが急に「今までは、二人にちょっと遠慮してデザインを作っていた」と言うんです。「だから僕に勝手にチラシを作らせてくれ」と。「勝手に作るから1〜2日くれ」と言って、あげてきたコメントチラシ（映画の感想やコメントが掲載されたチラシ）が、もう、さらに文字だらけ！　デザイナーさんも一緒になって突き進んだという感じですね。そのチラシを投下したことで、一度落ち込んだ気持ちも再び盛り上がりました。

植草　デザイナーさんが、はじめは遠慮があったというのは感じていましたか？

大竹　公開初日に初めて知りました。私はデザイナーさんと仕事をする時、「ここをもっと大きくしろ」と細かく指示するようなことは、できればやりたくない。ユーロスペース時代、社長の堀越謙三さんに、そういうことは一切やるなと言われていたんです。デザイナーは一つの完成されたものとしてデザインをあげてくるのだから、それに対して文字を小さくしろとかこっちの画を使えとか、そういうことはやるなと。いまだにそれが染みついていて、細かいことを言うのは嫌なんです。

関根　基盤となる方向性さえ合っていればね。

大竹　そうです。『シリア・モナムール』では、まずデザイナーの成瀬さんがいくつかチラシ案を出してくれました。その中から、いいなと思ったデザインで進めることにしたのですが、やっていくうちに、最初のチラシはきれいで端正すぎるかなと思うようになって。デザインを少し変えた最終版のチラシに載っている女の子の写真は、最初のチラシでは少年が花をめでる別の写真で、タイトルも2段ではなく1段に収まっていて、上品で清潔感のあるチラシでした。でも、これだともしかしたら映画のパワーが伝わらないかもと思うようになって、成瀬さんに伝えて、最終形のチラシが完成しました。もちろん大好きな、完成度の高い素晴らしいデザインですが、今思えば、端正であったというのは、どこかに遠慮があったということなんですよね。私は成瀬さんのデザインを完成されたものとして出していきたいという気持ちがあった。成瀬さんも、私たちの想いが強すぎて、遠慮してしまうところがあった。それがわかったのが公開初日だったという。

植草　『シリア・モナムール』でそんな口惜しい思いをした大竹さんには申し訳ないけど、『ハッピーアワー』はノンフィクションではありませんが、5時間以上の異色な作品にも関わらず、よく浸透してお客さんも入りましたね。

佐々木　そうですね。5時間17分の長丁場だけあって、試写にはまるっきり人が来なかったんですよ。3~4人くらい。でも、もともと監督にファンがついていましたし、公開までの間に映画祭での受賞ニュースもありました。

　キャストが演技経験のない素人だったのですが、ロカルノ国際映画祭で最優秀女優賞を受賞して、他にもいくつか受賞したんです。そういう追い風はありましたが、やはり、劇場の方やプロデューサーと監督とこの特殊な上映形態をどうやって動かしていくのかということには、かなり時間をかけて話しました。配給したのが配給会社ではなく、もともとシステム開発会社の人たちが初めて配給プロデュースする作品だったので、配給業務は初めての人々が集まって、自分たちにあるお金とアイデアを使って何ができるかというのを話し合いました。

植草　川本三郎さんから「絶対観なきゃダメだよ」と言われて、『ハッピーアワー』という映画の存在を初めて知りました。そのようにクチコミが動員に結びついたのでしょうか。

佐々木　そうですね、初日から満席だったわけではなく、1週間後くらいから満席になっていったので、そういう意味ではクチコミも大きかったと思います。クチコミと言っても、一般の人ではなく、もしかしたら業界内のクチコミで広がったのかもしれません。試写には人が集まりませんでしたが、劇場に観に行った関係者が「観客は映画業界の人が多かった」と言っていましたし（笑）。

大竹　私も観に行った時、知っている人たちがたくさんいました。

原田　時期もよかったですよね。映画賞が発表される時期と合って、ランキングされたりしましたから。

植草　かなり我田引水、こじ付け的ですが、『シリア・モナムール』における大竹さんとデザイナーとの互いへの思いやりゆえの齟齬、『ハッピー・アワー』のスタッフの一体感……そこに、両方うまく合わせたり、調節する中庸の弱さのようなものを感じるのですが。

関根　中庸というのは怖いですね。製作委員会方式が出てきたのが85〜86年くらいかな。その前に、東映に製作資金がないということでテレビ局と提携して製作していました。テレビ局が製作、配給宣伝を東映が受け持つわけです。すると、お金を出すテレビ局のほうが力関係は強くなる。フジテレビの『眠らない街〜新宿鮫〜』（1993年公開）で初めて、僕は宣プロとしてフジテレビの人との打ち合わせに行きました。それまで東映社内の純粋培養でやってきたから、すごく神経が削られましたね。しかも、結果が不入り！

植草　製作委員会方式ではないにしても、例えば複数の会社で出資し合った配給作品の場合、A社はこう言う、B社はこう言う、と意見が分かれるケースはありますか？

原田　僕は、規模が大きい映画にあまり関わったことはありませんが、宣伝会議にいろいろな人が出てくるケースはよくあります。すると、本当に意見がまとまらない（笑）。だからと言って中庸をとるというのは、絶対にやめたほうがいいと思う。中間をとるというのが、いちばんつまらない。

関根　映画という商品は、中庸は避けたほうがいいですよね。

植草　映画の宣伝・広告の大きな一つのキーワードかもしれませんね。依頼主とケンカというか、徹底的に対立することはありませんか？

大竹　対立ということではありませんが、思いが先走ってしまいご迷惑をおかけしたことを思い出しました……。ずいぶん昔のことですが、ユーロスペースに勤めていた時代に『ポーラX』（1999年公開）という映画を宣伝したんです。ユーロスペースは人手もなく、自分の劇場で上映することも多いので、自社が配給権を買った作品は自分で宣伝を進めることも許されるような、のどかでおおらかないい雰囲気がありました。ただ『ポーラX』は配給権が高かったため5社くらいが出資に入ったんです。私はそういう形でやったことがあまりなかったので経験不足なことが多くて。キャッチコピーやビジュアルをどうしようかという会議があり、『ポンヌフの恋人』以来8年ぶりのレオス・カラックス監督の新作で、みんな期待しているという話をして。『ポーラX』はカンヌで初お披露目があり、私もそのキャンペーンでカンヌに行き、帰国したらすぐに完成披露試写会というような、とにかくすぐに入稿して日本を出なきゃいけないタイミングだったんです。宣材写真はあまりいい写真がなかったのですが、男女2人が絡んでいてヘアーが出ている写真があり、なんと恐ろしいことに私は「これはすごくいいな」と思って……（笑）。試写状の裏も、普通はいろいろな情報を書くのですが、そこも「ポーラX　レオス・カラックス　新たな伝説」と試写日時だけ。これを誰の許可も取らずに勝手に入稿し、試写状も送ってしまったんです。

当然ですが、大変な騒ぎになりまして、結局多くの意見を取り入れた、先ほどから話題になっている、いわゆる中庸なビジュアルで刷り直しました。シネマライズのオーナーだった頼さんご夫妻が、会議が終わった後で「本当はこのデザイン、いいと思う」と慰めてくださいましたが。いま考えると恐ろしいことです。世間知らずで、多くの方にご迷惑をおかけしました。思い出すと冷や汗が出ます。

関根　世間知らずというのは僕のこと。東映に勤めている時、上司や宣プロの言うことを聞かなかった。もしポイッと捨てられても、コピーライターとしてフリーでやっていけると思ったから、絶対に会社に染まるものかと思ってずっとやってきました。そしたら運よく定年退職までもっちゃった。あんなに、やりたい放題やれたのは、まさに映画の旧き良き時代、奇蹟です。

ウェブ宣伝に対する評価と戸惑い

植草　ところで紙とウェブとテレビなどの宣伝費の分配はどのようになっているのですか?

大竹　例えばギャガさんなどはそれなりにウェブ媒体に予算をかけるのではないかと思いますが、私とか、ここにいる原田さんや佐々木さんがやってらっしゃるようなミニシアター系の作品の場合は、宣伝費全体を100%とすると、ウェブはおそらく3%ほどではないでしょうか。では何に予算を割いているかというと、雑誌でもなく、ラジオでもなく、もちろんテレビなんていう予算はなく、97%は新聞です。相変わらず。

関根　そこは変わらないんですね。

大竹　私たちが宣伝を手がけるような映画は、新聞を読んでいる世代が動きやすいというのがあります。それでも以前に比べれば予算は縮小されていますけれども。出稿（広告を出す）ということで言えば、そうなります。

©Atacama Productions (Francia)　Blinker Filmproducktion y WDR(Alemania), Cronomedia (Chile) 2010

原田　ウェブはどうする、という話は出ますけどね。

大竹　フェイスブックに1万円だけ入れましょうか、みたいなね。

原田　2015年に岩波ホールで上映した、アップリンク配給の『真珠のボタン』と『光のノスタルジア』では、「ウェブに予算をかけよう」という方向になり、数十万円ほどかけたと聞きました。岩波ホールでかける作品としては、かなりウェブに予算をかけた。

大竹　噂になっていましたね。

佐々木　でも、『ハッピーアワー』もそのくらいの予算はかけました。フェイスブック広告だけで2桁の金額は使いました。

原田　作品や配給会社のテイストもあるでしょうね。

植草　そういう場合、効果というか手ごたえというのはどこから判断しますか?

原田・大竹　わからない（笑）。

佐々木　『ハッピーアワー』の配給会社はもともとウェブエンジニアの人たちなので、きちんと分析して、効果を見ながら、「あと何万かけよう」と足していった感じです。

植草　岩波ホールのお客さんは高齢者が多いですよね。高齢者の人々がウェブで惹かれてくるのでしょうか。

原田　岩波ホールのいつものお客さんではなくて、違うフィールドに働きかけたいという意図があったのでしょうね。ウェブ広告の具体的な成果はわかりませんが、いつもよりは夜の回に若い人が多いとか、有名な若手の女優さんが見に来たとか、そういう効果は少しあったようです。アップリンクというブランドがありますしね。アップリンクと岩波ホールという、タイプが異なる2つの会社が組んだというのはおもしろいなあと思っていました。

植草　おもしろいですね。チャレンジをしない限り、お客さんは変わらないし。

原田　パンドラが配給した『シアター・プノンペン』（2016年公開）という作品も、フェイスブックの反応がすごく良かったんです。だから宣伝会議で「いくらか予算をかけませんか」と話して広告を出したら、やはり反応がありました。こういう手法が新たなお客さんの掘り起こしに繋がっているかもしれません。

大竹　今年公開した『さざなみ』の宣伝プロデューサーをやりました。シャーロット・ランプリングが出てはいますが地味な映画であるにも関わらず、ヒットしたんです。シネスイッチでの上映で、客層が本当にシニアばかり。宣伝にはウェブ媒体も使いましたが、これは久しぶりに紙媒体が効いたな、という実感がありました。

植草　佐々木さんは、これから宣伝の世界において、こうしたい、こうなったほうがいいとかいうことはありますか？

佐々木　宣伝だけで終わってしまう仕事ではなく、配給や製作から入っていきたいです。私の場合、宣伝は東京だけで終わり、地方の状況が全くわからないまま別の作品に移ってしまいますが、配給や製作から入って、全国の地方の上映が終わるまで作品に関わってみたいです。

原田　宣伝はつらい仕事だと思います？

佐々木　つらいとはあまり思いません。

原田　すごいなあ。最初はもう、大変でした。今は慣れたかな、でもつらいことのほうが多いですね。

植草　今はメディアの人に観てもらうってことがまず大変ですよね。試写会になかなか来てくれない。まずサンプルＤＶＤを送ってくれという話になりませんか。

原田　当たり前のようにサンプルを用意して送ることが多いです。試写会をやらなくていいんじゃないかという話もありますけど。でも、やっぱりやらない作品は小さくなってしまうというか……。たぶん、メールではなくて、試写状を出すという行為が大事なのだと思います。

大竹　メールやＳＮＳが発達して、直接的な人と人との関わりが簡略化されていく中で、試写会で人と会っていくということは最後の砦のような気がします。人との出会いの中で生まれるものに対して、まだ縋っていたい。宣伝費が削られて試写会をやっても人が来ない、だから試写会をなくそうということになるなら、もう宣伝マンはいらなくてロボットがやればいいじゃない、ということになりかねない。

原田　話は変わりますが、先日、アッバス・キアロスタミ監督が亡くなって、90年代が……。

大竹　ええ、これで終わったと思った。

原田　90年代のミニシアター時代を引っ張ってきた監督です。訃報を聞いて、これは時代を振り返らざるを得ないという感覚になりました。ミニシアターの時代も一つ区切りがついたのかなと。

『そして人生はつづく』と『友だちのうちはどこ？』（ともに１９９３年公開）を観て驚いた体験って、大きかったですよ。イランからああいう映画が出てきたという衝撃。監督が亡くなってもう作品が観られないということもありますし、なんだかさみしい気持ちになる。

植草　でも、新しい時代が来るということでもある。一つの時代が終わって、また次の時代が来る。それはどういう時代になるか、わからないけれど。

（２０１６年８月４日　渋谷ＣａｆéＭｉｙａｍａにて）

ピロスマニへの旅

グルジアを歩きながら、思いをめぐらせた映画のことなど

ピロスマニ作「家族のピクニック」

Takehide Harada はらだ たけひで

二〇一六年五月九日夕刻、アゼルバイジャンのバクーを経由した飛行機が着陸態勢にはいり、グルジア（ジョージア）の首都トビリシ近郊の森が視界に広がってくる。新緑の美しさに息をのみ、夕暮れの山のたおやかな稜線に見とれる。初めて眺める景色に「懐かしさ」がこみ上げてくる。きっと私が憧れて、思い描いていた心象風景に重なるからだろう。

そしてグルジアの地に四年ぶりに立った。この「地に立つ」という言葉が、この国にはふさわしい。ユーラシアの大地にしっかりと立ち、大陸をわたってきた風の匂いを嗅ぐ。私がこの国を初めて訪れたのは、ソヴィエトの一共和国だった一九八一年の春のこと。今回の旅はそれからちょうど三十五年目にあたり、この国が独立して二十五年たつことに気づく。

一九七八年秋、私はまだ二十四歳だった。岩波ホールでグルジア映画「ピロスマニ」（当時の配給・日本海映画）の公開に携わった。ピロスマニは十九世紀末から二〇世紀初頭を生きたグルジアの放浪の画家だ。「百万本のバラ」で歌われた、女優に恋をする貧しい画家といった方がわかりやすいかもしれない。私はこの映画に大変感動し、運命的な出会いを感じた。しかし、その後の私の人生を決定づけることになるとは、当時は想像もしていなかった。

来日したギオルギ・シェンゲラヤ監督から「ピロスマニを見ることは、グルジアを信じること」という言葉を教えられて、私はこの未知の画家と未知の国に憧れを募らせ、三年後にグルジアを訪れることができた。そして初めて見たピロスマニの絵とグルジアの日々は、私の魂をすっかり虜にした。しかし三十八年間も、それらのいったい何が私の心をとらえ続けてきたのか。実はその答えを未だにうまく言葉で表せないでいる。

今回の旅の目的は、グルジア映画の近年の傑作『とうもろこしの島』と『み

かんの丘』（配給・ハーク）を製作した二人の監督に会うためだった。秋の公開の準備のために、彼らがどんな人物で、どんな思いでこれらの映画を作ったのか。知らなければならないと思っていた。

いずれの作品もグルジアが独立した後、一九九二年に西部のアブハジアで起こった紛争を題材にしている。民族間の戦争はとりわけ陰惨になる。グルジアとアブハジアの戦いも激化し、憎しみが報復の連鎖を生み、多くの人が亡くなり、二十五万人の難民が生まれ、今も緊張は続く。私たち戦後世代は戦争を抽象的に捉えがちだ。これらの映画は戦争を経験をとおして語り、いかに不毛であるか、対して人の日常の営みが崇高であるかを示す。私は争いを絶とうとする彼らの思いに感銘を受けた。日本でも安保法制の強行採決以降、戦争と向き合う可能性が、日増しに高まっている。二作品が提示するメッセージは、日本人にとっても大切なものになりうるだろう。

かつてグルジアでは、アブハジア紛争と同じ時期に、政府と反政府勢力との内戦も起こり、二十一世紀初頭まで、国内は荒廃し、経済、文化も停滞した。この時期に青春期を送った世代は「失われた世代」と呼ばれている。この二作品を作ったオヴァシュヴィリ、ウルシャゼの両監督も一九六〇年代の生まれで、その世代にあたるが、二人の映画製作への姿勢は異なっていた。

『とうもろこしの島』のオヴァシュヴィリは、哲学的なテーマと七転八倒の格闘をしながら、そこに普遍を見出そうとする。『みかんの丘』のウルシャゼは、抽象的な考えを好まず、何をどう作るかを心得ている、実際的な人に見受けられた。詳しくは同作品のプログラムに記したので割愛するが、彼らはこの紛争で、共に親戚や友人を失い、何もかもがどん底の時代をくぐり抜けてきた。二人には当事国の人間が描く難しさがあったはずだ。彼らはこの紛争については平静な気持ちになれないので、映画を作るつもりはなかったというが、結果として戦争と真正面から向き合うことになった。

グルジアの面積は北海道の84％、しかし紛争中のアブハジアと南オセチアを除くと68％の小さな国だが、自然環境は驚くほど変化に富んでいる。歴史は古く、シルクロードの要所でもあったように、地政学的に重要な土地である。そのためにペルシャ、アラブ、モンゴルなど、周辺の国々の侵略を受け、戦争が絶えることがない。その苛酷ともいえる歴史のなかで、言語、文字をはじめ、独自の文化、風習を守り抜いてきたことは奇跡としか思えない。

グルジアの現在は、三千年の過去に遡る、戦さで倒れた無数の戦士の屍の上に成り立っている。この国の男たちの表情を見ていると、彼らには、遥か昔からの戦士の血が脈々と流れていて、その血が未来へと受け継がれてゆく様を想像してしまう。しかし一方で、ピロスマニの絵に見られるように、この国には戦さと対をなす、平和、調和、楽園のヴィジョンが、宴会やポリフォニーの音楽などの風習や文化に表れていることは興味深い。

ニクシャをはさんで児島さんと筆者

今回の旅ではコーディネートと通訳を、トビリシ在住の児島康宏さんにお願いした。児島さんは言語学者でグルジア語に堪能、昨年、和・グルジア語辞典を奥さんのメデア・ゴツィリゼさんと出版したばかり。グルジアのことではいつも大変世話になっている。昨年再上映した『放浪の画家ピロスマニ』（配給・パイオニア映画）のプログラムも、児島さんとメールでやりとりしながら無事完成させた。今回、ようやく一緒にグルジアで仕事が出来ることになった。

到着した翌日、画家ディマ・アンタゼから、トビリシ郊外の高台に建てた新居に招かれた。彼にはグルジアを訪れるたびに世話になっている。多忙にもかかわらず、いつも愛車のスバルであちこちへ連れていってくれる。しかし今回はなんと数日前に飲酒運転で、半年間の免停になったとのこと。私はワインと宴会の王国、グルジアにも飲酒運転の取り締まりがあったことに驚く。家のバルコニーで、ディマ、児島さんとハチミツ酒を飲みながら、さわやかな風に吹かれていると、私は気分がよくなり、思いつきで二人に大変なことを提案してしまう。「三人で協力しあって、ヴァジャ・プシャヴェラの作品集を日本で出版しないか」と。

プシャヴェラは、ピロスマニと同時代の十九世紀半ばから二〇世紀初頭にかけて生きた作家。グルジアでは、人々が尊敬する芸術家はたくさんいるが、なかでもプシャヴェラはピロスマニと同じように別格のようだ。私は拙い英語力で英訳本を拾い読みするくらいで、実際にどれほど素晴らしい作家なのかはわからないが、グルジアでは彼の名前を口に出したとたんに、誰もが、えもいわれぬうっとりとした表情になり、彼への尊敬の思いや讃辞を語りだす。もちろん二人ともこのプランに夢中になった。児島さんが翻訳し、ディマが挿絵を描き、私がその実現に向けて奔走するわけだ。今どき、とても難しいことだがやりがいがある。

児島さんから、明日の夕刻、ルスタヴェリ通りの映画館前で『ピロスマニ』のギオルギ・シェンゲラヤ監督の長年の功績にたいして、記念のプレートを道に埋めるセレモニーが行われるとのこと。近くお会いする映画史家マリナ・ケレセリゼさんからの貴重な情報である。

セレモニーで、右からエルダル・シェンゲラヤ監督、車椅子はギオルギ・シェンゲラヤ監督、その左へ、ニクシャ・シェンゲラヤとイヴァニシュヴィリ前首相

私がピロスマニとグルジアに魅せられた「元凶」ともいうべきギオルギに栄誉が与えられる日に、偶然とはいえグルジアにいられたことは、なんという幸運な巡りあわせか。きっと息子のニクシャや兄のエルダル監督もいるに違いない。シェンゲラヤ親子には今回もお会いする予定だったが、まだ知らせてはいない。どうやって二人を驚かそうかと思案する。

当日は、今でもグルジア政界に大きな影響力をもつイヴァニシュヴィリ元首相をはじめ、政治家、芸術家が駆けつけて、紙吹雪が舞い、お祝いの歌がうたわれ、心のこもったセレモニーが行われた。私はニクシャに挨拶、そしてギオルギには後ろから「おめでとう!」と肩をたたくと、彼は振り向き、私だと知ると「なぜ家にこない!」と怒りだした。いかにもグルジア人らしく嬉しい。エルダル・シェンゲラヤ監督とも三十五年ぶりに会うことができた。

このセレモニーに列席した往年の名優たちの顔を見ても、グルジアの俳優は味わい深い顔つきをしている。それぞれが個性的でいぶし銀のようだ。かつて中国の映画人が、概して良い俳優は街ですれ違っても気がつかない、地味な普通の人が多いといっていたことを思い出す。

なにごとも多様性が失われている時代である。日本も韓国も中国も、最近の若い俳優は非の打ち所がない美形ばかりで、タイプも似ている。人間的に癖のある人は少なくなった。理由のひとつには、製作する側が、トレンドに重点を置いていることも大きいだろう。さらにいえば、個々の人間を形成する社会環境や経験が「均一化」していることが、顔や身体の作りにも影響しているのかもしれない。繰り言に聞こえるだろうが、背が高く、小顔で細面、美形ばかりの俳優で、人生の悲哀や心の陰影を映しだしたドラマが作れるだろうか。例えば、今、黒澤明監督の「七人の侍」をリメイクしたら、おそらくまったく印象の異なる作品になるだろう。

グルジア映画遺産保護協会会長マリナ・ケレセリゼさんとお会いする。私は急速に悪化している日本のミニシアター事情に限らず、文化全般が脆弱になるなかで、かつてのグルジア映画の名作を紹介したいと考え、それらの上映の可能性を彼女から聞きたかった。

マリナ・ケレセリゼさんと筆者

お話を伺っているうちに、彼女がソヴィエト時代から今日までの長い歳月を、映画人同盟の会長だったエルダル・シェンゲラヤ監督とともに、自国の映画を育て、守るために、身を粉にして働いてきた人だということがわかり、映画の母親のような存在に見えてきた。

話の結論からいうと、伝統あるグルジア映画の数々は、現在グルジアにはない。ネガはソ連時代からモスクワの施設で一括して保存、管理されていて、現在もそのままになっている。

著作権は監督にあるが、ネガを勝手に動かすことはできない。ロシアの映画会社が一部の作品の配給権を委託されているが、すでに稼動したプリント、ないしはそのデジタル化になるので、状態にばらつきがある。かつてグルジアにもプリントがあったが、もともと保管状態が悪く、さらに二〇〇四年に起こったビル火災で劇映画は全て燃えてしまった。また国内にあったプリント用の映写機は保守ができずに、一台も使えなくなってしまったとのこと。

現在、ケレセリゼさんたちはモスクワにあるネガをデジタル化して、グルジアでも鑑賞できるようにしようとしている。そのためには莫大な経費と時間がかかる。ちょうど数日後に首相に会って相談するので、日本でもグルジア映画にこのように熱意を持っている人がいることを伝えたいといっていた。そしてふと気がつくと彼女の目には涙が浮かんでいた。

グルジア映画だけではない。世界には私たちの知らない名作映画がたくさん眠っている。七〇年代のミニシアターの原点に戻って、旧作でも、心に残る映画を発掘、紹介することが必要になっている。なぜならば、近年、国際映画祭の受賞作品でも、その多くが物足りなく感じるからだ。

かつてはテーマを遠くに据えて、人生や世界の真実に鋭く迫る、内容の深い作品がたくさんあった。しかし現代の作品は概してウェルメイドで、二回りくらい小さく、内容も浅いと思うことが多くなった。映画は時代の心を映し出してきた。それならば、映画が小粒で、内容が浅くなったということは、現代人の知性と感性が、それだけ低下したということか。魂が薄くなったと

『とうもろこしの島』ギオルギ・オヴァシュヴィリ監督とスタッフのニノさん

『みかんの丘』ザザ・ウルシャゼ監督と筆者

いうことか。それとも私の映画を見る目が偏屈になり、歪んでしまったのか。

映画は鑑賞料をとる限り、商業性とは切り離せない。ミニシアターでも経営を成り立たせるために、商売と芸術の微妙なバランスを保つことが肝要だ。しかし映画界全般において、今日の状況は、商売を偏重しすぎたために悪循環に陥っていないか。商業的な成功は結果にすぎないのに、製作当初から金銭的な結果を求め、結果として合理化、効率化が進み、大が小を圧するようになっている。この現象は映画の世界だけではない。

グローバリズム、そして津々浦々までに拡がったインターネットは世界を狭く、地球を小さくした。そこにも商業主義への偏りがある。流通は地球を駆けめぐり、世界中の都市に、お決まりの有名ブランドが満遍なく進出し、それぞれの街は自分の「顔」を失い、「均一化」が進んでいる。その結果、街の「顔」だけではなく、映画の作りまで似てきている。かつて映画は未知の世界への窓といわれたが、そうではなくなった。いうなれば世界の言語の数だけ、映画の作りも異なっていたのに、今や国や民族、風土が異なっても、作られるものが似てきている。

グルジアの文化人は、国の未来を真剣に考え、しかもチャンスを与えられている。現在、日本と同じように政党が乱立し、先の見えない状態が続いているが、国の規模が小さいためか、アクティヴで新陳代謝が激しく、それが頼もしくも思える。これからが正念場だ。

ニクシャ・シェンゲラヤ宅に招かれた、彼は私とほぼ同年齢の有名な美術家であり、父親はギオルギ・シェンゲラヤ監督、母親はこの国を代表する女優ソフィコ・チアウレリという生粋の芸術家の血をひく。彼のリビングには八年前に亡くなったソフィコのポートレイトや、彼女がパラジャーノフ作品に主演した際の写真が飾られている。ニクシャとは久しぶりに旧交を温めたが、彼がつぶやくように語った「この国の不平等をなくして、ひとりひとりが幸せに暮らせる社会を作りたい。そのためにはstep by stepが大切なんだ」という言葉が忘れられない。

暮らしのデジタル化が進むなかで、今や一日中、情報は雨あられと降り、脳はそれらを捨てきれずに飽和状態になっている。情報は多くあっても、本当に意味があり、使えるものは一部にすぎない。人間は経験をとおして、知恵や情報を身につけてゆくものではなかったか。デジタル画像も、4K、8Kなどは映像の情報量が多すぎて、人間の受容能力を越えている。かつてのフィルム画像は人間の身の丈にあっていた。曖昧な部分を想像力で補てんし、むしろ深さが生まれていた。過剰なデジタル化は、見るものを受け身にさせ、結果、想像力を退化させてはいないか。

この数年、私たちの映画を鑑賞する力が衰えているように思える。私たち、ミニシアターが扱う映画の多くは、心に残り、「考えるように」に作られているのに、近頃は「わからない」と切り捨てられることがある。私はこの言葉の蔓延を危惧している。鑑賞や思考の放棄になりかねない。ここにも受け身の鑑賞姿勢が感じられ、利益偏重やデジタル化の影響があると考えている。

もうすぐ映画のシナリオは、より効率よく収益をあげるためにコンピューターが書くことになるだろう。そうしたら人の心はどこへ行けばよいのか。映画は二十世紀のメディアだったという声をしばしば聞くようになった。映画は第七の芸術として、技術進歩のなかで約一二〇年前に誕生したが、皮肉にも「進歩」のために、早くも消滅の道を辿っている。私は映画と、ゲームが大型化したようなデジタルエンターテインメントを差別化しなければ、映画芸術は形骸化し、消滅すると思っている。芸術は時代に迎合するのではなく、抗うことで変化を遂げてきた。私たちの意欲が、この困難な時代において試されている。

今日のバーチャル・リアリズムへの熱狂に見られるように、大衆の娯楽は、世代をこえて地球規模で幼稚化し、非現実と現実の境界は曖昧になっている。この状況に、私はハーメルンの笛吹き男の昔話を思い出し、テクノロジーそしてエスカレートする商業主義（笛吹き男）が、将来の全体主義の基盤を築いているように思えてならない。数世紀前、イースター島では、住民がモアイ像の作成に夢中になるあまりに、森を破壊し、島の暮らしを崩壊させた。人間の過ちは幾度でも繰り返される。

安楽や快楽、誰もが等しく喜怒哀楽を共にする世界。それは私たちが望んでいたユートピアだったはずだ。今、逆ユートピアのアイロニーが現実になっている。現代社会は、進歩という錯覚によって成り立つ巨大な蜃気楼にすぎない。

グルジアを代表する民族アンサンブルグループ「ルスタヴィ」の演奏が好きだ。一九六八年の創立以来、ルスタヴィを率いるアンゾル・エルコマイシュヴィリさんは国民に尊敬される芸術家で、この国のポリフォニー音楽を未来へ継承するために長年尽力している。彼の全身全霊をかけて音楽に奉仕する姿に、私はいつも心から感服している。グルジアのポリフォニー音楽は本当に素晴らしく、ユネスコの無形文化財に指定されている。古い歴史があり、三声の重厚なハーモニーは多様で、驚くような音楽的展開がなされる。

私はグルジア式にアポをとらずにエルコマイシュヴィリ氏宅を訪問した。アンゾルさんは不在だったが、ラリ夫人から、翌日のリハーサルと数日後のコンサートに招待される。

『とうもろこしの島』

ルスタヴィのカーテンコール

シグナギの高台から

ルスタヴィのコンサートは素晴らしかった。西グルジアのクリマンチュリという超絶技巧を使う「ハッサンベグラ」を、ルスタヴィをはじめ数グループが一緒に歌ったのだ。初めての試みだという。かつてストラヴィンスキーはこの歌を「人類が作った最高の音楽」と評した。

この国には数多くのポリフォニーの演奏グループがあるが、そのなかでもルスタヴィの音楽的完成度は群を抜いている。今回の演奏も、客席で演奏を聴くアンゾルさんは目を細めて満足そうだった。しかし終演後の楽屋では一変、彼は厳しい表情で楽団員たちに執拗にダメだしをしていた。このようにしてあの究極とも思える演奏が生まれるのかと納得する。

グルジアにおける九〇年代の社会的、経済的停滞は、この国の文化全般に大きなダメージを与えた。今回、さまざまな文化人の話から一様に感じたことは、独立後の混乱による長い空白時期を過ぎて、彼らの誇りとしてきた伝統文化の未来を案じていることだった。ディマもニクシャも、子どもの世代との断絶に悩んでいた。彼らは、子どもたちがデジタルメディアに夢中になるあまり、将来、グルジア人の魂の礎ともいうべき文化が廃れるのではないかと不安を語っていた。

公園の売店で新聞を求めてみると、芸術・文化だけの新聞だった、一面から長文の詩が掲載されていて、映画や美術のページもある。日本の文芸雑誌のジャンルを広げて一般的にしたような感じか。一般庶民の芸術・文化への関心の高さがうかがえる紙面づくりだった。一方、日本は映画の公開本数が増えるばかり。現れては消えるという悪循環を繰り返している。新聞で少しでも取り上げられたら有難いこと。昔のように文化面で論じられることは極めて稀になった。

私の友人たちは、伝統文化が失われてゆくと心配していたが、このような内容の新聞は日本にはない。この国の人々の芸術を愛する気持ちは変わらず、芸術をとおして人同士の熱い繋がりがある。グルジアにここで踏みとどまり、文化をさらに豊かなものにしてほしいと思う。

コンサートの翌日、アンゾルさんからトビリシ近郊のミサクツィエリ村の別荘に、児島さん一家とご招待いただいた。周辺に田園が広がるお宅の庭には、果樹がたくさん植えられ、奥の温室にはさまざまな香り高いハーブが元気に育っていた。白い家の壁には薔薇が見事に花を咲かせている。私は昔から作家ヘルマン・ヘッセのように優れた庭師でもある芸術家に憧れていた。この手入れの行き届いた庭を見て、一層アンゾルさんに対する尊敬の思いが深まった。スペインの音楽学者一行にアンゾルさん一族も加わり、久しぶりにグルジア式宴会でもてなしていただく。たくさんのワインと料理、いつ果てるともなく続く乾杯の辞。しかしこのような宴会も、経済的にも時間的にもゆとりがない今日、あまり見かけなくなった。

世界中で民族的、宗教的対立が激化している今日、私はグルジアの人々と接する度に、彼らが誇りにする民族文化のことを思い、さらに韓国映画の重鎮イム・グオンテク監督がかつて語った「民族の心を深めるほど世界に繋がる」という逆説的とも思える言葉を考える。

ピロスマニにおいては、「ピロスマニを見ることは、グルジアを信じること」といわれるように、彼の芸術はこの風土なしには考えられない。しかし世界の誰もが「同じ人間」であり、個々の相違の彼方に、共通の普遍が拡がるから、世界中の人が魅せられるのだ。

近年のグローバリズム一辺倒に対する反動なのか、現在、民族や国家の個性回復が問われている。あげくに人々は不寛容になり、民族主義や国家主義が高まっている。皆が「同じ人間」であることは忘れ去られて、肌の色や宗教の違いに、それぞれが存在理由を見出そうとしている。しかし排外主義に自身の存在理由を求めることは欺瞞であり、不毛である。

インドの詩人タゴールが「多様さを認識しなさい。そうすれば一つになれる」といっている。迷妄から自由にしてくれる言葉だ。多様性のなかに真実と普遍を見出すこと。私たちは困難ではあるが、両極へのベクトルに裂かれながらも、人間として、叡智を探求し続けなければならない。より自由な心で、気概をもって生きなければならない。

トビリシには人口が集中し、車も増え、観光客も多くなった。聖アンドリアの祝日、その人混みに少々疲れた私は、仕事の合間をぬって、児島さん一家と郊外へ逃げ出す。

繰り返しになるが、グルジアは小さな国だ。ところが北海道より狭い国土にもかかわらず、多様な自然環境に恵まれている。その美しさに原初の楽園を想像するのは自然なことだろう。三十分も車を郊外に走らせれば、山や海の大自然と静かな田園に身を置くことができる。

いつも必ず訪れるピロスマニの生まれ故郷、東グルジアのカヘティ地方へゆく。新緑がとても美しい。かつてギオルギに「この季節には、悲しみの色の黄色い花が咲く」といわれた。広い野原には、さまざまな種類の黄色い花がいっぱい咲いていて、ただただ見とれる。

グルジアはワインの発祥の地といわれ、クヴェヴリという土甕を利用した独自の方法で作られる。この地方の村々にはそれぞれ誇りにしている醸造所があり、ワインには土地の名前がつけられている。その銘柄を知り、土地勘がついてくると、車で通り過ぎる村々のワインを全部賞味したくなる。

ピロスマニが生まれたミルザアニ村で、児島さんが農夫に道を尋ねようとしたら、答えが「キ、ズマ」。直訳すると「ああ、兄弟」という感じなのだろう。児島さんにいわせると、そのイントネーションが都会とは違って、なんともいえない味わいがあったという。

シグナギ村の高台から、この地域一帯を見下ろす。遠くにはコーカサスの白い山々が見え、アラザニ川流域の田園も一望でき、美しく雄大な景色が広がる。しかし考えてみると、ここから二、三十キロ先の目と鼻の先には国境があり、いつ戦闘が起きてもおかしくない地域がある。そのような地帯と隣り合わせに、人々が安穏に暮らしていることが、島国暮らしの私たちには実感

コーカサスに向かうグルジア軍用道路で

アンゾル・エルコマイシュヴィリ夫妻（トビリシ近郊の別荘にて）

としてわかりづらい。しかし、それが世界の現実である。

私はコーカサス山脈の麓まで行く機会がこれまでなかった。近くまでは行くのだが、スケジュールの都合で、途中で引き返さなければならなかった。しかし今回は突然、午後と翌日の午前の予定が空いた。コーカサスの山々に、いつか身を置きたいという私の願いが通じたのか、児島さんがカズベキに行きましょうといってくれる。

トビリシから唯一の道、グルジア軍用道路を北へ登る。わずか三時間弱の道程なのだが、風景がどんどん変わってゆく。コーカサスが近づくにつれて、その想像以上の威容に圧倒される。白い雪の険しい壁が眼前に立ちはだかるように広がってくる。極めて男性的で、それに比べると富士山は女性的に思える。ロシアの文豪たちがこの山々を謳った理由がよく理解できた。

その夜は五千メートル級のカズベキ山の麓にある村の民家に泊めてもらう。鶏、羊、山羊、牛、豚、馬が、村道を闊歩している。その家の十代の娘が絵に描きたくなるほどの美しさだった。夜になると満天の星空に包まれる。月明かりにコーカサスの白い峰々が浮きあがる。

翌朝、これまで写真をとおして憧れていた、ゲルゲティ山の頂上にあるツミンダサメバ寺院を目指す。屹立するカズベキ山を横目に、かなりのこう配の坂道を登り続ける。天気は快晴。空の青、そして白い雲が素晴らしい。人が天国を雲の上に想像したことが理解できる。この空色と雲のほかにはなにもいらないと思う。そしてようやくひらけた山頂は、太陽の光が降りそそぎ、天然の風が荒々しく吹く世界であり、そのなかで寺院は高貴な姿でたたずんでいた。

道中、山々の急な斜面に集落がいくつもあった。家々が点在し、小さな教会もあり、崖の際には車一台がやっと通れるほどの頼りない道があった。児島さんは、このように環境の厳しい場所に、人々はなぜ集落を築いたのだろう、とつぶやいていたが、私も同じ気持ちだった。トビリシの人口集中を考えると、近年は都会へ出る人が多いのだろう。しかし昔の人たちは、温暖な平地がほかにあるのに、なぜこのような辺鄙な場所を選び、困難な生活を受容したのだろう。

以前より関心があった二つのグルジア映画をようやく見ることができた。一つはコーカサスの山々を舞台に、宗教が異なる二つの村の長年にわたる対立、その争いに対して和解を願った若者の悲劇である。プシャヴェラの詩をもとに作られた、黙示録のように荘厳な作品だった。

もう一つは、コーカサスの山深い村で暮らす少女の質朴な生活を、ドキュメンタリーのようにたんたんと描いた作品。道に迷った少年との出会いがあるほかは、ドラマらしいことは起こらない。しかし静かに、そして豊かに心に残るものがある。これが人の暮らしなのだろう。

監督も人の営みの美しさを伝えたかったに違いない。不便で必要がないと捨て去ってきたことに、私たちが求めている人と生活のあるべき姿があるという皮肉。今から三十年前の作品だが、私たちは、もうここへは戻ることはできない。ずいぶん遠い所まで来てしまった。

今回、私は三十年ぶりに画家のヴァフタング・ルルアさんに会いたかった。彼の優しい笑顔を忘れたことはない。しかし九〇年代の混乱期、多くの芸術家が厳しい状況に追いこまれた。かつて出会った人たちがどうしているのか心配だったが、内心知るのが怖かった。そしたら数年前に手に入れたピロスマニの画集がユニークな素晴らしいもので、奥付を見ると、その企画者がルルアさんだった。今回、彼のピロスマニ観を聞きたくて、消息を調べていたが、二年程前に亡くなり、その画集が彼の最後の仕事だったことがわかった。ご冥福をお祈りしたい。

私がピロスマニの絵に惹かれる理由の一つに、聖性があげられる。ピロスマニはグルジアの日常をモチーフにして絵を描いたが、それらの絵からは永遠の光、あるいは原初の無垢な光ともいうべき神聖さが感じられる。モチーフが聖像画のように正面を向き、シンメトリーに、平面的に描かれていることもあるが、彼が愛用した黒いキャンバスに描かれている効果は大きい。谷崎潤一郎の「陰影礼賛」を引くまでもなく、光るものは暗い中では光を放つが、白昼のなかで、その光は感じられない。ピロスマニが描く人物や動物、静物も、黒いキャンバスを背景に、聖なる光を放っているように見える。

国立博物館の学芸員イリナ・アルセニシュヴィリさんとお会いする。彼女はピロスマニ研究の第一人者だ。展示では「オイル・クロス」とだけ書かれている黒いキャンバスの材質には、いくつもの説がある。「七年前に、ある人から黒いキャンバスは、馬の背をおおう牛の皮だといわれたことがあるが」ときくと、「そうだ」というひと言がかえってきた。

Y新聞のOさんとピロスマニの話をしていて、彼女から黒いキャンバスの効果と、映画館の暗がりの類似性を指摘されたことがある。映画もピロスマニの絵と同様に、映画館の暗闇に映されてこそ、独自の生を得られるのではないか。明るみでの映像はその魅力を半減させている。

近代において、日常はその聖性を失ってきた。クリスマスなど、季節の祝祭は商業主義にその意味を奪われ、神社、仏閣、教会は銀行に、護符はスマホにとって代わった。夜の街も隅々まで明るくなり、暗がりとともに不可視な存在も駆逐されている。映画館も同じ運命を辿るのだろうか。

今日ほど映画館の独立性が求められていることはない。しかし経済的効率性が最優先の世の中である。現実は画一化されて、真逆の方向へ突き進んでいる。映画館が現代におけるアジールであることを、私たちはもっと意識し、主張してもよい。歴史的に、聖域は時の権力者にとって都合の悪いところだったらしいが。

グルジア最後の日に、美術館でピロスマニの絵と再会する。午前の光のせいなのか、どの絵からも霊的な印象が強く感じられた。私は今までピロスマニのいったい何を見てきたのかと思うほどに新鮮だった。「聖なるかな」という言葉が自然に浮んでくる。特に「座る黄色いライオン」には、鳥肌が立つほどの衝撃を受けた。ライオンの顔の左面と、複製では闇のように思えていた黒に、青白い光彩がはっきりと描かれている。これまで何回も見ていたはずだが、気がつかなかった、この世のものとは思えないブルー。聖なるブルー。私はそのブルーの光を心に抱いて、その夜、日本への帰途についた。

はらだ たけひで（原田健秀）

1954年東京生まれ。都立高校卒業後、現代思潮社主宰「美学校」で現代美術の松澤宥氏に師事する。信州の山間を彷徨した後、1975年岩波ホールに入社、現在は同ホールの企画・広報を担当する。1986年「日本グルジア友の会」の発足に参加。1989年「パシュラル先生」（産経児童出版文化賞入賞）で絵本作家としてデビューする。1992年絵本第二作「フランチェスコ」を発表し、日本人で初めてユニセフ=エズラ・ジャック・キーツ国際絵本画家最優秀賞を受賞する。近作絵本に「こころには森がある——パシュラル先生のはるかな旅」「パシュラル先生の四季」などがある。著書に「放浪の聖画家ピロスマニ」「放浪の画家ニコ・ピロスマニ——永遠への憧憬、そして帰還」。挿画作品も多数ある。映画では、佐々木昭一郎監督『ミンヨン 倍音の法則』（2014年シグロ作品）の企画・プロデュースを担当した。

【対談】

岡田秀則［東京国立近代美術館フィルムセンター］×馬場祐輔［鎌倉市川喜多映画記念館］

紙の映画 秘かなる愉しみ！

取材・文＝馬場祐輔　朴美和　撮影＝助川祐樹

映画が１２０年を越えてなおも楽しさと感動を与えてくれていることを考えると、素晴らしい作品はもちろんだが、映画を支え続けている人々の活動の姿を思い浮かべなければならない。映画が映画として在るのは作品が作られて終わるのではない。上映され、記録され、保存されて、伝え続けていくことである。このノンフィルムの活動のもつ意味は計り知れない。膨大な数と長い時間のなかで、紙に映しかえられていく映画の貌。これもまた映画への尽きない愉しさになる。ノンフィルムとは一体どんな世界なのか？　東京国立近代美術館フィルムセンターの主任研究員である岡田秀則さんと鎌倉市川喜多映画記念館の馬場祐輔さんに「紙の映画」という〈もうひとつの映画〉の姿を語り合ってもらいます。

映画に関連のある様々な「紙」ということを考えていくと面白んじゃないかと・・・。

岡田　私は東京国立近代美術館フィルムセンターというところに勤めているのですが、ここは映画のアーカイブ、まずは映画のフィルムそのものであったり、いろいろなものを収集しているわけですけど、そのフィルム・アーカイブの世界で、映画フィルム以外の収集品のことを、「ノンフィルム資料」という言い方をするんですね。日本語だったら、「映画関連資料」という言い方になります。映画に対して従属的な言葉の響きがあると思います。あと「ノンフィルム」と英語やフランス語で言う時も、フィルムではない、「〜ではない」という言い方にならざるをえなくて、何かいい言葉ないのかなって思ったのですけども、「ノンフィルム」という括りにはよく考えてみると、カメラとか映写機とか衣裳とか小道具とか、そういうものも入るわけですよね。でもとりわけその中でも映画ファンの人たちに親しみがあるのはやはり紙で、映画に関連のある様々な紙について考えていくと面白いのではないかと。そうすると「紙の映画」という形で、何か繋がる人がいっぱいいるのではないでしょうか。

馬場　そうですね。いろいろなポスターやスチル写真、あとは普段誰もが手に取っているチラシ、身近なもので販売物の前売り券などもそうですし、この映画冊子『ジャックと豆の木』もさっそく立派な「紙の映画」の仲間だと言えると思います。

岡田　要するに映画のフィルムというのは普通には売ってないし、配られもしないですね。コレクターの方だったら一生懸命集めたり、なかなか難しい手練手管で収集したり、買ったりするかもしれないですが、普通はできないものですよね。しかし「紙の映画」はいろいろな意味で観客の方にもっと近しいものです。

馬場　手に取ってみることができるものですね。

岡田　あるいは街で見かけるもの。

馬場　確かにそうですね。「紙の映画」は種類が豊富にありますけど、一般に知られていないのは、それがどこにあるかということ。例えば映画館にあるのではないか、あるいは映画会社に全部保管されているのではないかと漠然と思いがちですが、どうなのでしょうか?

岡田　そうですね、たしかに自分のところで上映したポスターをすぐ捨てずにちゃんと保管している映画館というのは時々ありますけれど。なかなかそういう余裕がないのが普通だし、映画会社も必ずしも会社が作ったものを全部、特に大きな会社などは、長年経営している中で、そこまでできないところもあります。

馬場　とっておくと膨大になりますからね。

岡田　次の映画、次の映画へと、新作を作っていくことが最優先ですから、どうしてもアーカイブ的なことをする余裕はなかなかないですね。

馬場　そうですね。

岡田　それを誰がやってきたのかと言いますと、歴史的には本当に個人の方の努力で、一生懸命集めてコレクションを形成したというのが元々あったと思うのです。

馬場　コレクターの方のことですね。

岡田　ただし、コレクターの方はそういうことが好きでなさっていると思うのですけど、ご自身の活動としてやっていらっしゃる。それもかけがえのないことなのですが、なかなか誰もが接触できるわけではない。

馬場　全部を家の中にとっておくスペースもないですしね。またどこかに飾ったり展示したり、広く人の目に触れる機会も滅多にないわけですよね。

岡田　そうなのです。しかし、これまでフィルムセンターに個人の方から寄贈いただいた大きなポスターコレクションでも、一枚たりとも折り目が無く、極めて美品というのをまとめていただいたことがあります。本当に驚くことで、どうやってこれを個人の家で持ち続けていたのだろうかと思いますね。でもそういうのは珍しい例です。

馬場　日に焼けているもの、細かく折ってあるものもありますよね。

岡田　日本の映画ポスターの基本はB2サイズ（51.5×72.8cm）、それを自分の家に万単位で持つというのは想像できないですね。

馬場　そうなってくると、映画のフィルムだけでなくて、紙チラシやポスターというものをとっておく、収集しておく機関がどこかに必要になってくるわけですよね。

岡田　そうですね。それがアーカイブの仕事なのですけれども、やはり映画作品そのものを集めることが大変で、それがどうしても優先になる。「紙の映画」の方はどうしても次の仕事になってしまう状況が続いたんです。でも今こそ、これだけの歴史を経た映画で、「紙の映画」の面白さを見つける時です。

映画の資料の世界は、まだまだ「未開の荒野」です。

岡田　フィルムセンターで、最初はフィルムの収集をする部門にいて、その次が上映担当。2007年まで6年間やっていて、それから今は情報資料室というところで資料担当です。展覧会の企画も含めた事業をやるのですが、最初は何をしたらいいのか、あまりにも映画資料についての知識が何もないので途方に暮れていました。まず目の前のことをこなすことしか考えることができなくて。前任者がまだ別の部署にいたのであれこれ話を聞きながら仕事を進めていたのですが、段々とわかってくるうちに、様々なことを発見しました。

馬場　以前、岡田さんが（ブログなどで）書いていたことで僕がよく覚えているのは、映画の資料の世界はまだまだ「未開の荒野」であるということ。その頃、僕は「紙の映画」を取り扱うことに関わりはなかったのですが、なるほどと思いました。まだまだ充分にベースとなる資料の収集・保存の体系、システムが構築されているわけではない中で、そこを突き進めなければならない。アート・ドキュメンテーションとか古書資料の取り扱いとか、今では大学などで学科があって講義で教えられているような分野もありますよね。本の閉じ方や分類・保存の仕方というのは、映画の世界に関してはそういった教育・研究機関がほとんどないわけです。映画はまだ120年で、それ以前から存在した芸術分野や人文科学の知識体系の中で築いてきたものと比べると歴史は浅いわけですよね。

左が馬場祐輔さん、右が岡田秀則さん

岡田　そういう資料の世界が対象になること自体が新鮮なのです。こういう映画なるものが紙の修復の対象になること、きちんと学ばないといけないことが多々あることに気づいて感動します。

馬場　日本で初めてのケースなのではないかということが、その現場ごとに毎回起きてくると思います。

岡田　ですから手探りですよね。いまだに。映画の資料を持っている方から、こういう時どうしたらいいですかという問い合わせなどありますね。いろいろ電話があったりするのですが、こちらは知っていることしか答えられない。こちらもこちらで手探りです。偶然にでも前に経験したことならその時の対処を答えられますが。

馬場　どんなところに尋ねたら良いのでしょうね。いろいろなケースがありますけど。

岡田　本当にまだまだ解らないことも多いですけれど、例えばフィルムセンターは展覧会をやっていますが、その施工をお願いしている会社があって、そちらの方が紙修復の方ともお付き合いがあるので、紙の専門の修復家を紹介していただいたこともあります。あるいは自分たちでできることはこういうことがあると教えてもらったりですね。あとは国立国会図書館では定期的に資料保存のセミナー研修があるのです。フィルムセンターにはそういう案内が来ます。資料室のスタッフが研修に行って学んだりすることが結構役立ちますね。それと昔の紙は酸性紙ですから、酸性になった映画資料や本や雑誌を脱酸化する方法。そういうこともやっているうちに情報が入ってくる。埼玉に行くと紙の脱酸化をやってくれる会社があるらしいとか。ですから実地で、手探りでやっていくしかないんですね。

馬場　映画の紙資料の「荒野」の先陣をきっておられる岡田さんの、フィルムセンターのケースなどを私たちも問い合わせて聞いたり、あるいは展示業者さんが一緒なのでその方に尋ねたりということで、鎌倉の映画記念館もこれまで7年間、いろいろなケースがあって、情報や問い合わせ先など繋がりが少しずつできてきたという実感がありますね。

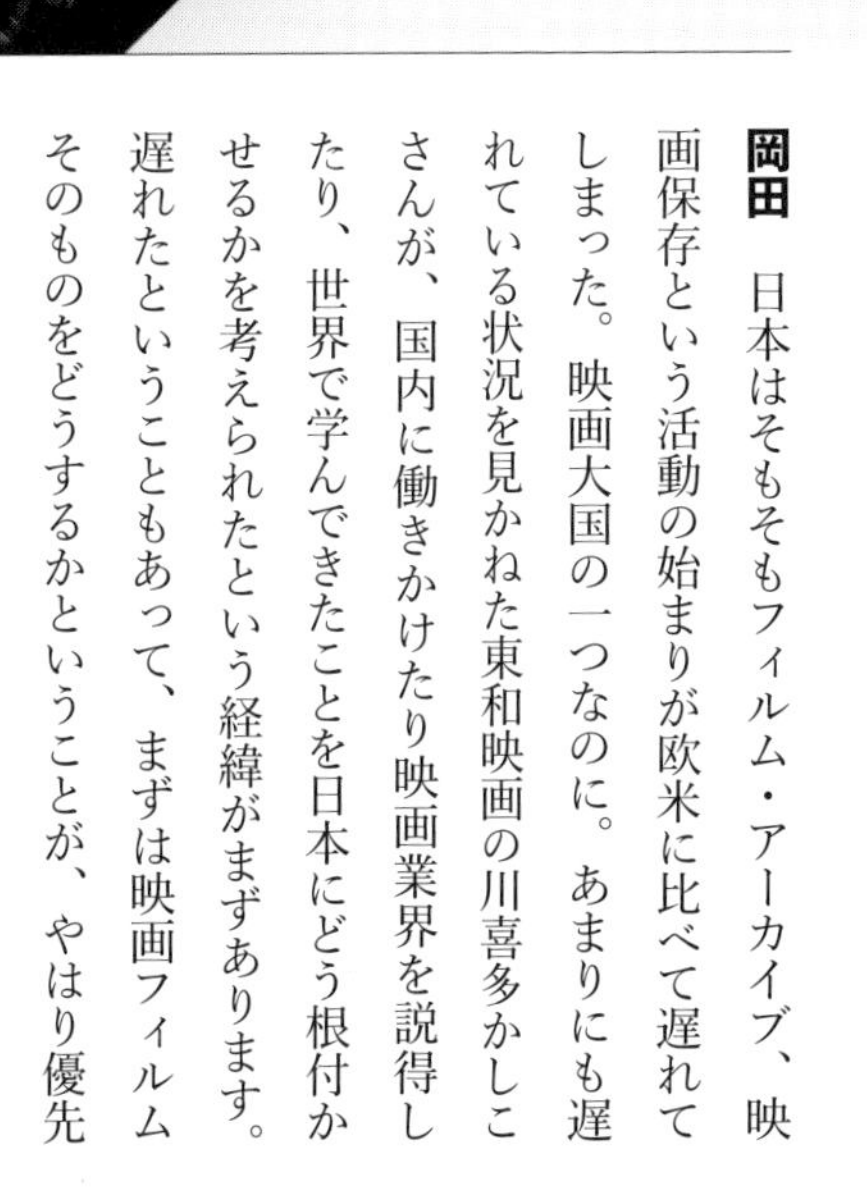

岡田　そうですよね。どう取り扱ったらいいのか。どう分類したらいいのか。分類してどうデータベースに反映させたらいいのか。そういうことも考えながらやっていくしかないですね。

馬場　ひとつの運動・活動として「紙の映画」の資料を集める。そこに仲間も集っていく。そのことによって新たに発見される「モノ」だったり「情報」だったり「方法」だったり、いつの時代もあって良いと思います。

ノンフィルム＝資料のライブラリーのそもそもの始まり

岡田　日本はそもそもフィルム・アーカイブ、映画保存という活動の始まりが欧米に比べて遅れてしまった。映画大国の一つなのに。あまりにも遅れている状況を見かねた東和映画の川喜多かしこさんが、国内に働きかけたり映画業界を説得したり、世界で学んできたことを日本にどう根付かせるかを考えられたという経緯がまずあります。遅れたということもあって、まずは映画フィルムそのものをどうするかということが、やはり優先事項にならざるをえない。

馬場　現在、私の職場である鎌倉市川喜多映画記念館は、もともと川喜多長政・かしこ夫妻のお住まいがあったところです。映画を通して世界のことを知ろう、国際交流をしようという意味で、西洋と東洋の和合を願うという思いをこめて「東和」、戦前から数多くの欧州映画を日本にひろく紹介し、輸入・配給した「東和商事」を設立した二人です。また半蔵門にある「川喜多記念映画文化財団」は、その前身を「フィルム・ライブラリー助成協議会」と言いまして、諸外国に比べ、遅れていた日本の映画の収集・保存活動を応援しようと、１９６０年にかしこさんが中心になって設立した組織です。この辺りのことは岡田さんの著書『映画という《物体X》』（立東舎）にも分かりやすく述べられていますけれども、はやくから海外に渡って、かしこさんがその目でフィルム・ライブラリーやシネマテークが段々と出来ていく様子を見て、日本にも根付かせなくては、と決意したのが始まりです。

岡田　現在、川喜多財団に行くと伝統的に集めてきた本があったり、あとはプレス資料が結構収集されていますね。

馬場　そうですね。プレス資料と、あとは東和配給作品のオリジナルポスターも豊富にあります。フランス版の大きなサイズのもの。フランス映画やイタリア映画を配給するとなると、当時は海外からポスターやプレスなどのオリジナル資料も一緒に送られてきていました。

好きな映画のチラシはとっておきたい。一番身近で簡単に手に入るから。

岡田　私は東京出身の人間ではなくて、18歳で初めて東京に来て、その時から映画館でチラシを拾うことだけは続けていました。単に集めて、ファイルに挟んでいるだけで、今でも続いているんですけど、今はダンボールに投げ込むだけみたいになっています。そういう意味ではアーカイブではないのですよ。単に拾ってまとめてあるだけなのです。一応、チラシの表と裏を読むんですね。じっくり読むことはあまりしないですけど、ある程度読むことは続けています。パンフレットも、子どもの時から映画を観たらパンフレットは買っていました。その程度の普通の関心ですね。ですから映画の資料を体系的に考えたことは一度もなかった。現在の資料を扱う部署に入って途方に暮れたのは、何も知らなかったからですね。しかし、これをどう考えていったらいいかということを考えるのは、逆に面白くなってきましたね。

馬場　誰しも「紙の映画」の保存の仕方やとっておく方法を最初は知らなくて、全くゼロからのスタートだと思いますけど、実はどんな人でも「紙の映画」にある程度接してきているのは確かですよね。私の世代でもいつの間にかチラシを手にとって、読むでもなく眺める習慣はあります。好きな映画のチラシは取っておきたい。一番身近で簡単に手に入れられるものですし。

岡田　観客としては触れる機会のあまりない宣伝用のスチル写真とか、そういうものは映画業界内でのものですよね。あとプレスシートもだいたい試写会に行けばありますけど、なかなか手に入りませんよね。そういうものはアーカイブの場所にきて初めて「あ、あるのだな」と思いました。

馬場　映画ファンにとって、最初に「紙の映画」の何に惹きつけられるのかなと考えると、小さい頃、まだ出ている役者が誰か知りもしない頃、最初に映画を観ただけでは、俳優の名前は映画の中にほとんど登場しないわけで、よほどオープニングやエンドロールをつぶさに観てないと判らない。顔と名前を最初に覚えたきっかけはチラシやポスターだったり、パンフレットだったり。

岡田　僕は今でも映画を観て（俳優の）顔と名前が一致しない時は、パンフレットの見本を見に行きますよ。映画が終わってから。

馬場　それが一番早いですね。一致するということが映画を観ている間には起こってなくて、チラシやポスターを見た時にようやく「あ、これ他の映画でも見たことある人だった」と気づく。そういう面白味がありますよね。

岡田　パンフレットを見に行ったけれど、昔の名優がちょっと脇役で出ているのが述べられてなくてがっかりすることも（笑）。

馬場　先ほどの、宣伝用スチル写真や台本などは、なかなか一般に見る機会はない「紙の映画」なんですが、ポスターやパンフレットは誰もが目を通して触れる機会があるものだと思います。あとはどうですかね、雑誌や映画の本も、「紙の映画」のひとつですが。

岡田　一度映画の本についての展覧会を企画したのですが、あまりの宇宙の大きさに途方に暮れてしまったことがあります。

チラシは日本人の発明でしょうが、アーカイビングについては地獄です。

馬場　実はフィルムと違って「紙の映画」の世界というのは、どれだけ映画を観て詳しい人と一緒に話をしていても、資料を並べてみるとまだまだ観たことのない映画が広がってしまう。

岡田　だから「紙の映画」で何に気づかされるかというと、「こんなに映画ってたくさんあったのか」っていうことです。要するに忘れられた映画がいかに多いか、全体の9割以上を占めているのではないですかね。

馬場　そうですよね。こんな映画が作られていたのかというものまで資料から出てくる。

岡田　逆にそういう資料が出てくると、「あちゃー!」とか半分喜んで（笑）。記憶の隅にあったかもしれない映画だったりすると、甘酸っぱい嫌な気持ちを思い出してしまう。

馬場　資料をまくり広げる現場ならではの〝感嘆の声〟ですね。

岡田　はい。それ以上にタイトルをみても全くわからない場合が多いですね。何なのか知る余地もないものが本当に数多く存在する世界だなと思うことがあります。チラシは決して歴史の古いものではなく、50、60年代にはチラシは少ないので辿れないのですよ。別の方法で探すとか、雑誌などで見るとかですね。

馬場　今や有名な作品のパンフレットはオークションで出回っていたり、DVDの表紙がポスターと一緒だったり、クラシックな映画でも手に取りたいと思えば、同じ絵柄や好きなデザインのポスターを入手することは可能なのですが、チラシはとにかく膨大な量ですからね。

岡田　フィルムセンターでも、いわゆるチラシのリスト化とかカタロギング、データベース登録とかは、他の仕事がある中では基本的に優先順位は下げざるをえない。何しろ圧倒的な量なので全然前に進まない。

馬場　一番手に負えない存在ですね。

岡田　日本人の発明でしょう、チラシというのは。ヨーロッパもアメリカもないので、そういう意味では素晴らしい発明だけど、アーカイビングについては地獄です（笑）。

馬場　チラシは日本だけなのですね。

岡田　あと韓国にはあります。韓国はまた良い紙使って結構チラシに気合い入れたりしています。でもこの2つの国以外で、チラシが普通に全作品作られているっていう文化は知らないですね。

馬場　ということはパリやニューヨークは?

岡田　行ってもチラシなどないです。

馬場　映画ファンはどうやって情報を集めて、手元に置いているのですか?

岡田　例えば雑誌ですね。映画館そのものも情報収集の場です。あとフランスでは街角のポスターが大きいんです。フランス版の大きなポスター（160×120cm）が街角に堂々とある。映画、演劇専門の広告塔みたいなのがあります。あとは、特殊な上映会やシネクラブはチラシを作っていますね。

馬場　ということは、私たちはチラシを手に取れば済むと思っているけど、その人たちはポスターを見た街角で、手帳を取り出してメモをとることをしないとならないのですね。

岡田　アメリカなどはチラシがないことによっ

て、存在を知ることのできる映画の選択肢が少なかったのではないかと思う。今はインターネットがありますけど。チラシを拾うことでレンジの広い情報を得ているのではないかと思うことがあります。ネットだと逆に自分の関心のあるところしか検索しないので、偶然見つけるということがなくなります。

馬場　一つの映画を観ようと決めた後は、時間や場所を調べるためにネットを使って行きますけど。幾つか観たい映画のリストがあって、この期間中になるべく観ておきたいという場合には、チラシなり、あるいは手帳やメモ紙に書いています。電子情報だけでリストを記憶しておくことはなかなか出来ないですね。相変わらず映画館に観に行く時は、紙は欠かせないです。

岡田　そういう意味で、紙の「ぴあ」というのは貴重でしたね。

馬場　雑誌の「ぴあ」がなくなった時っていうのは変化が大きかったですね。

岡田　「ぴあ」を買っていた若い頃は、パッと買ってスケジュールを書き込んだりしていました。

馬場　僕は「ぴあ」がなくなった頃に渋谷の映画館でスタッフをしていたんですが、近くまで来て、観たい作品が渋谷のどの劇場で何時に上映しているのかわからないまま映画館の受付に来て、問い合わせる人が急増しました。ネットを使わない人の場合、最新作の上映時間を調べるには「ぴあ」が一番便利だったと思います。

岡田　ぴあは幅広い年齢層の読者がいたはずで、若い人の雑誌だと思われているかもしれませんが、必要な情報が適切なフォーマットで一式載っていたと思います。

馬場　そうして映画ファンに馴染みのあった「ぴあ」や「ＳＣＲＥＥＮ」、「キネマ旬報」などの一般的な雑誌は全部、国会図書館に一応収められているのではないか、と皆さん思いますよね。

映画のパンフレットも、知られざる超ベストセラーが

馬場　映画雑誌と映画本は、ある程度は揃っているとして。これは最近知ってビックリしたことなのですが、映画のパンフレットって書籍として収蔵されないのですね。古くから映画ファンには馴染みがあって、実は名前を覚えるためにも大事な読み物で大切な文化であるはずのパンフレットですが、図書館での書籍や本としての収集の対象にはなっていない。

岡田　もともと今の本には欠かせない、ＩＳＢＮコードが無い。従って書籍の概念には入らない印刷物なのです。美術館のカタログもそうだし、音楽の演奏会で配っているプログラムもそうですね。特に映画の場合は大きな規模のアメリカ映画が公開されて、お客さんがパンフレットを買っていくとする。しかしそれがいくら売れたか、何部刷られたかをまとめた公式な記録がないのですよ。発表されてない。知られざる超ベストセラーになっているものなどあると思うのですが。

馬場　パンフレットはずっとこれまでグッズ（消耗品）として出回っていたものなので。古書店などには流通していますよね。

岡田　ただ作品の有名無名にこだわらずちゃん

と収集する場所がない。国会図書館も収集する対象にしていない。

馬場　そうですね。そうするとセントラルに集めている場所がない。

岡田　ないのですよ。だから自分がこれを読みたいと思った時に、読みに行ける場所はない。

馬場　探せる場所がないですね。調べよう、研究しようと思っても。

岡田　たしかに神保町に行くと頑張っているお店はありますけど。「ヴィンテージ」とか「@（アット）ワンダー」とか。だからといって欲しいものが見つかるとは限らない。だから、どこかアーカイブがそれをやらなきゃならない。フィルムセンターもずっと寄贈を受けていましたけど、優先順位があるものだから、ダンボールに入れたままでした。ずいぶん遅れましたけど２００８年頃からリスト化を始め、今ではきちんと登録するようになりました。しかし、網羅するには程遠いですね。

馬場　私たちも収集して行く中で、閉館した映画館から頂いたり、コレクターの方から頂戴したものだったりで、ある年代やジャンルの塊が急に豊富になることもありますが…。基本的には展示で必要となった時に、検索してもないものはいっぱいあります。

岡田　フィルムセンターもパンフレットの寄贈が重なっていて。全然整理する余裕がなかったのですけど、ある時期、よしパンフレットを進めよう、リスト化して次の段階の登録をやろうと決意した事件があったのです。その事件というのが、渋谷に「シネマショップ」というところが渋谷警察署の前にあったのですけど、ある日「シネマショップ」から電話がかかってきて、閉店するので在庫をお渡ししますと。おそらく古書業界に売ることもできたのでしょうけど、むしろ公的に活用をして欲しいという気持ちだったと思うのです。かなりの数が来て、２００８年までの新作のパンフレットがどさっと入ったのです。これはそろそろ閲覧可能な方向に持っていかないとまずいだろうと思いました。それがきっかけでしたね。

紙の上に映画を作る、再現する、それは感動的なことですね。

岡田　一枚の紙の上に映画を作る、再現する、それはすごく感動的なことですよね。

馬場　そうですね。子どもたちの映画鑑賞ワークショップでも一度やってもらったことがあるのですが、同じ映画を観て、班に分かれて話し合ってポスターを描いてもらう。劇中どんな音が聴こえたかとか、感じ取ったものをじっくり話し合ってもらって。各班それぞれ全然違う視点とアプローチで、ポスターが出来上がってくる。同じ映画でありながら、紙の上に広がる世界はこんなにも違うのだなと思いました。キャンバスに絵を描くのと違って、映画ポスターには通常宣伝部なり映画会社なり監督・俳優なり、各所からいろいろな人の声が入るわけですよね。この俳優の顔をメインで使ってくれとか、ハリウッドスターの出演作なんかは特に注文が多く、日本で公開するためのチラシ、ポスターに関しても細かく厳しいと聞いたことがあります。そこには様々なレベルでの交渉があると思うのですが、進め方や方法は

『映画という《物体X》』岡田秀則 著

世界各国でもそれぞれに違いますよね。日本の映画ポスターと海外のもの、それぞれデザインの特徴として、どんなことが言えますか？

岡田 アメリカは各新聞のコメントの文字が多いんです。デザイン以上に広告的な発想が強いですね。日本の場合は惹句の存在が面白いですよね。宣伝文句の領域でそれが一個の芸術になっているという一つの世界。

馬場 日本には惹句師という職人がいるというのがまず変わっていますよね。

岡田 一方でそういうことをやらない国もあります。ポーランドとか絶対やらない。デザイナーに絵を描かせきりです。フランスもあまりやらないですね。

馬場 海外ポスターのデザインが魅力的なものとしてよく挙げられるのは、チェコとポーランド、あとキューバですね。近年フィルムセンターでも展覧会の特集が組まれたものばかりです。それぞれの国の色使いであったり、デザインであったりが目を引きますね。

岡田 最近思うのが、映画と関係なくポスター全体で考えた時に、一つのモデルとしての「社会主義国モデル」があると思うのです。そういう国々がある種、映画ポスターの中でも独自の道を行って、しかも変わったものも含めて面白いポスターがいっぱい出てくる。一つにはいろいろと言いたいことが言えない国だからかもしれないですけれど、デザインをどうするかについては自由であると。そういうところを逆用して、不思議な表現を好き勝手に出してくるような環境が整った。

馬場 私たちがよく知っているアメリカ映画の名作でも、まったく自由に描かれていて、こんなデザインのポスターになっているのかと驚くことがあります。はなから映画の内容を反映する気のないケースも含め、他とは一線を画していますよね。

岡田 そういう意味では、デザインが独自の発展をみせるというのはわかる気がします。最近よく言っていることですが、要するに映画は観なくても、そのポスターを街で見かけることはあるし、雑誌でその映画のスチル写真を見ることがある。実際に観ている映画は少数であっても、ポスターを見ていることは結構ありますね。

馬場 そういうことはありますよね。僕らの生活の中にありふれている。

岡田 実は生活文化なのです。映画そのものは娯楽や芸術であるかもしれないけれど、チラシのようなものは暮らしのモードでもあるわけです。そういうことは最近よく話していますね。

馬場 映画館に入らずとも街中で見かけて、それが何十年後かに記憶で残っているというのは多いですよね。

岡田 映画を作る人のスタッフ数も多いんですが、宣伝媒体に関わっている人の数も本当に多くて。編集する人、デザインする人がいて、絵を描く人、印刷する人がいて、そして映画館に貼る人がいて、今では展示する人もいる。こうした宣伝物が時を経て、蓄積すればするほど文化財の要素になって行くんですよ。

馬場 日本の映画史、あるいは興行・配給の歴史の大きな流れの中でどのような変遷があったかを資料から辿ることも出来ると思います。ある時期のポスターをまとめていると、フランス映画社や岩波ホールの「エキプ・ド・シネマ」シリーズの公開作が一群で固まっている。外国の人から質問されて判るのですけど、なんでこの国でこんなにたくさん各国の映画をやっているのかと。

岡田 そうですよね。日本人が外国の映画に凄く詳しいことに驚かれますね。外国の人からしたら。あと紙のことをやっていて映画って凄いなと思うのが、扱う人名の数が異常だということですね。とにかく多くの人の名前を取り扱わなければならない。それはチラシにも、ポスターにもありますけど、圧倒されますね。

馬場　エンドロールをずっと眺めていると、どの映画にも本当にたくさんの人が関わっているなと実感しますね。

岡田　だから他のアーカイビングと何が違うかというと、映画のアーカイビングは圧倒的に人名が多いこと。人の名前を管理するというのが映画のアーカイビングで。当然ながら紙の資料もそこに苦心することになるのです。

映画史そのものを楽しめる空間があっていいのではないかと思う。

岡田　フィルムセンターでやった「日本の映画ポスター芸術」という展覧会で、要するに作家によるポスターを取り上げたいと思ってやってみたら、面白いものが結構見つかったわけですよね。それこそ戦前からそういうのが例外的ながらあるわけです。ポスターというのは意見広告のポスターとか、商品のポスターとか、あるいはイベントとか、東京オリンピックのポスターとかそういうものの方がやっぱり人気がある。でも映画のポスターというのは、特に一過性のもので忘れられやすいものだから、どちらかというと、アーティストによるポスターは作られなかった。フランスなんかもそうですけど。

馬場　映画というのはずっと動いている、画が動いているものですが、ポスターというのは静止画なので、デザインをする人がそこでいかに工夫を凝らしているかというのが、一つの楽しめるポイントかなと思います。

岡田　効果的に宣伝をしていればいいのだというのも一つの思想だと思いますが、その中に美を見つけるのが楽しいですね。映画に対しては従属的なもの。「紙の映画」というのは、映画があるから「紙の映画」がある。それは本当かもしれない。本当の映画を通り越して、「紙の映画」を楽しんでいいのではないかということですね。

馬場　もう一つの地平がそこにあるということですね。

岡田　そういう地平に立つ人たちがどんどん増えてゆくと楽しい。要するに映画史そのものを楽しめるような空間ができるといいなと思います。

馬場　そうですね。そこからまた観直したくなる映画、あらたに観てみたいと思う映画が生まれる。特に大量の資料を見た後って、「もう一回あれ観たいな」、「あれどうだったかな」って引っかかる。そんな気持ちになります。

岡田　フィルム・アーカイブの世界、ノンフィルムの世界には厳密に決まった目録化の規則も無いのです。国際的にね。だからそれぞれが目の前の経験をもとに頑張るしかない。理解してくれる人がいようがいまいが、頑張っている。そういう人が世界の各地にポツポツいるという感じです。ようやく“We are not alone.”と言える時代になったのではないでしょうか。

（２０１６年９月20日「マイスペース」銀座マロニエ通り店 会議室にて）

岡田秀則（おかだ・ひでのり）

1968 年愛知県生まれ。東京国立近代美術館フィルムセンター主任研究員として、映画のフィルム / 関連マテリアルの収集・保存や上映企画の運営、映画教育などに携わり、2007 年からは映画展覧会のキュレーションを担当。また、学術書から一般書まで内外の映画史を踏まえたさまざまな論考、エッセイを発表している。単著に『映画という《物体 X》フィルム・アーカイブの眼で見た映画』（立東舎 2016 年）。共著に『映画と「大東亜共栄圏」』（森話社 2001 年）、『ドキュメンタリー映画は語る』（未来社 2006 年）、『甦る相米慎二』（インスクリプト 2011 年）、『岩波映画の 1 億フレーム』（東京大学出版会 2012 年）、『クリス・マルケル遊動と闘争のシネアスト』（森話社 2014 年）などがある。

馬場祐輔（ばば・ゆうすけ）

鎌倉市川喜多映画記念館

1984 年、石川県金沢市出身。学生時代にシネセゾン渋谷で映画館スタッフを経験し、映画祭や自主映画の宣伝、上映イベントなどにも携わる。2010 年より川喜多記念映画文化財団の由比ヶ浜収蔵庫で、映画の紙資料を取り扱う。同年、春に開館した鎌倉市川喜多映画記念館で映画関連資料の展示ならびに上映の企画を担当。「淀川長治　映画の部屋」、「戸田奈津子が見てきたハリウッド」、「映画に見るフランス　憧れのパリ」、「世界に名画を求めて ～エキプ・ド・シネマの40年～」など。金沢21世紀美術館を開催地に始まった「こども映画教室」にスタッフ参加し、全国開催になって以降も活動を続ける。実家は日本画などの文化財修復工房「表阿弥」。

西沢千晶（にしざわ・ちあき）／写真家・ライター 東京都出身。ミュージシャン、作曲家（舞台音楽制作及び劇団での指導）から自主映画制作を経て写真家に転向。横浜の夕景夜景を写した写真展「横浜トワイライト」を、2013年より毎年開催。デジタルカメラを用いた赤外線写真による「Yokohama Infrared」シリーズを撮影（本作品の写真も赤外線写真）。公益社団法人日本写真家協会（JPS）会員。日本映画ペンクラブ会員。

自販機があるはずだった。

目が眩むような暑さで、視界が霞むようだった。

通りの向こうを見ると、蜃気楼が漂うように、景色がゆらゆらと揺れているように見えた。その蜃気楼の向こうに、彼女の姿を見たような気がした。

僕は、考えるより早く走り出していた。

遠くで、車のクラクションが聞こえた・・・。

急ブレーキの音が聞こえたかと思うと、一瞬、辺りが何も見えなくなった。

視界が真っ白になって、何も見えない。音も聞こえない。何があったのだろう。

どのくらいの時間が経ったのだろう。やがて、視界が戻ってくると、柳の木がすぐ近くに見えた。蝉も変わらず鳴き続けている。しかし、よく見ると周りの様子が少し違っていた。舗装されていたアスファルトの道路が、砂利道になっていたり、向こう岸の高いビルやマンションも見当たらなかった。

知らない間に、どこか違う場所に来たのだろうか。

ふと見ると、土手の上から、彼女が僕に手を振りながら、何か言っていた。やがて彼女は、微笑みながら河原に下りると、小走りにこちらに向かってきた。

僕も胸を躍らせながら、彼女に向かって歩き出す。彼女との距離が、スローモーションのように近づいていく。

真夏の日差しを背景に、彼女はスクリーンで観たとおりの穏やかな笑みを浮かべながら、僕に向かって駆け寄ってくる。夢にまで見た、彼女の映画のワンシーンそのままだった。やっと逢えたんだ。

やがて、彼女は僕の前に来ると、少し息を弾ませながら、僕の名を呼んだ。

初めて聞く彼女の声は、想像したとおりの声だった。透き通るような美しさとともに、芯の強さを兼ね備えた、彼女のイメージどおりの声だった。

僕と彼女は、河原を歩きながら、たくさん言葉を交わした。辺りの景色は、何かが違うけれど、見慣れた河原だった。

僕と彼女は、色々な話をした。彼女の出演している映画について、彼女の境遇や生い立ちについて、将来の夢について・・・。彼女が話す内容は、僕が想像したとおりのものだった。

気がつくと、すっかり陽が暮れて、辺りは暗くなりかけていた。それでも僕と彼女は、語り合いながら河原を歩き続けた。

どれくらいの時間が経ったのだろう。突然、闇を切り裂くように、けたたましいサイレンが響き渡った。彼女が、悲鳴にも似た叫び声を上げて、僕の手を引いて走り出した。その言葉は聞きとれなかったが、ただならぬものを感じて、僕は彼女に手を引かれながら、精いっぱい走った。

やがて轟音が聞こえたかと思うと、地を揺るがすような爆発音が轟き、遠くの空が真っ赤に燃えた。僕と彼女は、思わず足を止めて見つめ合い、次の瞬間には、再び走り出した。轟音と空を焼く炎は、終わることなく続いた・・・。

昭和二十年夏。僕と彼女は、スクリーンの中で、永遠に生き続けている。

終わらない夏

作・撮影　西沢千晶

僕は、スクリーンの中の彼女に恋をした。

彼女との出会いは、大学に入って上京し、一人暮らしに慣れた頃だった。きっかけは、先輩に連れられて、旧い映画を専門に上映する名画座と呼ばれる映画館に行ったことだった。名画座では、一日中、様々な旧作映画を上映していた。自分が生まれるよりずっと前に作られた映画を観るのは、とても新鮮で、僕はすぐに名画座の虜になった。名画座では、安い料金で、一日中観ていることができるので、気に入った映画を何度も繰り返し観ることができた。

名画座で上映される映画は、何十年も繰り返し上映されたことでフィルムに傷が付いて、雨が降っているように見える独特の映像のものや、デジタル全盛の現代の映画と比べても見劣りしない美しい映像を見せる映画など、どれも画面に惹きつけられる魅力的な作品ばかりで、いつしか僕は、名画座に通って、手当たり次第に旧作映画を観る毎日を送るようになった。

旧作映画の中でも、一際古い戦前の映画は、無声映画またはサイレント映画と呼ばれる音のない映画が主流で、それらの作品には、後から付けられたＢＧＭが映像と一緒に流されていたり、時には、現代の演奏家が来て、スクリーンのサイレント映画に合わせて、楽器の生演奏を付ける贅沢な上映会が開催されることもあった。

僕は、特に戦前のサイレント映画に惹かれていった。そして、彼女と出逢ったのは、ある有名俳優の特集上映で、彼女が、主演俳優の相手役を演じていたときだった。

僕は、すっかり彼女に夢中になった。

彼女は、僕の祖母よりも前の生まれで、戦前の無声映画のスターとして活躍したものの、戦争の犠牲となって、若くして、その生涯を閉じたそうだ。

僕は、彼女に関するあらゆる情報を求めた。彼女が出ている映画は、どんな無理をしても、映画館に足を運んで、スクリーンに食い入るように見入った。

僕は、来る日も来る日も、名画座に通って、彼女の出演する作品を観た。彼女が出演している作品が上映されていると聞けば、他県の名画座まで足を伸ばすことも厭わなかった。

しかし、彼女の出演作は、すべてサイレント映画だったので、彼女の声を聞くことはできなかった。

彼女は、どんな声をしているのだろう。彼女の声を聞いてみたい。

暑い夏の日だった。たまたま、観たい作品がない日で、近所の河原へ散歩に出てみた。そこは、彼女の映画の撮影に何度か使われている場所で、何となく、彼女に逢っているような錯覚を覚えるので、僕のお気に入りの場所だった。

それにしても、暑い日だった。うるさいくらいに鳴いている蝉の声が、暑苦しさを倍増させていた。僕は、大きな柳の木を見つけて、その木陰で少し休むことにした。

柳の木の下に腰を下ろして涼んでいると、疲れが出てきて、少しうとうとしたようだった。

僕は、喉の渇きを覚えて、飲み物を買おうと立ち上がり、土手の上の道路へと向かった。通りの向こうに

沖縄

映画館探訪

【首里劇場】

山岸丈二

写真 1 映写室への階段 2 発券所 3 劇場内部風景
4 トイレ天井 5 劇場内部風景 6 内部全景 7 劇場内部風景
8 首里劇場全景

2016年夏、私はモノレールの車窓から眼下に広がる街の風景を眺めていた。沖縄の強い日差しに照らされた灰色のコンクリート造の建物と花ブロックとよばれる格子状の壁、家々の間から生い茂るジャングルのような植物の風景は、いつも私に沖縄に来たと実感させてくれる。

終点の首里駅から沖縄随一の観光名所・首里城を目指す観光客とともに龍潭（りゅうたん）通りを歩き出す。

坂を上がり深緑色の水面が広がる龍潭池のほとりから、右手の住宅街に入ると無邪気な子供の声が聞こえる保育園を目印に左手に曲がり緩やかな坂を下る。

ほどなく右手に、子供の頃に遊んだ空き地のようなひび割れた舗装の広場が広がり、沖縄の古い建物によく見られる赤瓦屋根と足下を雑草に囲まれた古い建物が見えてくる。

閑静な住宅街に佇むこの建物の正面の壁は、厳しい気候に長年さらされ、幾度と塗り直したペンキがはげ落ちている。アルミスチールの引き戸横のガラスケースには、艶めかしい成人映画のポスターが掲げられている。

見上げると映画館の名前が黒い文字で壁に直接手書きで記されている。

現存する沖縄最古の映画館「首里劇場」である。

現・館長は金城政則さん。

気さくな方で、横浜からやって来たヤマトンチュ（本土の人の意・沖縄の人はウチナンチュという）を快く迎え入れ、話をしてくれた。

首里劇場は、終戦直後の1947（昭和22）年頃に現在の位置から数十メートル離れた場所に芝居小屋として開館した。芝居小屋といっても、広場を囲った屋根の無い露天劇場である。

その後、1950（昭和25）年に現在の劇場が開館する。

「もともとこの場所は、米軍住宅の資材置き場だったわけ。叔父さん（初代館長）が建築業を営んでいて米軍基地の住宅を建てていたのか、その繋がりで、父親（二代目館長）と共にその資材で映画館を建てたらしいです。当時の沖縄は戦後の焼け野原で映画館を建てられるような資材など一般的にはあるわけ無いですから。」

客席に座る館長の金城政則さん

映画館の中に入ると、鉄筋コンクリートなのは正面部分だけで、建物本体は木造二階建てであることが分かる。

この雰囲気は以前感じたことがある。かつて私が通っていた「横浜日劇」と似ている……。

懐かしさを味わう私の後ろで、金城さんが劇場壁面の木の扉をガラガラと開ける。その度に、幾筋もの光が薄暗い内部に差し込んでくる。

長年人々に踏まれ、擦り切れ、波打つコンクリートの床。

さび付き、姿勢を変えるたびにギーギーと音を出す、跳ね上げ椅子。

後部にせり出す、低い手すりの木造二階席。

スクリーン前の広い舞台と両脇のモダンな窓枠、中央に「首里」と描かれた青い幕。

正面左側にトイレがあるのだが、ただ穴の中への掛け流しというか、くみ取り式で、壁面や上部には換気用の穴があり、外部から侵入する植物が垂れ下がっていた。

「今でも水道は通っていません。外にある井戸水を使っています。掃除やトイレの流し程度の必要最低限の利用であればそれで十分ですよ。建物も木造なのでかなり傷んでいますが、私が自ら修繕しています。二階は物置になっているので、通路だけ補強していますが、今でも使用しよう

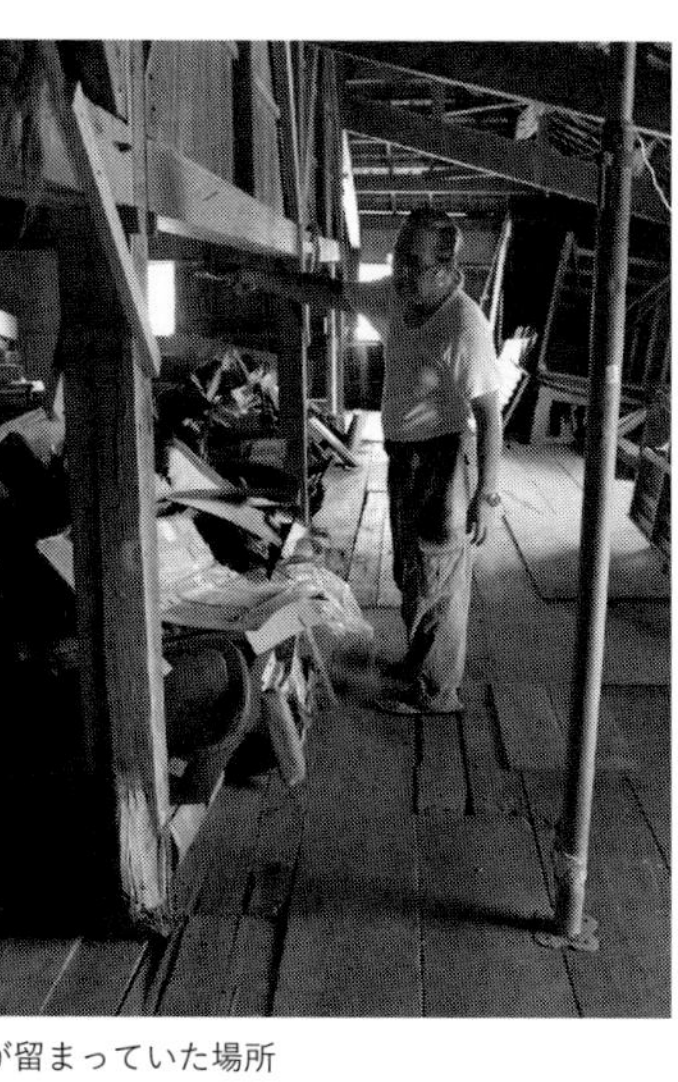
役者が留まっていた場所

と思えば使えますよ。外にいても壁が薄いので何を上映しているのか分かるし、上映トラブルがあればすぐ分かるので便利ですよ。」

スクリーン脇から裏側にまわると、若干広いスペースがあり、その奥には煉瓦造りのかまどや洗濯場がある。

「戦後はしばらく映画と沖縄芝居を並行して興行していました。当時の芝居一座は、沖縄中を巡業していましたので、役者がここで1週間ほど泊まって自炊や洗濯できるようになっていました。」

沖縄における芸能が最も発展したのは、琉球王朝時代の舞踊や音楽などの宮廷芸能である。

しかし、１９７９（明治12）年の廃藩置県により琉球王朝は廃され、宮廷芸能人は職を失ったが、民間で活動を行い、村芝居や村祭祀などにこれらの芸能が取り入れられることで再び隆盛を見る。ところが太平洋戦争により、若い芸能人や楽器、劇場を失い壊滅的な状態となるが、強制収容所の人々は空き缶で三線を作り、芝居を復活させた。やがて20年余りの沖縄芝居の一座が生まれ、空前の芝居ブームが訪れるが、映画の登場により戦後数年で淘汰される。

「戦後から１９６０年代は、人気の芝居一座や映画が来た時は、連日満員でしたね。入り口を見て下さい。劇場の木戸口（切符売り場の窓口）が左右両側にあるでしょう。両扉には補助椅子が付いていて、ここに座ってもぎりをやるわけです。つまり、両側に無ければ、入場する客を捌けなかったということです。また、壁の写真にあるように、興行以外にも近くにあった琉球大学の式典や近隣の学校の文化祭、民謡コンクールの会場などにも使用されていたようです。戦後はまだ公民館のような大きな建物が無かったですからね。」

役者の炊事場

客席

戦後長らく、沖縄はアメリカの統治下に置かれていたが、１９７２（昭和47）年に本土に復帰した。日本中が高度成長期に沸き、やがてカラーテレビが一般家庭に普及すると映画は斜陽になる。首里劇場も例外では無く、70年代後半には、上映作品を一般映画から成人映画へ切り替え生き残りをかける。しかし、アダルトビデオ（ＡＶ）の登場により、再び成人映画も斜陽を迎える。

「今の若者はピンク映画を見たことが無いですよね。ＡＶも早送りして見たいところだけ見て終わり。でもピンク映画にもストーリーがキチンと作られていて、感動的な映画もあるわけです。若者がたまに来ても1本だけ見て、エロとして大したことないなと思ったら帰ってしまいます。３本続けてみることは無いですね。ＡＶに慣れてしまっているのでしょう。こうした人々にも、成人映画の見方というのも教えていきたいと思っています。たとえば、団体割引も行っていて、団体で来れば一人500円で見ることが出来ます。まずは怖がらず劇場に来て欲しいですね。」

金城館長の映画に対する愛や情熱は語り出すと留まらない。

「映画の醍醐味は、やはり〝大きなスクリーンと大音響〟これに尽きます。家でAV見ても大音響では見られないでしょう（笑）。それと、ピンク映画をなめたらイカン！ピンク映画には愛と感動と笑いとエロの大スペクタクルがあるのです。〝入口はエロ、出口は感動〟ということを覚えて欲しい。」

舞台

時折、遠くで艶めかしい声が聞こえるもぎり台の横で、私たちの会話は盛り上がり、いつまでも話を続けていたかったが、旅先の時間はそれを許してくれないものである。

「私もいつまで生きているか分からないから、次来た時はまた寄って下さい。やめるのは簡単だし、やめても誰も困らないと思うけれど、こんな映画館でもその歴史を残して伝えてゆきたいと思っています。」

映画館の外に出て、強烈な日差しの中をゆっくりと歩きはじめた。

思えば、首里劇場に残る旅役者達が利用したかまどや洗濯場は、沖縄芸能史は当然のことながら、日本の大衆芸能史にとっても貴重な現存する遺産であると言っても過言ではないだろう。

そして、米軍の資材で建設されるという沖縄の戦後を語る建物であり、入口両側に木戸口ともぎり台があるという映画隆盛時代を語る建物、現存する映画館としてもおそらく日本で有数の古い劇場である。

また、ピンク映画の伝道師としての役割も果たす三代目館長。

琉球王朝の歴史を伝える首里城が再建されたのは、1992（平成4）年のことである。

一方で戦後まもなくから存在する首里劇場は、「映画館は大衆文化の中心であり、戦後大衆史を伝える重要な場所である」ことを認識させてくれた。

沖縄を旅するときは、是非、首里城と首里劇場、両方に寄ることをお勧めしたい。

参考文献――「沖縄まぼろし映画館」平良竜次、當間早志著、ボーダーインク

劇場内部全景

私の映画感　私の映画館

観客の映画評

映画にまつわる思い出は人それぞれ。スクリーンに映らなくても、そこには映画のようなストーリーがあるのです。観客のみなさんの、映画・映画館に対する想いやエピソードを集めました。

映画『風』のこと（粟野夏美・23歳）

私は以前、無声映画の『風』を鑑賞した。1928年に発表されたこの映画は白黒で、音もついていない。鑑賞の際はピアノが生演奏された。その音色はだんだんと映画に溶け込んでいき、砂にくすむ広大な荒野の色となり、登場人物たちの声となる。

砂嵐のシーンでは、窓に叩きつけられる砂だけが執拗に映し出される。それに合わせ、遥か彼方から唸りを上げて迫ってくる砂嵐を、ピアノが死に物狂いで追いかける。それらの描写はこちらが息苦しくなるほど強烈で、一層引き込まれた。

また役者の演技も、生々しい執念を感じるほどの迫力があった。特に、主演のリリアン・ギッシュの見開かれた目は、生きてそこにいるかのようにみずみずしく、私を見ていた。私は最後まで映画に引きずり込まれ、90年前に閉じ込められたような感覚で映画館から出た。

現代の映画は色も音もついているし、CG技術も発達しているが、それだけあっても良いものは作れない。技術が未熟であろうとも、本物の力を持つ映画は、いつでも多くの人の心を動かすのだと思う。

木の花の存在感（でめきん）

キンモクセイの小さな花が次々と散る。散り積もって濃いだいだい色の絨毯ができる。木のまわりが輝いているかのようにも見える。『カラフル』の鮮やかなその場面が忘れ難い。あたりを包み込む甘い香りまでもがこちらに届くような気がする。秋を実感する。

春はといえば、まずジンチョウゲだが、そのあとのライラックの風情と香りもすばらしい。『ルートヴィヒ』の冒頭の場面で特に感じる。戴冠式に臨むヘルムート・バーガーの後ろ姿を捉えるまで、カメラがゆっくりと進む。序曲を奏でるように。たっぷりと活けられた白い見事なライラックには誰も目をとめないし、「きれい」「いい香り」といった科白もない。無言でありながら、その白さと明るさとかぐわしさとで、その場の華やぎと張り詰めた空気を際立たせる。と同時に、緊張感を柔らげているようでもある。

無題（戸澤雄一）

伊勢佐木町周辺に残る映画館について、横浜シネマリンが新装された頃から気づいたことがあって、それはみなスクリーンに辿り着くまでに階段があること。行きは日常から作品世界に没入しに、帰りは僅かな段数でも観た映画のことを思い出し考えながらまた日常に戻ってゆく。横浜だけかと思い都内の映画館も思い出してみると、どこも階段、エレベーター利用しないとスクリーンに辿り着けないところが今も残っている。ユーロスペース、テアトル新宿、フィルムセンター、ラピュタ阿佐ヶ谷など、先日初めて訪れたユジク阿佐ヶ谷も地下にあった。なかでも、シネマヴェーラ渋谷、K's cinema、新文芸座、新宿武蔵野館あたりにはエレベーターもあるけれども帰りはあえて階段利用し観た映画を反芻しながら余韻に浸って雑踏に戻っていくのがいい。自分にとってはそうすることが大事なような気がするし、またこんなことでも家で映画を観ることでは味わえない体験のような気がする。

無題（平凡なサラリーマン・38歳）

高校生の頃、学校が嫌いだった。当時は漫画喫茶もなく、授業をサボっては、映画館ばかり行っていた。スクリーンで繰り広げられる物語が田舎の平凡な少年にどれほどの刺激や輝きをくれたかわからない。映画を通じて、時には古代人に、時には未来の人に、時には女性に、あらゆる人物に気持ちを投影することができた。まさに魔法である。

それから大人になり、平凡な社会人となった。今も邦画洋画問わずたくさんの映画を映画館で観ている。壁にぶつかった時に、投影させるのは、些細な日常をきっちりと描いてある映画の主人公。「こんな人生もありだな」と心の中でつぶやく。スクリーンの魔法は今もとけていない。

映画の記憶（服部博子）

どこの映画館でどの映画を観たのかを覚えてる。

関内アカデミーの最前列で観たアキ・カウリスマキの『レニングラード・カウボーイズ・ゴー・アメリカ』。映画初心者の私は、今までに出会ったこともない不思議な笑いのセンスにびっくりした。後ろで見ている人たちも声を上げて笑う。小さな映画館の笑いの一体感が忘れられない。

あるいは、六本木WAVEの地下、シネ・ヴィヴァンで見たジョン・カサヴェテスの『こわれゆく女』。その精神の痛々しさと妙に爽快なラストのギャップの意味を、華やかな街を歩きながらしばらく考えこんだ。

銀座並木座で見た成瀬巳喜男の『女が階段を上る時』。銀座が舞台だ。映画館を出ると少し時代が進んだその舞台がある。映画の気分をそのまま引きずりたかったので、できるだけ裏路地を選んで駅まで歩いた。

ヴィンセント・ギャロの『バッファロー'66』は、渋谷パルコのシネクイントだ。アヴァンギャルドな感覚に打たれ、近くのレストランで友人と食事をしながら、その賑やかさに負けないように感想をしゃべり続けた。

映画、映画館、さらに街には、その枠の外にさらに物語があって、それが「わたしの映画」として記憶に蓄積されていく。どこで見るのかによって、映画自体の印象も変わるだろう。

上に挙げた映画館は、今や全て閉館している。

そして今、通っているのは横浜、若葉町。かつては、映画館の多い町であったというこの界隈。街の記憶がそうさせるのか、それを一手に引き受けているような多様なラインアップは、他の場所を必要とさせない。

これから「私の映画」は、この街に作られていくのだ。

無題（ひめしやが・73歳）

私がシネマ・ジャック＆ベティに通いはじめたころは、時折、観客が数人しかいない時もあり、少なからず心配したものです。でも近ごろ、時には大入り満員で補助席を設けるほどの盛況ぶりに戸惑いながらもとても嬉しく思っております。これもひとえに支配人の梶原さん、副支配人の小林さん並びにスタッフの皆様の地道な努力と企画力の成果だと思います。ことに監督さんや俳優さんの舞台挨拶やトークショーは、映画ファンにとってはとても楽しみなのです。いろいろご苦労もあったことと思いますが、そういうステージを設定してくださったことが今の観客増加につながったのではないかと思います。シネマ・ジャック＆ベティにはいつまでも町の映画館として存続してもらいたい。でもそのためには私たち映画館に通う観客にも、映画を愛し、一本でも多くの映画を観ることが求められていると思うのです。

バッジを捨てるアメリカ人（高橋英征・74歳）

久しぶりに『ダーティー・ハリー』を観た。文字通り汚れた仕事の始末を押しつけられる警官ハリー・キャラハンが人権、手続きを無視し直線的に単独行動する。銃の使用をためらうことなどはない。映像で犯行の遂一を見せられる観客はハリーの行動を然るべきと、納得するが、検察当局は彼の行動は根拠がなく、短絡で行き過ぎと評価しない。ハリーと観客の苛立ちはかなりのものとなる。ラストは独断専行で犯人を射殺したハリーが警官のバッジを河へ投げ捨てる場面で終わる。法と折り合うとか、上司の理解を得ることなどまるで期待していないのである。

バッジを投げ捨てる場面で、同じラストの『真昼の決闘』を思い起こした。これはある街の保安官が結婚式の日、かつて彼が捕らえた凶悪犯人が釈放され、正午の列車でその街に復讐にやってくるという設定の西部劇（52年フレッド・ジンネマン監督、ゲーリー・クーパー主演）である。街の有力者たちは巻き添えを恐れ保安官に早く街を出ろという。一度は逃げる決意をするが、一生逃げ回ることはできないと街に戻る。援助を求めるが誰も助けない。有力者たちは閉口して、これは彼の私的な闘いだと言い出す。ラストは、妻の助けを借り闘いに勝った保安官が、賛辞を浴びせる有力者たちを冷ややかに眺めバッジを投げ捨て街を出て行く場面だ。

この二本の映画は時代や背景は異なる。似ているのは、主人公がバッジを投げ捨てるラストだけである。二人の主人公の信条や生活態度は正反対である。ハリーは一匹狼の下っ端警官、保安官はそれなりの立場である。それでもラストの行動は同一。共通しているのは上層部の人々の当事者意識の欠如である。無責任さ、危険を回避する怯懦。制度の発達による形式主義。かつてはテリトリーを守るため一致協力して敵と闘い平和を守った人々も変わるのである。いつの世でも人々は現在の状況に順応し、敵と妥協し、変化を恐れる。強い者に服従し不正に目をつぶる。人の世の常である。理想主義大国、強力に地球的規模で平和を推進してきた観のあるアメリカ人たちは、近年その保安官たるバッジを投げ捨てたがっているように感じられる。これは、世間から距離をおいた老映画ファンとしての愚にもつかぬ繰り言である。

《お知らせ》

映画館や映画にまつわるエピソード、
思い出、レビューなどをお寄せください。
内容は掲載される場合があります。
投稿はメールで⇒ j.mamenoki@gmail.com まで。
タイトル「私の映画感」として、お名前（ニックネーム可）とともにお送りください。

コミュニティシネマで映画の街が輝く！

コミュニティシネマの紹介

映画（映像）文化の豊かな未来を築くため、映画の上映環境の地域的な格差と、上映作品の画一化を避けるために、歴史的にも、地理的にも広い範囲から選ばれた作品を、オリジナルな状態で鑑賞する機会を増やしていくことが必要です。そうすることで幅広い観客層が形成され、新たな映画作家の登場を促し、映画表現のさらなる向上を担っていくことになります。コミュニティシネマは、公共上映、映画文化の振興、地域の活性化、バリアフリーなどの問題が全て入った容器のようなものです。そして緩やかな運動体です。さまざまな映画作品の上映を通して、地域社会に豊かな映像文化を根付かせ、地域住民に柔軟な鑑賞能力を養う機会を提供することを目的としています。

<コミュニティシネマのシステムと活動例>

「映画祭」と「コミュニティシネマに関する基礎調査報告書」より

シネマテーク、常設館(ミニシアター)、映画祭、その他公共ホールでの上映、自主上映などを通して、次のような具体的な活動を行っています。

1）多様な映画を上映する。（大都市でしか上映されない日本映画を上映 / シネコンでは上映されない外国映画を上映 / 歴史的に重要な邦画・洋画を上映 / 映画祭を開催。）

2）映画に関する学習の機会を提供する。（監督、評論家などのトークショー、シンポジウムを開催 / 映画についてのセミナーを開催 / テーマのある特集上映。）

3）子供たちに豊かな映画体験を提供する。（大きなスクリーンで映画を観る機会を与える / 簡単な撮影・編集のワークショップを開催。）

4）高齢者に映画鑑賞の機会を提供する。（懐かしの名画や評判の映画を上映 / 公民館、老人クラブ、福祉施設などで上映。）

5）映像の作り手を応援する。（映画製作ワークショップを開く / 地域の学生映画や映像作家の作品を上映 / 優れた作品を全国に紹介）

ツール・ド・シネマ・ジャポン　日本各地のミニシアターでの会員の相互割引サービス

シネマ・シンジケート加盟館の会員相互割引制度。シネマ・シンジケートに加盟している日本各地のミニシアター、独立系映画館23館で実施されており、実施映画館のうち、いずれかの会員証を持っていれば、どの映画館でも割引料金で映画を見ることができる、というサービスです。

JAPAN COMMUNITY CINEMA CENTER
コミュニティシネマセンター

一般社団法人 コミュニティシネマセンター
150-0044 東京都渋谷区円山町 1-5 5F
TEL 050-3535-1573 FAX 03-3461-0760
film@jc3.jp　http//www.jc3.jp

「コミュニティシネマ団体会員」

シアターキノ
シネマトーラス
シネマアイリス
CINE MARINE
盛岡フォーラム
仙台フォーラム
桜井薬局セントラルホール
山形フォーラム
シネマテークたかさき
深谷シネマ
飯田橋ギンレイホール
ユーロスペース
シネマヴェーラ渋谷
CINEMA Chupki TABATA
シネマ・ジャック＆ベティ
横浜シネマリン
新潟市民映画館 シネ・ウインド
十日町シネマパラダイス
シネモンド
塩尻劇場 東座
シネマイーラ
シネマスコーレ
名古屋シネマテーク
京都みなみ会館
京都シネマ
第七藝術劇場
シネ・ヌーヴォ
シネ・ピピア
シネマ・クレール
シネマ尾道
シネマモード 1/2
ホール・ソレイユ
DENKIKAN
シネマ 5
宮崎キネマ館
ガーデンズシネマ
桜坂劇場
Cinema Amigo
川崎市アートセンター
神戸アートビレッジセンター
せんだいメディアテーク
アテネ・フランセ文化センター
アンスティチュ・フランセ日本
鎌倉市川喜多映画記念館
川崎市市民ミュージアム
金沢 21 世紀美術館
広島市映像文化ライブラリー
山口情報芸術センター
高知県立美術館
札幌映画サークル
山形国際ドキュメンタリー映画祭
高崎映画祭
ちば映画祭
三鷹コミュニティシネマ映画祭
グリーンイメージ国際環境映像祭
KAWASAKI しんゆり映画祭
神戸文化ホール
ISHINOMAKI 金曜映画館
埼玉映画ネットワーク
横浜キネマ倶楽部
松本 CINEMA セレクト
生命誌を考える映画鑑賞会
映画の楽校
20 世紀アーカイブ仙台
兵庫県映画センター
足柄製作所
国際映像メディア専門学校

スタッフ紹介

植草信和（うえくさ・のぶかず）
1949年、千葉県生まれ。1970年、キネマ旬報社編集部に入社。1991年、本誌編集長に、1996年、取締役編集主幹に就任。キネマ旬報本誌600冊、「スタジオジブリ」「中華電影データブック」「フィルムメーカーズ」「ぼくの採点表」などのムック、書籍50点を編集。2001年、中国映画「山の郵便配達」を輸入。2002年、キネマ旬報社退社。2004年、角川文化振興財団アジア映画資料準備室室長に就任。2006年、映画製作・配給会社「太秦株式会社」設立、専務取締役に就任。『台湾人生』『鬼に訊け・宮大工西岡常一の遺言』などのプロデューサーを務める。2014年、「太秦株式会社」非常勤顧問。2014年、広島市映像文化ライブラリー評議員に就任。

阿部太一（あべ・たいち）
1981年、東京都生まれ。デザイナー。武蔵野美術大学基礎デザイン学科を卒業後、広告会社を経て、デザインオフィスokamototsuyoshi+にてアートディレクター岡本健に師事。2013年6月デザインオフィスGOKIGENを設立。美術展や舞台、アートフェスティバルのグラフィックから一般書、高校の教科書のブックデザインまで幅広くデザインを手がる。

亀海史明（かめがい・ふみあき）
1986年、北海道生まれ。美術館勤務の学芸員。本務のかたわら写真に関する研究を進めており、他にも写真の撮影、写真展のキュレーションなど手広く活動中。

岸本麻衣（きしもと・まい）
1989年、埼玉県出身。美術大学卒業後、クリエイティブプランニングの会社に進行管理として勤務。その後、フリーランスのAPとしてNHKのドラマ番組部に所属し、3年間ドラマ制作の現場に立つも自分が何をしたいのか分からなくなり、ただいま求職中。

小林幸江（こばやし・さちえ）
1980年、長野県生まれ。フリーライター。大学卒業後、印刷会社に営業として勤務。その後、編集プロダクションにてインテリア誌の編集、広告制作会社にて不動産広告のディレクションやフリーペーパーの編集を経てフリーランスに。2児の母。

小林良夫（こばやし・よしお）
1980年、奈良県生まれ。会社員時代に梶原俊幸（現シネマ・ジャック&ベティ支配人）らとはじめた黄金町の町おこし活動を通じて、2007年よりシネマ・ジャック&ベティを引き継ぎ、副支配人を務める。

助川祐樹（すけがわ・ゆうき）
1980年、茨城県生まれ。写真家。

山岸丈二（やまぎし・じょうじ）
1970年、東京都生まれ。写真家・横浜映画研究家。普段は会社員。2007年シネマ・ジャック&ベティの再建にボランティアとして参加。同館の横浜映画特集などの作品選定にも協力し、横浜みなと映画祭の実行委員を務める。横浜の街を歩き、失われる街角を写真に収め、裏町を探訪し歴史を掘り起こし、横浜で撮影された映画のロケ地探訪をライフワークとしている。2017年、初の個展である写真展「横濱　無くなった街角」を開催予定。また、映画チラシのコレクターとしての一面も持つ。趣味は三線。

塚田泉（つかだ・いずみ）
1964年、長野県生まれ。フリーライター。大学卒業後、出版社、編集プロダクション勤務を経てフリーランスに。『キネマ旬報』、『ELLE JAPON』、劇場用パンフレットなどに寄稿する他、ときどき編集も。2人の娘あり。

西晶子（にし・あきこ）
1979年、石川県生まれ。2016年、株式会社シグロより独立し、合同会社リガードを設立。ドキュメンタリー映画の配給宣伝を行う。

朴美和（ぱく・みふぁ）
1985年、東京都生まれ。主婦。現在、某脚本家に師事している。

深田隆之（ふかた・たかゆき）
1988年生まれ。神奈川県出身。映画作家、海に浮かぶ映画館代表。2013年、短篇映画『one morning』が仙台短篇映画祭等に入選。ワークショップ、映画上映イベント等、様々な映画の試みを継続している。

増谷文良（ますや・ふみよし）
1978年、浜松市生まれ。東京工芸大学大学院修了後、映画、CMなどの撮影現場に従事。その後、高校や専門学校で講師を務め、2010年から鎌倉市川喜多映画記念館にて企画・運営を担当。

李潤希（り・ゆに）
1988年、東京都生まれ。明治学院大学芸術学科映像専攻卒。在学中よりフリーランスで映画と音楽の周りをうろつくグラフィックデザイナー、イラストレーター、映像作家。鎌倉市川喜多映画記念館の展示宣伝美術を手がける縁で本誌に抜擢。

若松容子（わかまつ・ようこ）
1981年、神奈川県生まれ。広告代理店に勤務。（クライアントは主にミニシアターで上映する映画の配給会社。）業務は新聞掲載の映画案内作成を担当。最近観ているのは1960・70年代の邦画の喜劇映画。

企画・編集者紹介

小笠原正勝（おがさわら・まさかつ）
グラフィックデザイナー

1942年、東京都生まれ。武蔵野美術短期大学商業デザイン科を卒業後、デザイン制作会社である東宝アートビューロー（現・東宝アド）に入社する。映画を作りたいという願望から同社を退社する。カメラだけ持って船に乗り、香港、サイゴン、シンガポール、マレーシアなど東南アジアをめぐる旅に出て写真を撮り続ける。帰国後、映画作りは自分の体力や環境に適さないと悟り、映画への想いを一枚の紙の中に注ぎ込むことを決意。67年、東宝アートビューローに再び入社し、芸術座、東京宝塚劇場、日本劇場などの演劇ポスターや映画広告のデザインを担当する。その後、渋谷東急アドセンターにてファッションや写真のエディトリアルに関わる。75年と76年の二度にわたり、ローマ、パリ、ロンドンを訪れ、映画ポスターのデザインを見て歩く。76年以降はフリーランスとして活動する。

70年から日本アート・シアター・ギルド（ATG）の映画『股旅』『本陣殺人事件』『青春の殺人者』『金閣寺』『絞殺』『ツィゴイネルワイゼン』などのポスターを制作。『股旅』はカンヌ国際映画祭第一回ポスターコンクールでグランプリを受賞。74年、岩波ホールのエキプ・ド・シネマの創設に参加し、『大樹のうた』からポスターを制作。また、フランス映画社のバウ・シリーズも76年の『恐るべき子供たち』からゴダールの『映画史』までポスター制作とアートワークを続ける。また、歌舞伎座を始め新劇、商業演劇など、演劇ポスターも数多く制作する。展覧会は90年八重洲ブックセンターでの「映画・演劇ポスター、もうひとつの劇（ドラマ）」をはじめ多数開催。98年より5年間「映画演劇デザイン塾」を開催し、ポスター、パンフレットなどビジュアルのワークショップを展開。14年には「キネマ旬報」にほぼ50年の仕事の中のATG、エキプ・ド・シネマ、BOWシリーズを俯瞰する「小笠原正勝CINEMA ART WORKS華麗なる旅路」を一年にわたって連載する。デザインする立場から映画を見つめ続け、映画に関わる全ての人を有機的につなげていきたいとの想いからライフワークとして本冊子「ジャックと豆の木」を企画した。

ジャックと豆の木

次号予告［2017年春・第2号］
4月下旬発売予定

【特集】地域映画活動の全貌〜その軌跡と現在〜

横浜、そして高崎、尾道、京都・・・
コミュニティシネマのシステムと活動

杉野希妃 グラビア（エッセイ）＆インタビュー

文学と映画のエンターテイメント

〈ジョン・ル・カレ〉スペシャル

君はATG映画を知っているか？ ＝あらためて映画創造の原点を見つめる＝

ATG映画に関わった監督、女優、プロデューサー総登場！

作曲家・佐藤聡明「音楽と映画」〜北條誠人が聞く〜

ドキュメンタリー映画について考える！

ドキュメンタリー映画の流れと多様化する現在
〈シグロ〉とドキュメンタリーの30年　山上徹二郎が語る

漫画と映画の親密な関係

劇的なるもの！

小笠原正勝 CINEMA & PLAY ART WORK

ノンフィルムの活動 —第2章—

紙の映画研究会〈ペーパームーン〉が発足！

映画館探訪シリーズ

観客の映画評「私の映画感　私の映画館」

《編集後記》この本は、映画と映画館の本ということになっているけれど、作ってみたら、映画愛の本でした。なにしろ、映画を心底好きな人か、映画に人生を動かされている人しか出てこないのです。今、編集後記に目を走らせているあなたもきっと、そんな一人でしょう。映画の本と言えば、とかく「映画をつくる人」に焦点を当てがちですが、この本では映画を紹介する人や上映する人、観る人も主人公です。映画はスクリーンで上映され鑑賞されることで、育ち、生きるものだと思うから。本誌企画者の小笠原正勝もやはり映画愛の人です。彼の映画への熱情が、デザインという枠には収まりきらず、本誌「ジャックと豆の木」を生みました。まだ企画書しかない頃に「おもしろい企画だと思うけど、うまくいきますか」というようなことを問われ、小笠原は答えていました。「ジャックは《冒険の旅》に出るんですよ」。この時代に冒険を始められる喜びを胸に、読者のみなさまと、関わってくださる全ての人に感謝を！（小林幸江）

ジャックと豆の木

創刊号

2016年12月21日　発行

〈資料提供〉アップリンク、アルバトロス・フィルム、伊藤善亮、岩波ホール、株式会社彩プロ、株式会社オフィス・シマ、株式会社キノフィルムズ、株式会社クレストインターナショナル、株式会社大家/ターチャー、株式会社ブロードウェイ（字幕写真）、近代美術館京橋フィルムセンター、公益財団法人川喜多記念映画文化財団、テレコムスタッフ株式会社、東京テアトル株式会社、日活株式会社、はらだたけひで、Bunkamura ル・シネマ、松岡葉子、柳下美恵、山岸丈二、有限会社海獣シアター、有限会社セテラ・インターナショナル、ユーロスペース、李鳳宇、ロングライド、若松プロダクション　（五十音順、敬称略）

発行人=梶原俊幸
企画・責任編集=小笠原正勝
編集=小林幸江、山岸丈二、岸本麻衣、若松容子、小林良夫
協力=植草信和、増谷文良、北條誠人、塚田泉、西晶子、深田隆之、ユーロスペース、岩波ホール
撮影=山岸丈二、亀海史明、助川祐樹、阿部太一
ブックデザイン=阿部太一［GOKIGEN］、李潤希
イラストレーション=永島幹

発行=シネマ・ジャック＆ベティ
神奈川県横浜市中区若葉町3-51
TEL 045-241-5460　FAX 045-252-0827

印刷=株式会社三秀舎
東京都千代田区内神田1-12-2
TEL. 03-3292-2881（代）　FAX. 03-3292-2884

《感想をお寄せください》
Email：j.mamenoki@gmail.com